NOUVEAU

GUIDE DE L'ÉTRANGER

DANS

DOUAI.

PROPRIÉTÉ DE L'ÉDITEUR.

BEFFROI & HOTEL DE VILLE DE DOUAI.

BIBLIOTHÈQUE DOUAISIENNE.

NOUVEAU GUIDE

DE

L'ÉTRANGER DANS DOUAI

CONTENANT

LA TOPOGRAPHIE ET L'HISTOIRE DE DOUAI,

LA DESCRIPTION COMPLÈTE DE SES MONUMENTS,

SUIVI D'UNE

Revue des principales industries et du commerce de l'arrondissement, augmenté d'une biographie et d'une bibliographie douaisiennes.

ORNÉ DE VIGNETTES ET D'UN PLAN DE DOUAI.

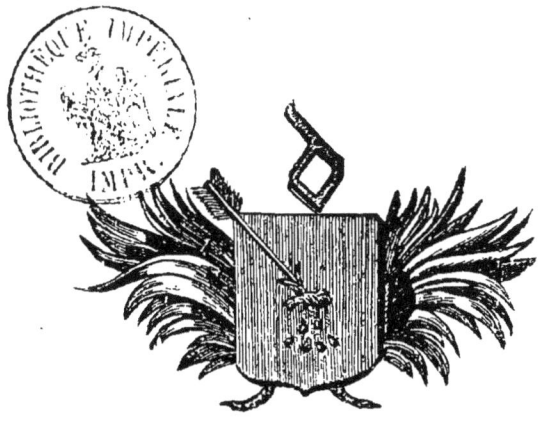

DOUAI,
L. CRÉPIN, EDITEUR, 32, RUE DES PROCUREURS,
1861

Droit de reproduction et de traduction réservé.

DOUAI, L. CRÉPIN, ÉDITEUR.

AVERTISSEMENT

AU LECTEUR.

Nous offrons aux touristes un Guide que nous nous sommes efforcés de rendre aussi exact que complet, en même temps que nous avons fait tout ce qui dépendait de nous, pour en rendre l'usage facile. Quelques mots sur le plan que nous avons suivi, achèveront de faire ressortir les avantages qu'il présente. Ordinairement les ouvrages de ce genre donnent, pour ainsi dire pêle-mêle, l'indication de tout ce qu'une ville contient d'intéressant à divers points de vue, sans que l'on se préoccupe beaucoup d'épargner les pas du voyageur, dont on augmente ainsi la fatigue, sans accroître dans la même proportion le plaisir de ses yeux. D'autres guides contiennent seulement une série de notices, que rien ne rattache entre elles, sur les principaux monuments de la localité, sans parler de bien des choses moins importantes, sans doute, mais qui méritent cependant un instant d'attention.

C'est ainsi notamment qu'est rédigé le seul guide que l'étranger ait eu jusqu'ici à sa disposition, sur la ville de Douai. On peut d'ailleurs, peut-être, lui faire un autre reproche, c'est de contenir une dissertation historique, très-

savante sans doute, mais beaucoup trop étendue pour que jamais le voyageur consente à la lire d'un bout à l'autre.

Nous avons jugé qu'il était préférable de faire autrement; après quelques brèves généralités, qui exposent tout ce qu'il nous a paru nécessaire de dire, des origines et des vicissitudes de notre ville, afin de faciliter l'intelligence des détails qui viendront ensuite, nous donnons une idée d'ensemble de ce qu'était Douai avant 1789, de sa topographie actuelle et des administrations publiques dont il est le siége. C'est une sorte de tableau de la ville sous le rapport matériel et intellectuel. Dans un second chapitre, prenant en quelque sorte le voyageur par la main, nous le promenons à travers les rues, suivant un trajet reproduit sur le plan, et nous le faisons ainsi passer successivement devant tous les édifices publics ou privés qui présentent quelques particularités curieuses. Une série de renvois permettent de se reporter aux chapitres spéciaux, consacrés aux plus importants de ses monuments.

Un autre chapitre achève la description de la ville, en en révélant de nouveaux aspects, du haut des remparts qui l'entourent. Puis viennent: les articles consacrés au commerce et à l'industrie, où sont indiquées les principales usines que l'étranger peut trouver intérêt à visiter: un autre article qui lui permettra de faire, avec fruit, quelques courtes excursions dans nos environs, pour voir, soit les châteaux qui les embellissent, soit les mines et les fabriques qui y répandent la prospérité. Au point de vue matériel, l'étranger trouvera dans un dernier chapitre tous les renseignements utiles aux voyageurs.

Nous n'avons pas non plus négligé la partie intellectuelle; les bibliothèques particulières et les nombreuses collections artistiques, archéologiques ou numismatiques que renferme notre ville, sont sommairement décrites. Nous terminons par la liste des hommes les plus remarquables qui sont nés dans l'arrondissement, et par l'énumération des principaux ouvrages anciens ou modernes relatifs à son histoire. Nous n'avons pas cherché à faire étalage d'érudition, mais nous nous sommes surtout attachés à mettre le voyageur à même de connaître, en aussi peu de temps que possible, tout ce qui d'ordinaire est le but et fait l'intérêt d'un voyage. Nous ne nous dissimulons pas qu'il peut exister encore quelques lacunes; puissions-nous du moins avoir réussi dans la limite de nos forces. Si nous y sommes parvenus quelque peu, nous le devons principalement aux nombreux documents qui nous ont été fournis, et dont nous remercions vivement ici tous ceux qui nous ont prêté leur concours désintéressé.

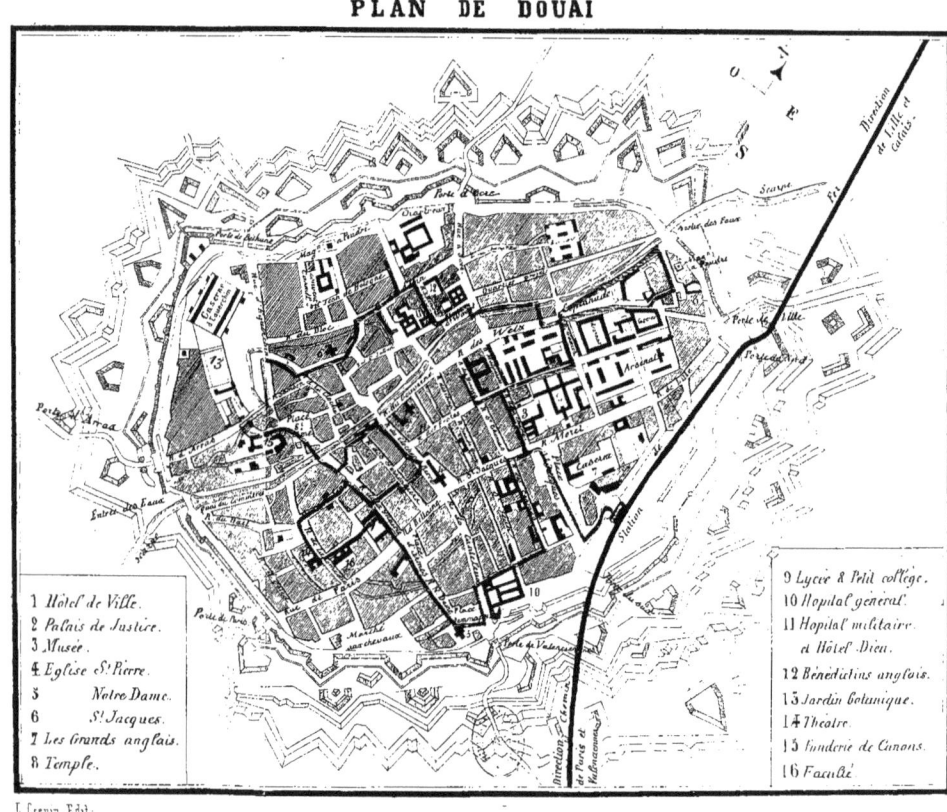

HISTOIRE

ET

TOPOGRAPHIE GÉNÉRALE DE DOUAI.

On ne sait rien de précis sur les origines de la ville de Douai (en latin *Duacum*), on n'est même pas d'accord sur l'étymologie de son nom ; selon les uns, elle est tirée de *ductus aquæ* (moyen ou action de conduire l'eau), selon d'autres, de *duæ aquæ* (les deux eaux, à cause du double courant de la Scarpe qui entourait le château), ou encore de *dou, dour,* qui en celtique signifie eau ; ou enfin, de *de hu wac* (excubiæ, sentinelles), dont on aurait fait *Dewacke,* puis *Duac* et *Duay*.

Quoi qu'il en soit, il paraît fort probable que Douai fut d'abord une de ces forteresses bâties au IVe siècle, pendant la décadence de l'empire romain, afin d'empêcher les pirates saxons de remonter les cours d'eau qui traversaient le pays. C'est vers la même époque que furent contruits Nobiliacum (Arras), Victoriacum (Vitry), sur la Scarpe ; Orciacum (Orchies), sur l'Ourche, etc., etc.

Mais la première mention certaine que l'on trouve de notre cité, dans les anciens titres ou les chroniques, remonte seulement à l'année 611. A cette époque, deux ducs puissants, alliés par leur mère Gerberte à la famille royale et parents de Dagobert, Adalbald et Erkhinoald, possédaient du chef de Gerberte, le château de Douai ; ils le firent réparer et y construisirent, à leurs frais, une église consacrée à la Vierge

Marie, et qui devint plus tard la collégiale de Saint-Amé. Ils élevèrent en outre, au bord de la rivière, une tour d'une force et d'une hauteur merveilleuses.

C'est celle dont on aperçoit encore les ruines près de la fontaine Saint-Maurand, dans les jardins des maisons qui longent le quai.

Erkhinoald fut maire du palais sous Clovis II, roi de Neustrie; quant à Adalbald, il épousa en Gascogne, Rictrude, d'une haute noblesse, et il en eut quatre enfants, qui virent le jour de 634 à 645 : Maurand qui lui succéda et que l'église révère comme un saint et comme le patron de Douai ; Eusébie, Clotsende et Adalsende. C'est à cette pieuse famille que l'on doit la fondation de l'abbaye de Marchiennes, du monastère d'Hamage, près de Douai, et de celui de Merville (Broylum).

Au pied du château, à l'abri de la forteresse, les populations s'agglomérèrent peu à peu et formèrent successivement, sur la rive gauche de la Scarpe, *Douayeul* (le petit Douai) et *le châtel bourgeois*; puis, franchissant définitivement la rive droite, elles donnèrent naissance à *la ville Saint-Pierre*, aux besoins religieux de laquelle l'église de ce nom fut destinée à répondre.

On ne sait rien des successeurs de saint Maurand; lors de la création du comté de Flandre, par Charles-le-Chauve, en faveur de Baudouin-Bras-de-Fer, mari de sa fille Judith, Douai y fut compris avec Lille, etc., etc.

En 870, notre cité servit de sûr asile aux populations désolées par les incursions des Normands ; elle sut résister à toutes leurs attaques. Aussi, à l'approche de ces barbares, le clergé, les religieux des monastères des environs, s'empressèrent-ils de s'y réfugier. Ainsi avaient fait les moines de Broylum (Merville), en apportant dans l'église de Notre-Dame du château de Douai, le corps de saint Amé. En 874, ils y furent confirmés. Cette fondation, bientôt sécularisée, devint ainsi la collégiale de Saint-Amé.

A l'époque de ces invasions, la Flandre s'était couverte de forteresses. Dans chacun de ces châteaux forts, le suzerain constituait des châtelains chargés de conserver la place et de défendre le pays environnant ; sous leur autorité, d'autres seigneurs moins puissants formaient une sorte de confédération, qui leur fournissait des secours militaires et rendait avec eux la justice comme pairs ; ce fut l'origine des châtellenies.

Douai eut aussi ses châtelains et sa châtellenie qui paraît définitivement constituée dès Baudouin IV. Les premiers appartenaient à une famille qui portait le nom de la ville ; cette famille donna des croisés à la première croisade (*) et ses branches possédèrent plusieurs villages des environs ; les derniers étaient de la maison d'Inchy et vendirent la châtellenie en 1464, aux échevins de Douai.

Les luttes acharnées qui signalèrent la chute de la dynastie carlovingienne, furent pour Douai la source de malheurs nombreux ; il fut maintes fois assiégé, pris et repris ; en 930, les Lorrains en guerre avec Arnould, comte de Flandre, s'en emparent ; ils le remettent, en 941, à ce dernier ; mais en 965, Lothaire envahit la Flandre pendant la minorité du comte Arnould-le-Jeune, et il prend Douai avec Arras et d'autres villes. Il détenait encore Douai en 976, car il data alors de ce lieu un diplôme en faveur de l'abbaye de Marchiennes.

Au commencement du XIe siècle, la seconde collégiale, celle de Saint-Pierre, fut constituée, en 1012 selon les uns, vers 1076 selon d'autres auteurs. Mais, comme on l'a vu, la cure existait déjà antérieurement.

(*) Watier II, châtelain de Douai, mort en 1110.

Les divisions intestines qui suivirent la mort de Baudouin-le-Pieux, en 1070, renouvelèrent de sanglantes péripéties. Robert-le-Frison, son deuxième fils, cherche à s'emparer du comté de Flandre ; Douai se range du côté du souverain légitime, Arnould III, et de sa mère Richilde soutenus par Philippe Ier, roi de France. Mais après la sanglante bataille de Cassel, Robert-le-Frison l'emporta ; en 1085, par la médiation de l'évêque de Liège, un traité fut conclu entre lui et Baudouin-le-Jeune, comte de Hainaut, frère puîné d'Arnould III. Moyennant le paiement d'une certaine somme, Robert devenait possesseur à perpétuité de tout le comté de Flandre, à l'exception de la ville de Douai ; Baudouin devait épouser une nièce de Robert ; en cas de dédit, il perdait Douai pour lequel Robert avait exigé des ôtages à la garde desquels il avait confié le château.

Mais Baudouin trouva sa fiancée si laide, qu'il refusa de la prendre pour femme, et ce fut ainsi que Douai cessa à jamais d'appartenir aux comtes de Hainaut. En 1103, en vertu d'un nouveau traité, Baudouin céda définitivement Douai et ses dépendances à Robert, mais à charge de certaines compensations que celui-ci éluda. Sur la plainte du comte de Hainaut, l'empereur Henri V, son suzerain, vint, en 1110, assiéger Douai ; mais cette ville, dans laquelle Robert-le-Frison s'était jeté, résista à toutes les attaques. Thiéri d'Alsace paya plus tard l'indemnité convenue au comte de Hainaut, Baudouin-le-Bâtisseur, et mit fin ainsi à ce sujet incessant de contestations pour les princes, et de malheurs pour la ville. Philippe d'Alsace assigna, en 1184, en douaire à sa femme Mathilde de Portugal, Douai avec dix-sept autres villes.

Dans les dernières années du XIIe siècle, les Flamands, que leurs intérêts commerciaux faisaient pencher vers l'Angleterre, prirent parti pour celle-ci, dans les guerres sanglantes qui surgirent entre Philippe-Auguste et Richard-Cœur-de-Lion, ou Jean-sans-Terre. Les douaisiens restèrent plus fidèles à la France ; aussi en 1197, Baudouin, comte de Flandre, celui-là même qui fut plus tard empereur de Constantinople, prit d'assaut notre ville et y mit garnison. A cette nouvelle, le roi de France rassembla une armée et se présenta devant Douai, le 14 août 1197. La ville allait subir encore les horreurs d'un siège, quand, heureusement, Philippe-Auguste, sur les supplications du clergé, consentit à se retirer.

Un clerc, nommé Pierre de Douai, et probablement attaché à la collégiale de Saint-Amé, avait joué un certain rôle dans les intrigues de cette époque ; il tomba aux mains du roi de France qui le garda d'abord prisonnier, ce qui fit mettre le royaume entier en interdit. Philippe-Auguste rendit alors l'ecclésiastique à la liberté.

La paix de Péronne, conclue en janvier 1199 (v. sty.), mit un terme à ces hostilités entre la Flandre et la France. Nous y voyons pour la première fois la commune de Douai figurer comme corps politique, pour réserver notamment les droits de la comtesse douairière Mathilde ; on ne peut donc douter, en raison de l'importance de cet acte, qu'elle ne fût déjà constituée depuis longtemps. Mais on ne connaît pas exactement l'époque à laquelle elle remonte. On sait que Philippe d'Alsace fut un des grands fondateurs des libertés municipales. Une tradition lui attribue une charte de commune en faveur des Douaisiens, en 1169 ou en 1173, mais elle ne repose sur aucun titre écrit. Dès 1163, il y avait des échevins à Douai ; on peut donc dire avec certitude, que Douai est une des plus anciennes communes des Flandres. Ses privilèges furent confirmés encore en 1213, 1223, et en 1228 la comtesse Jeanne régla la forme des élections du Magistrat (*).

Le comte de Flandre Ferrand, repoussé par les Gantois révoltés, vint se réfugier à Douai, il s'allia avec les ennemis de la France, la guerre éclata de nouveau. En 1212, Philippe-Auguste s'empara de la ville, dont les guerriers le suivirent à la bataille de Bouvines.

> Obtinet hinc abiens sub quarta luce Duacum
> A propria sibi Ferrandi lege solutum
> Sub ditione sua quod adhùc tenet (**).

Par le traité convenu pour sa rançon en 1225, le comte Ferrand, prisonnier, plaça Douai à titre de garantie pour dix ans entre les mains du roi ; mais cette clause ne fut pas exécutée et la ville continua à être exposée à toutes les conséquences de sa situation frontière entre la France et la Flandre, dont les comtes étaient le plus souvent en guerre avec nos rois ; en 1297 les Français s'emparèrent de Douai, en 1302 les Flamands le reconquirent, en 1304, les Douaisiens prirent parti du côté des Flamands à la bataille de Mons-en-Pévèle, où ils perdirent la fleur de leurs guerriers. En mémoire de ce désastre, la tradition veut que la ville ait modifié alors ses armes et y ait ajouté une flèche perçant le cœur de l'écu et en faisant jaillir six gouttes de sang (***).

En 1312 Robert de Béthune, comte de Flandre, céda Lille,

(*) En 1364, à la suite de la condamnation injuste par les échevins d'un de leurs collègues nommé Jean Raime, le roi de France Charles V confisqua la commune, il la rendit aux Douaisiens le 5 septembre 1368, après le paiement d'une grosse amende.

(**) Guillaume Briton, Philippide.

(***) L'écusson moderne de la ville de Douai est tout à fait anti-héraldique, et on ne retrouve dans les anciens monuments que l'écusson de gueules chargé ou surmonté d'un D gothique d'or. Il est donc à présumer que la tradition est apocryphe.

Douai et Béthune à la France ; c'est ce que l'on appelle *le Transport de Flandre*. Douai ne fut détaché de la France qu'en 1369, quand Charles V rétrocéda la châtellenie de Lille, Douai et Orchies à Louis de Male comte de Flandre, dont son frère Philippe-le-Hardi, duc de Bourgogne, épousait la fille Marguerite.

Cette période où la domination française se fit à peu près exclusivement sentir sur Douai, de 1212 à 1369, fut pour cette ville une époque de prospérité ; le commerce florissait, les corporations d'arts et métiers se développaient, parfois même au détriment de la sécurité publique ; en 1280, par exemple, les tisserands de drap se révoltèrent et assassinèrent onze échevins. Il fallut que le comte de Flandre, pour ramener la tranquillité, les fit pendre aux gouttières de leurs maisons.

Quoique pendant les temps qui suivent, notre ville ne se soit plus trouvée exposée aux calamités sans cesse renaissantes que nous avons racontées plus haut, il n'en est pas moins vrai que pendant le cours du XVe siècle, notamment, elle tomba en grande décadence. Les subsides, les emprunts, auxquels il fallut faire face pour aider les princes remuants de la maison de Bourgogne dans leurs entreprises, souvent même dans leurs révoltes, épuisèrent la commune et la chargèrent de dettes ; l'industrie et le commerce périrent ou bien peu s'en faut.

A la mort de Charles-le-Téméraire, Louis XI essaya de s'emparer de l'Artois et de la Flandre wallonne ; il assiégea et prit Arras, mais sa tentative sur Douai échoua le 16 juin 1479. En commémoration de cet heureux évènement, on institua en 1480 la procession solennelle en l'honneur de saint Maurand qui, sauf une légère modification de date, est aujourd'hui notre fête communale de Gayant.

En 1529, par le traité de Cambrai, François Ier, renonça à

tous les droits de suzeraineté de la France sur la châtellenie de Lille, Douai et Orchies ; notre ville passa alors sous la domination espagnole jusqu'en 1667. Cette période de calme relatif ne fut signalée que par de rares évènements.

Dès 1530, le gouvernement des Pays-Bas ayant songé à créer dans ces contrées un centre de fortes études, particulièrement théologiques, afin de repousser plus facilement les progrès de l'hérésie naissante, Douai, malgré les efforts de Louvain, et après une longue enquête administrative et les négociations nécessaires avec le saint siège, fut choisi pour l'érection de la nouvelle Université ; établie par lettres patentes de Philippe II du 19 janvier 1561, et par une bulle du pape Pie IV du 6 janvier 1559, elle fut solennellement inaugurée le 5 octobre 1562, et jeta bientôt un grand éclat.

Pendant les guerres civiles qui marquèrent la fin du XVIe siècle, Douai se montra fidèle à la foi catholique et aux rois d'Espagne ; si en 1578, les gueux ou les *patriots*, comme on les appelait, parviennent à l'aide d'une émeute à s'emparer du pouvoir, il ne dura que trois jours, du 15 au 19 octobre. Le 16 avril 1579, une tentative qu'ils firent avec l'aide d'un certain nombre de bannis, échoua complètement malgré des intelligences à l'intérieur. Mais en 1580, les bourgeois de Douai furent moins heureux ; attirés en grand nombre par des traîtres sous les murs de Bouchain, dans l'espoir de s'emparer de cette ville qui tenait alors pour les États, attaqués à l'improviste par la garnison, ils furent presque tous tués ou faits prisonniers ; le nombre de ces derniers s'éleva à 414. Les conséquences de ce triste évènement se firent longtemps sentir.

Nous ne trouvons plus rien qui mérite d'être cité dans l'histoire de la ville jusqu'en 1667. En cette année Louis XIV, en guerre avec l'Espagne, s'empara de Douai le 7 juillet, après cinq jours seulement de siége qu'il dirigeait en personne. La capitulation maintint tous les privilèges de la cité et y assura notamment l'exercice exclusif du culte catholique.

Le traité d'Aix-la-Chapelle donna Douai à la France, mais lors de nos désastres à la fin du règne du grand roi, Malborough et le prince Eugène, à la tête des armées coalisées, s'emparèrent de notre ville défendue par d'Albergotti. Il fallut aux ennemis cinquante-deux jours de tranchée ouverte et des pertes énormes pour triompher du courage des troupes françaises, peu secondées d'ailleurs peut-être par les populations (25 juin 1710).

Mais en 1712, après la victoire de Denain, d'Albergotti mit le siége devant la ville, et en vingt-quatre jours de tranchée il la replaça sous la domination française, le 8 septembre 1712; le traité d'Utrecht, en 1713, assura définitivement Douai à la France, au sort de laquelle nous restons dès-lors fidèlement attachés.

En 1714, le Parlement de Flandres fut fixé à Douai; sa suppression en 1771, pour faire place à un Parlement *Maupeou*, son rétablissement le 2 décembre 1774, au milieu de la joie générale, sont les derniers évènements que nous ayons à signaler jusqu'en 1789.

La suite de ces notices montrera quels profonds changements la révolution causa dans l'état de notre cité; disons toutefois dès à présent que du moins Douai, s'il n'échappa point complètement aux émotions populaires de l'époque, ne donna pas le triste spectacle des flots de sang qui coulèrent dans des localités voisines (*). Il le doit sans aucun doute à l'énergie dont ses citoyens surent alors faire preuve.

Au moment où une fête brillante va rappeler l'une de ces

(*) Cambrai et Arras principalement, sous la dictature du représentant du peuple Joseph Lebon.

entrées solennelles que les souverains faisaient dans les villes de Flandre quand ils venaient après leur avènement recevoir le serment des bourgeois des communes et prêter celui de maintenir leurs privilèges, peut-être ne sera-t-il pas inopportun de donner la liste de quelques-uns de ces évènements, jusqu'à la conquête par Louis XIV.

24 Mars 1254. — Marguerite, comtesse de Flandre, et Guy de Dampierre, son fils.

13 Mai 1300 et 3 septembre 1314. — Philippe-le-Bel, roi de France.

4 Mai 1355. — Jean-le-Bon, roi de France.

19 Août 1383. — Louis de Male, comte de Flandre.

10 Mars 1384. — Philippe-le-Hardi, époux de Marguerite, comtesse de Flandre.

25 Juin 1405. — Jean-sans-Peur, duc de Bourgogne, et Marguerite de Bavière, son épouse.

6 Mai 1421. — Philippe-le-Bon, comte de Flandre.

15 Mai 1472. — Charles-le-Téméraire, comte de Flandre.

20 Février 1478 et 27 janvier 1482. — Maximilien d'Autriche.

2 Juin 1499. — Philippe-le-Beau, archiduc d'Autriche.

15 Mai 1516. — L'empereur Charles-Quint.

9 Août 1549. — Charles-Quint avec son fils Philippe, comte de Flandre, qui fut plus tard Philippe II.

10 Février 1600. — Les archiducs Albert et Isabelle-Claire-Eugénie.

Après ces préliminaires historiques, nous allons essayer de donner une idée générale de la ville dans son état actuel.

Douai est une ville forte du département du Nord, située à trente-trois kilomètres de Lille, quarante-un de Valenciennes, vingt-six de Cambrai, vingt-cinq d'Arras, trente-six de Tournay, qui est la ville de Belgique la plus rapprochée, et enfin à cent cinquante-huit kilomètres de Paris. C'est le chef-lieu d'une sous-préfecture, d'une cour impériale, dont le ressort comprend les départements du Nord et du Pas-de-Calais, d'un tribunal de première instance, de trois justices de paix, de la quatrième conservation forestière, d'une académie qui, outre le ressort de la cour impériale, s'étend de plus aux départements de la Somme, de l'Aisne et des Ardennes; d'une faculté des lettres, et enfin d'une école d'artillerie commandée par un général de l'arme. Le recensement de 1861 lui donne une population de 22,819 habitants.

L'arrondissement de Douai, dont la superficie est de 47,132 hectares, renfermait, en 1856, une population de 106,155 habitants; il contient six cantons subdivisés en soixante-six communes.

A l'époque de l'organisation de l'administration départementale, et en vertu des lois du 7 février 1786 et 7 mai 1800, le chef-lieu du département du Nord et la préfecture avaient d'abord été fixés à Douai; mais, en exécution d'un arrêté du 22 juillet 1803, la préfecture fut transférée l'année suivante à Lille; il n'existait alors, dans le département du Nord, que six arrondissements, celui de Douai renfermant, non-seulement les cantons qui le composent aujourd'hui, mais encore ceux qui ressortissent à la sous-préfecture actuelle de Valenciennes. Cette importante circonscription administrative fut scindée en 1824 et l'arrondissement de

Douai fut réduit aux proportions que nous venons d'indiquer. Mais, s'il est au nombre des plus modestes du département, soit sous le rapport de la superficie, soit sous celui de la population, il n'en est pas de même sous celui de l'agriculture, du commerce et de l'industrie, qui, depuis quelques années surtout, y prennent chaque jour de plus rapides développements. C'est ce que démontrera la suite de ce petit volume.

L'enceinte de Douai forme une sorte d'ovale irrégulier, ou plutôt d'ovoïde, dont le gros bout serait tourné vers le sud-ouest ou vers Paris, et le petit bout vers le nord-est ou vers Lille. On y accède par six portes, savoir : d'Arras, de Béthune ou d'Equerchin, d'Ocre ou du Polygone, de Lille ou Morel, de Valenciennes ou Notre-Dame, de Paris ou de Saint-Eloy et enfin par deux poternes d'eau ; il faut y ajouter les deux portes spéciales au chemin de fer et appelées porte du Midi et porte du Nord. La rivière de la Scarpe, qui prend sa source au-dessus d'Arras, traverse Douai dans le sens de sa plus grande longueur. Cette rivière est canalisée ; un système d'écluses existe à l'intérieur de la ville, près de l'entrée des eaux. On traverse la Scarpe sur huit ponts mobiles, la plupart d'une construction aussi solide qu'élégante, et presque tous accompagnés de passerelles fixes, destinées à la circulation des piétons pendant la manœuvre de ces ponts (*).

Sur une partie de son parcours intérieur, la Scarpe est bordée de quais en pierres, garnis de balustrades de fer. Des travaux successifs transforment peu à peu le chemin de halage provisoire, établi dans le lit même de la rivière, en quais nouveaux qui formeront ainsi une ligne non interrompue.

La Scarpe donne naissance à de nombreux cours d'eau qui

(*) Jusqu'en 1821, sept de ces ponts étaient en pierre.

entrecoupent la ville et dont quelques-uns font tourner des moulins, ou servent à d'autres industries locales.

Il en est dans le nombre qui retracent encore aux yeux les enceintes successives de la cité et donnent ainsi la mesure de ses accroissements. Nous citerons comme exemple, le cours d'eau qui coupe la rue St-Jacques contre l'hôtel du grand Cerf, à l'endroit appelé le pont St-Jacques ; il passe en plusieurs endroits, sous les maisons, sous des rues, ou entre des rangées d'habitations, on le revoit près de la place St-Nicolas. La contre partie de ce cours d'eau se trouve de l'autre côté de la Scarpe ; cet ensemble reproduit la configuration de la vieille ville telle qu'elle était déjà en 1170. Ses remparts qui depuis le XIIIe siècle étaient devenus insuffisants ou tombaient en ruines, furent remplacés aux XVe et XVIe siècle, par l'enceinte que les travaux de Vauban n'ont guère fait que compléter. En quelques endroits on retrouve encore des restes des vieilles murailles au pied desquelles couraient les eaux de ce fossé.

La ville de Douai est très-vaste eu égard au nombre de ses habitants, elle renferme un grand nombre de jardins, ses rues sont droites et bien bâties. Cela se remarque surtout dans la partie de la ville située sur la rive droite de la Scarpe, depuis les abords de l'église St-Pierre jusqu'à la sortie des eaux. Les voies publiques s'y coupent pour ainsi dire à angles droits. C'est que cette partie de la ville est la plus moderne de toutes ; de même que la plus ancienne se trouve sur la rive gauche de la Scarpe, aux alentours de la place St-Amé et de la Petite-Place (*). Les rues, dans ce quartier, sont aussi plus étroites et plus tortueuses. La partie intermédiaire, entre la ville primitive et ses derniers accroissements, celle qui renferme l'hôtel de ville, l'église St-Pierre, le Palais-de-Justice, portait dans

---

(*) La Petite-Place s'appelait au moyen-âge, place à Douaïeul.

l'origine le nom de *ville St-Pierre*, parce qu'elle formait la paroisse dépendant de la collégiale de ce nom.

Parallèlement à la Scarpe, une longueartère traverse la ville de la porte de Paris à la porte de Lille. Sur son parcours, d'environ deux kilomètres, elle prend successivement les noms de rue de Paris ou St-Eloi, de Bellain, de la Madeleine, St-Jacques, Morel et de Lille ; la rue de Bellain se fait remarquer particulièrement par sa largeur, ses beaux trottoirs et les élégants magasins qui la décorent d'un bout à l'autre.

La ville de Douai est éclairée au gaz, depuis l'année 1845.

Si la modestie s'oppose à ce que nous fassions ici l'éloge du caractère et des mœurs des habitants, nous pouvons au moins dire qu'ils se sont toujours distingués par leur amour des lettres et des arts. Ce goût des choses de l'esprit précéda même l'établissement de l'Université, comme en font foi les réunions de poètes fondées, dès les environs de l'an 1330, sous le nom de Confrérie des clercs parisiens; mais c'est à partir surtout de 1562, que le développement intellectuel se manifesta dans Douai. Autour de l'Université naissante, vinrent rapidement se grouper six colléges et dix-huit séminaires où d'innombrables écoliers s'abreuvaient aux sources de la science. Parmi ces colléges, il faut citer spécialement les établissements religieux où les Anglais, les Ecossais, les Irlandais ou Hibernois, comme on les appelait, venaient chercher dans la Flandre catholique l'instruction théologique que leur pays ne leur donnait plus et se préparer à des missions qui furent souvent le martyre.

Aujourd'hui, si la ville de Douai n'est plus le siége d'une Université complète, elle a vu au moins se rétablir, en 1854 (7 décembre), une Faculté des Lettres. Elle possède à côté du Lycée impérial et de l'Institution de plein exercice de Saint-Jean, plusieurs pensionnats de jeunes gens, une école normale primaire, où l'on forme des instituteurs communaux, une école primaire supérieure et professionnelle, des écoles municipales gratuites de musique, de dessin, de modelure, d'architecture industrielle et d'écriture, des écoles primaires d'enseignement mutuel et des Frères des écoles chrétiennes.

Pour les jeunes filles, on trouve la maison mère de la Sainte-Union et ses dépendances, plusieurs institutions laïques, des écoles communales, dirigées par les religieuses du Bon-Pasteur ou de la Providence, un pensionnat, l'école normale des institutrices et une école communale, tous les trois sous la direction des religieuses de l'abbaye de Flines.

On voit que l'instruction publique est, dans notre ville, organisée sur des bases aussi larges que libérales.

Une société libre de littérature, d'agriculture et d'histoire, existe à Douai depuis le commencement de ce siècle ; elle a publié de nombreux travaux ; depuis 1851 le comice agricole y est annexé. En 1804, les médecins, chirurgiens et pharmaciens formèrent une société médicale libre qui subsiste encore aujourd'hui. Une société Philharmonique, des sociétés chorales, une excellente musique communale, achèvent de prouver l'amour de nos concitoyens pour les choses de l'art et de l'esprit.

Sous le rapport religieux, Douai se divisait avant 1790 en six paroisses : St-Amé, St-Pierre, St-Nicolas, St-Albin, Notre-Dame et St-Jacques. Deux chapitres de chanoines ou collégiales, existaient en outre à St-Amé et à St-Pierre. On comptait dans l'enceinte de la ville, trois monastères de femmes, l'abbaye des Prés, l'abbaye de Sin, et l'abbaye de Paix. Quinze couvents d'hommes, treize couvents de religieuses (*).

(*) La population des établissements religieux de Douai, s'élevait, en 1744, à 1,328 personnes y compris les domestiques.

De plus neuf abbayes d'hommes et deux abbayes de femmes, eurent dans la ville, à diverses époques, leurs hôtels ou refuges, pour s'y retirer, pendant les troubles de la guerre civile ou les invasions étrangères. Après la révolution, toutes les anciennes églises paroissiales de Douai furent vendues et détruites, à l'exception de Notre-Dame et de St-Pierre, qui au rétablissement du culte devinrent le siège de nouvelles paroisses. Une troisième fut érigée, sous le vocable de St-Jacques, dans l'ancienne église des Récollets anglais. Il n'y a plus aujourd'hui que trois couvents d'hommes, savoir : les Frères de la doctrine chrétienne, établis en 1818, les Bénédictins anglais; dont l'institution remonte, à Douai, à l'année 1603 et les religieux de la Ste-Union, d'institution récente. Quant aux pères Rédemptoristes établis en 1852, ils ont été dissous au commencement de cette année. Les congrégations de femmes sont au nombre de six : la maison mère des dames de la Ste-Union, pour l'éducation des jeunes filles ; les dames de Flines et les sœurs de la Providence, plus spécialement destinées à l'instruction des enfants pauvres; les sœurs de Ste-Marie, pour le soin des malades ; les sœurs de Charité de St-Vincent-de-Paul, et enfin l'ordre contemplatif des Carmélites.

La ville de Douai se distingue par le nombre et la richesse de ses établissements de bienfaisance ; la charité publique s'y exerce libéralement. Il nous suffira d'énumérer l'Hôpital général pour les vieillards, les infirmes et les enfants orphelins ou abandonnés ; l'Hôtel-Dieu pour les malades ; le bureau de Bienfaisance pour les secours à domicile ; le Mont-de-Piété ; les Asiles pour l'enfance, au nombre de trois ; la caisse d'Épargne ; les Associations des membres de la Légion-d'Honneur et des médaillés de Ste-Hélène ; la société de Secours Mutuels pour les ouvriers ; la société de Charité privée de saint Vincent-de-Paul, etc., etc.

En outre quelques-unes des usines les plus importantes de la ville, ont organisé des caisses de secours et de prévoyance pour leurs ouvriers.

Sous le rapport militaire, Douai est une des places les plus importantes du département. Sa fonderie de canons de bronze, l'une des trois qui existent dans l'Empire, son arsenal de construction, ses vastes casernes d'artillerie et d'infanterie, en font comme le magasin principal de la défense de nos frontières du nord-est.

Maintenant que nous avons dit quelques mots de l'histoire, de la topographie et des établissements publics de la cité, nous allons indiquer spécialement à l'étranger ce qu'elle présente de plus remarquable.

PROMENADE

DANS LES RUES DE DOUAI.

Nous supposerons, pour la plus grande commodité du lecteur, qui d'ordinaire arrivera à Douai par le chemin de fer, que la gare sera le point de départ de sa promenade.

Cette GARE elle-même est située à l'intérieur de la ville, au pied du rempart et sur l'emplacement de l'ancienne *abbaye de Sin*, et du jardin de la *Compagnie de serment des canonniers*. Deux portes de nouvelle construction et des pont-levis, forment l'accès de la voie dans la ville. La porte, dans la direction de Lille et de Calais, s'appelle porte du Nord, l'autre s'appelle porte du Sud, et conduit soit vers Valenciennes et la Belgique, soit vers Paris (*).

En supposant le voyageur dans la cour de la gare, le dos

(*) Nous avons donné plus haut la distance de Douai aux principales villes des environs par les voies de terre. En suivant le chemin de fer, ces distances sont: de Douai à Paris, 218 kil. — à Lille, 34 kil. — à Arras, 26 kil. — à Valenciennes, 36 kil. — à Cambrai, 40 kil. Le chemin de fer existe à Douai depuis l'année 1844; Il fut ouvert aux voyageurs le 1ᵉʳ avril 1846, et aux marchandises au mois de septembre de la même année. — La gare couverte définitive fut construite en 1851. — La ligne du Nord avec ses embranchements, dessert, y

tourne a 1 édifice, il a devant lui, à droite de la rue qui fait face à l'entrée, les importants bâtiments de la RAFFINERIE CENTRALE.

En sortant de la cour par la porte de gauche et en longeant le mur qui fait la clôture de la gare d'expédition des marchandises, on arrive à la belle promenade dite la PLACE SAINT-JACQUES.

La partie de cette promenade la plus rapprochée du chemin de fer, est aussi comparativement la plus récente, elle remplace la rue du Point-du-Jour et d'anciens jardins qui s'étaient eux-mêmes établis sur le terrain d'un cimetière appelé le *Purgatoire*, supprimé dès avant 1789.

L'autre partie de la promenade, qui était à proprement parler la place Saint-Jacques, était plantée de vieux et très-beaux tilleuls et servait au jeu de balle dans les fêtes publiques. Là se trouvait, avant la révolution, *l'église paroissiale de Saint-Jacques*. Cette paroisse, du patronat de la collégiale de Saint-Pierre, fut érigée en juin 1225, pour la partie de la ville qu'on appelait la *Neuve-Ville;* elle fut placée sous l'invocation de Saint-Jacques, parce que Jacques Painmouillé, bourgeois de Douai, avait donné le terrain sur lequel le monument fut édifié. L'église fut vendue par l'État le 16 juin 1798, et démolie en 1800.

---

compris Paris, 128 stations, parmi lesquelles Douai occupait en 1860 le 7˚ rang, quant au nombre de voyageurs (169,705); le 8˚ rang, pour le produit des voyageurs (447,548 fr. 24 c.); le 13˚ rang, pour le produit des marchandises à grande vitesse (57,518 fr. 40 c.); et le 12 rang, pour le produit des marchandises à petite vitesse (710,528 fr. 75 c.). Les totaux de ses recettes (1,215,595 fr. 39 c.), le place comme station de produit, la 13˚, d'après les tableaux statistiques de la compagnie en 1860.

La promenade a été disposée, depuis quelques années, comme on la voit actuellement, sous l'administration de M. Maurice, maire. Elle se compose d'une grande allée centrale et de deux allées latérales moins larges, plantées d'ormes et de maronniers, entre lesquels sont des pelouses de verdure et quelques massifs de fleurs.

En suivant la promenade, on voit à gauche l'Entrepôt des sucres, qui sert en même temps de magasin général pour les marchandises, conformément à la loi du 28 mai 1858 (voyez chap. *Industrie*). A droite, un peu plus loin, est une caserne d'artillerie, établie dans les bâtiments de l'ancien *collége des Anglais ou du Pape*. Cet établissement, fondé en 1568, par Guillaume Allen, depuis cardinal, était destiné à former des prêtres et surtout des missionnaires pour le rétablissement de la foi catholique en Angleterre. Dans l'espace de cinquante ans, 109 élèves de cette maison versèrent leur sang pour la foi. Les constructions actuelles ne datent que de 1755. On remarque sur les trois façades qui entourent la cour, entre les croisées du second étage, les armoiries mutilées des familles de la Grande-Bretagne qui avaient contribué de leurs deniers à cette restauration. Les Anglais évacuèrent cette maison lors de la révolution française, elle leur fut rendue en 1801. On y créa alors une filature de coton ; l'établissement fut enfin vendu en 1834, à l'État, qui y établit des casernes, le magasin d'habillements et le logement des officiers du génie de la place.

Dans la cour de cette caserne on remarque un orme de grande dimension, c'est le seul spécimen qui existe encore des arbres de la liberté plantés à Doùai lors de la première révolution.

Presqu'au centre de la promenade est un kiosque ou pavillon dont le toit, soutenu par des colonnettes de fonte, supporte de nombreux becs de gaz. C'est là que pendant la belle saison, les musiques des régiments en garnison à Douai, exécutent plusieurs fois par semaine des morceaux d'harmonie.

Quand on a parcouru la promenade dans toute sa longueur, on arrive à la grande artère qui traverse la ville d'un bout à l'autre et qui porte en cet endroit le nom de rue St-Jacques. En la remontant à gauche jusqu'à la rue des Carmes, et en suivant cette dernière, on rencontre successivement le COUVENT DES DAMES DE Ste-MARIE, DITES CHARIOTES. Ces religieuses appelées en 1825 à Douai, par M. Deforest De Lewarde, donnent à domicile des soins aux malades. Ce bâtiment est l'ancienne *maison des pères de l'Oratoire.* Ils s'y étaient établis en 1626. Leur dernier supérieur fut M. Primat, mort en 1816, archevêque de Toulouse. L'hôtel de la SOUS-PRÉFECTURE se trouve un peu plus loin du même côté de la rue. Il avait été approprié primitivement par la ville, pour servir d'hôtel au gouverneur, vers 1733. A la révolution, ce fut une imprimerie particulière, et il fut racheté en 1813 par l'État.

Dans la même rue des Carmes, mais du côté droit, une façade dont la porte monumentale est décorée de deux grandes colonnes, est celle de L'ÉCOLE NORMALE PRIMAIRE pour les instituteurs du département du Nord. Ce bâtiment avait été construit en 1786-87, sur un terrain provenant de l'abbaye de Marchiennes, pour l'établissement d'une fabrique de faïence, dite de grès anglais, dont les produits sont encore recherchés maintenant des amateurs pour leurs formes élégantes.

Après l'Ecole normale se trouve, dans les bâtiments de l'Ancien *couvent des Carmes déchaussés*, établi à Douai en 1615, la MANUTENTION MILITAIRE, où se fabrique le pain nécessaire à la consommation journalière de la garnison. En face de la Manutention est l'HÔTEL PAMART, où logea le roi Charles X, lors de son passage à Douai, le 6 septembre 1827, et qui se distingue du côté du jardin par une façade décorée, dans le style du XVIIIe siècle, de guirlandes et de bustes. C'était une ancienne résidence parlementaire qui fut bâtie par M. Hennecart de Briffœil, nommé président à mortier en 1729.

La rue des Carmes conduit dans la rue des Trinitaires. En tournant à droite dans cette dernière, on apercevra presqu'au coin de la rue St-Jean, de grands bâtiments occupés par le collége ecclésiastique qui en porte le nom. Il a été établi, il y a quelques années, dans l'ancien hôtel de la famille Taffin, sur le terrain autrefois occupé par le *couvent des religieuses Brigittines*.

La porte décorée, qui dans la rue des Trinitaires fait face à la rue St-Jean, et les bâtiments qui suivent forment des dépendances de l'Hôpital-Général. On arrive à la porte principale de celui-ci en suivant la rue jusqu'à son extrémité. On se trouve près d'une place plantée d'arbres, appelée PLACE JEMMAPES. Le voyageur a en face de lui les deux tours d'une des portes de la ville, dite PORTE NOTRE-DAME et anciennement *Vacqueresse*. On lit au-dessus de l'entrée de la voûte, l'inscription suivante en caractères gothiques :

> Mil cccc chinquante trois.
> D'avril xv jours, an ou mois.
> De cette porte par devise,
> Tute pierre premièrement mise.

Les bâtiments placés au-dessus de la porte servent de PRISON MILITAIRE. A gauche de la place en regardant la porte, on a la grande façade de L'HOPITAL-GÉNÉRAL (voir page 55) et à droite l'église gothique de NOTRE-DAME (voir page 59).

Après avoir visité en détail cette église, la plus ancienne que possède encore notre cité, et dans laquelle se trouve le magnifique POLYPTYQUE D'ANCHIN (voir page 62), le voyageur se dirigera par la rue Notre-Dame vers la GRANDE-PLACE.

Elle forme un rectangle presque régulier, sur le côté-sud duquel est un édifice communal appelé le Dauphin. Le rez-de-chaussée est occupé par un corps-de-garde ; au premier étage règne un grand balcon ; la façade entière est décorée de trophées, de guirlandes et d'autres ornements du XVIIIe siècle. C'est dans ce bâtiment que se trouvent les salles d'audience des justices-de-paix, et plusieurs écoles gratuites de musique, de dessin, etc., établies aux frais de la ville. L'hôtel actuel fut commencé en 1754, sur les plans de M. de Montalay. C'était, dès avant 1614, une hôtellerie à l'enseigne du Dauphin. Le tribunal, dit de la Gouvernance, tenait, avant 1790, ses séances au premier étage du monument, qui en 1794 prit le nom de *pavillon de l'Égalité*.

On aperçoit de la Grande-Place l'élégant Beffroi qui surmonte les bâtiments de l'Hôtel-de-Ville, et on y parvient en descendant la rue appelée rue de la Halle ou rue de la Mairie (sur l'Hôtel-de-Ville et le Beffroi, voir page 69). En traversant la cour de cet édifice communal, on se trouve dans la rue de l'Université, anciennement rue du *Mont-de-Piété*, à l'extrémité de laquelle s'étend la façade du bâtiment destiné à la Faculté des Lettres et a l'Académie. Il est construit en briques encadrées de pierres blanches, avec un avant-corps formant péristyle ; sa décoration, de restauration moderne, est dans le goût de l'époque de Louis XIII. Il contient, au premier et au deuxième étage, les logements du Recteur de l'Académie et du Doyen de la Faculté: au-dessous, des bureaux, des salles d'examen, un petit amphithéâtre et un grand amphithéâtre pouvant contenir environ 500 personnes ; c'est dans celui-ci que se font plusieurs cours et les solennités académiques. Cinq professeurs distingués sont chargés de faire des leçons publiques sur les parties les plus élevées de l'enseignement pour : 1° l'histoire ; 2° la littérature ancienne ; 3° la littérature étrangère ; 4° la philosophie ; 5° la littérature française. Ces cours, depuis qu'ils ont été inaugurés, ont toujours été suivis par un public nombreux.

Presque en face de l'extrémité de la rue de l'Université, mais dans celle de la Comédie, qui la coupe à angle droit, se trouve la SALLE DE SPECTACLE. Cette salle fut acquise par la ville en 1810, elle fut depuis lors, restaurée et machinée à plusieurs reprises. M. Ciceri père fut chargé, de 1813 à 1838, d'en peindre les principales décorations et les sujets qui ornaient le plafond et les devants des loges. Depuis cette époque, de grands travaux ont permis de représenter sur cette scène plusieurs des ouvrages importants du répertoire moderne, et la salle a repris sa fraîcheur, sous la direction de MM. Séchant et Desplechin. Le péristyle, élevé au dessus du niveau de la rue par un large perron, est décoré de colonnes engagées d'ordre ionique. C'est dans la salle de spectacle que se donnent les concerts de la saison du printemps ; c'est encore cette même salle, transformée, grâce à un mécanisme ingénieux en une salle de bal, qu'on ouvre le jour classique du Mardi-Gras, aux pierrots et aux débardeurs douaisiens.

En descendant la rue de la Comédie jusqu'à l'ancienne PLACE SAINT-NICOLAS, maintenant presqu'entièrement remplie par les bâtiments de la salle d'Asile et d'une École communale, on tourne à droite dans la rue des Foulons, où l'étranger remarquera, à main gauche, au N° 20, une ancienne maison, dont la façade de briques actuellement couverte d'un épais badigeon était originairement en briques encadrées de pierres blanches, qui en forment toute la partie ornementale. La grand'porte est cintrée ; les deux battants qui la ferment appartiennent à la même époque que la maison, ils sont garnis de très grosses têtes de clous en relief, et au milieu un triton sculpté figure avec ses membres inférieurs écailleux et contournés une sorte de colonne. Au-dessus est une niche creusée dans la muraille, elle repose sur une frise de feuillages, elle est encadrée d'ornements ou arabesques. Les fenêtres du rez-de-chaussée sont entourées de moulures en fort relief et imitant ce qu'on a appelé des grecques. A la clef de voûte de ces fenêtres sont sculptées des têtes fantastiques. Des cartouches contenant des ornements divers viennent plus haut et d'autres plus petits, accompagnés d'une frise, surmontent les fenêtres du 1er étage. Cette maison, habitée actuellement par un propriétaire, a conservé la distribution intérieure des chambres ; c'est un curieux spécimen de l'architecture domestique dans les Pays-Bas au XVIIe siècle. La date 1649 est facilement lisible sur la façade. Sur l'emplacement de cette maison existait, en 1560, l'hôtel de la famille de la Tramerie et il est probable qu'il fut reconstruit par un de ses membres, tel que nous le voyons aujourd'hui. Au milieu du XVIIIe siècle, il devint la propriété du maréchal-de-camp d'artillerie Jean Etienne de Thomassin, de qui il est passé héréditairement aux possesseurs actuels.

De l'autre côté de la rue, au n° 31, dans la brasserie qu'on appelait autrefois *brasserie des Minimes*, et qui dépendait du couvent des religieux de ce nom, on voit au fond de la cour une antique tourelle à pans coupés dont la porte d'entrée est surmontée d'un écusson fruste. Si l'obligeance du propriétaire permet au voyageur de gravir l'escalier, il trouvera au fond d'un magasin au 1er étage un autre reste, plus remarquable encore, des habitations de nos aïeux : c'est une antique cheminée dont le vaste manteau de pierre est couvert de sculptures du XVIe siècle. La partie inférieure est en grès, elle porte sur le devant un écusson entre deux banderolles ; on y lit cette inscription gravée en creux :

Scia inflammat  vero œdificat.

On sait que le mot *charitas* formait le corps des armoiries ou de la devise des Minimes. La partie supérieure de la cheminée, sur une hauteur de plus d'un mètre, est en pierre blanche, elle est divisée, par quatre pilastres couverts d'arabesques, en trois compartiments. Celui du milieu offre en sculpture de haut relief l'écusson de l'Empire soutenu par deux lions et surmonté de la couronne fermée. Les deux compartiments à droite et à gauche contiennent chacun une colonne ornée, autour de laquelle flotte une banderolle. Les deux chambranles sont aussi sculptés : d'un côté se trouve un écusson surmonté d'un casque avec ses lambrequins et portant une fasce sommée d'un lion, de l'autre côté, un ange soutient un écusson en losange mi-parti des armes précédentes et d'autres assez frustes, dans lesquelles cependant on peut distinguer une roue et des chevrons. La date de ce travail ne peut être douteuse, elle accuse l'époque de Charles-Quint. Quant aux armoiries, elles désignent un membre de la famille essentiellement douaisienne des Duhem, seigneurs d'Oby. Or Marc Duhem fut bailli de Douai de 1545 à 1556. Il serait peut-être raisonnable de voir dans cette cheminée un vestige de la magnifique habitation de ce personnage. Il faut remarquer d'ailleurs que les Minimes ne se sont établis à Douai qu'en 1624. C'est donc seulement à partir de cette époque que cette maison leur a appartenu, et ils avaient probablement substitué leur devise à celle des précédents possesseurs.

La rue des Foulons aboutit à la rue de la Mairie ou de la Halle, que le voyageur devra remonter vers l'Hôtel-de-Ville pour se rendre à l'ÉGLISE SAINT-PIERRE, en tournant à gauche, par la rue des Procureurs (anciennement des Femmes-Gisantes) et la rue Saint-Pierre (voir la notice particulière).

En sortant de l'église par le grand portail, on trouve, à main droite, à l'entrée du clos qui confine le mur nord du monument et qui formait autrefois l'âtre de l'église Saint-Pierre, une grande maison actuellement à usage de restaurant. Elle est surmontée d'un fronton en pierres blanches sculptées, représentant des enfants ou des génies, qui chantent et jouent de divers instruments. C'était, avant 1790, *la maîtrise de la collégiale de Saint-Pierre*. On attribue ces sculptures, tantôt à Wacheux, tantôt à l'un des Bra, tous deux artistes douaisiens.

En face du portail de Saint-Pierre, s'étend une large rue qui descend rapidement vers la Scarpe. A quelques pas de l'église, et à gauche, on s'arrête avec intérêt devant une maison, connue à Douai sous le nom de MAISON ESPAGNOLE ou HÔTEL DES REMY. Il est bien difficile d'en donner une idée suffisante par une simple description ; mais c'est certainement une des plus splendides de ces constructions particulières que le XVIIe siècle avait érigées en si grand nombre dans nos contrées. Elle porte la date de 1615 et elle fut restaurée avec beaucoup de bonheur en 1856. La façade, terminée par un pignon, se distingue surtout par l'élégance que la renaissance espagnole à su imprimer à ses édifices. Au-dessus du rez-de-chaussée, s'élèvent deux étages jusqu'au niveau du pignon ; à partir de là, la façade se rétrécit en pyramide, ce qui ajoute à la légèreté et à l'originalité de l'ensemble. Elle est décorée, dans sa partie inférieure, de pilastres cannelés, au-dessus desquels de légères colonnes en avant-corps reposent sur des têtes soigneusement sculptées. Au deuxième étage les colonnes se répètent en retrait. Les deux étages du pignon sont simplement ornés de moulures. Des cartouches, tous différents et des frises, complètent cet ensemble décoratif; les sculptures sont en pierres blanches. Elles se détachent sur une paroi de briques rouges. Le rez-de-chaussée seul est en grès taillés et sculptés.

Il faudra comparer maintenant cette maison avec celle que nous avons décrite rue des Foulons. Peu d'années séparent leur construction, et le style est complètement différent. Le style de celle-ci est léger, vif et pimpant comme les brillants seigneurs de la cour espagnole, celui de l'autre a déjà quelque chose de la raideur et de la pompe du grand siècle. Quoiqu'en 1649, Douai n'eût pas encore été conquis par les Français, l'influence de la grande nation envahissante s'était déjà manifestée. On se sent au contraire plutôt au XVIe siècle, en considérant la maison espagnole, ainsi que la nomme le peuple. Nous ne la quitterons pas sans avoir vu la tourelle avec sa vieille girouette qui s'élève au-dessus des toits, et sans avoir donné un coup-d'œil, de l'autre côté de la petite ruelle, à un des derniers exemples de ces antiques demeures, construites en bois et à pignon, qui donnaient autrefois, à quelques-unes de nos rues, un cachet si pittoresque.

En achevant de descendre la rue du Clocher-St-Pierre, dans laquelle nous nous trouvons actuellement, on arrive au PALAIS-DE-JUSTICE, dont la description détaillée se trouve à la page 86.

Dans la rue qui fait face à l'entrée principale, on aperçoit le portail de la chapelle construite il y a quelques années dans le style pseudo-roman, à l'usage de la congrégation des Pères Rédemptoristes; ils s'étaient établis à Douai en 1852 et leur maison a été fermée en 1861, par ordre de l'administration.

Parallèlement à la Scarpe et à partir de la façade du Palais-de-Justice, on suit les bâtiments de celui-ci dans la rue qui porte son nom. A l'extrémité de cette rue on entre, à gauche, dans la voie publique appelée *La Cloris*. A droite se trouve le Marché-au-Poisson. Au coin des rues de la Cloris et du Palais, on remarquera une façade ornée de colonnes, et qui forme maintenant plusieurs maisons distinctes. Un fronton, décoré en outre de deux statues couchées, montre une poule sculptée en bosse sur la pierre. Une anecdote douaisienne se rapporte à cette demeure. On raconte qu'à la fin du siècle dernier, un bourgeois appelé Poulle, auquel une petite fortune avait tourné la tête, voulut laisser à la postérité le souvenir de son nom. Il se construisit, en conséquence, cette ambitieuse habitation et y appliqua l'espèce de rébus que nous venons de décrire. De l'autre côté de la rue, un voisin plus modeste mais avisé, bâtissait sa demeure. Arrivé à la corniche, il y fit sculpter un renard parfaitement visible encore et qui regardant la poule d'un air narquois, semble se dire : « Renard croquera la poule. » Si la tradition est exacte, le proverbe fut vérifié et le voisin serait bientôt devenu le propriétaire de la maison, à peine terminée, de l'imprudent Poulle.

On ne traversera pas la Place du marche aux Poissons, sans remarquer les façades régulières qui forment deux de ses côtés. Elles sont formées de pilastres Louis XVI, reposant sur des consoles ; à l'extrémité de la place se trouve le Minck espèce de hangar, où se vend à la criée le poisson, qu'auparavant les chasse-marée et maintenant le chemin de fer, fournissent à la consommation locale. Le mot Minck, corruption du flamand *Myn*, signifie *mien* ou *à moi;* c'est le mot que prononcent encore aujourd'hui les adjudicataires, pour arrêter le crieur pendant la vente en gros. Cette petite construction date de 1763.

En traversant le marché, on se trouve en face d'une petite chapelle qui remonte presqu'aux origines de la cité douaisienne.

Sa façade mutilée, montre encore les deux chapiteaux qui la décoraient et qui révèlent le style architectural du XIVe siècle. Cet édicule, s'appelait *la chapelle Ste-Catherine au Chatel*, et fut bâti par la famille des Duhem, seigneurs d'Auby, qui donnèrent pendant le XVe et le XVIe siècle des échevins, des chefs du Magistrat à la ville de Douai et un bailli en 1545, comme on l'a vu plus haut. A côté de là existait autrefois le *Chatel bourgeois*, hôtel de ville primitif de nos aïeux, remplacé au commencement du XVe siècle par les constructions qu'on admire aujourd'hui dans la rue de la Mairie.

L'église, dont on aperçoit la façade sur le quai, au coin de la rue, et qui forme maintenant un magasin de bois, est celle de l'ancien *couvent des Dominicains*, établi à Douai par la comtesse Marguerite de Dampierre, dès l'an 1232, selon plusieurs auteurs, mais certainement avant 1270. Cette église, du reste, ne date que de 1785, elle ne présente rien de remarquable ; celle qui la précèdait renfermait de nombreux et superbes tombeaux, notamment de la famille de Luxembourg-Fiennes ; une autre pierre tumulaire, celle de Claude de Carnin, et d'Honorine d'Esclaibes, sa femme, maintenant déposée au musée, provient de la même église.

Sur le quai, entre le pont qui fait face aux Dominicains et celui du marché au Poisson ou de la Massue, à droite, quelques ruines qu'on aperçoit dans les jardins de la maison n° 4, rappellent le plus ancien monument de Douai. *la vieille tour* que les chroniqueurs ont appelée *Tudor* ou *tour des Creux* et qui fut le premier point fortifié, le vrai berceau de la ville. Elle parait avoir formé un quadrilatère de soixante mètres environ de long sur trente de large, construit en grés massifs, et assis sur une motte artificielle. L'une des petites faces regardait la rivière. Les murs, très-épais, contenaient à leur intérieur une galerie qui faisait le tour du bâtiment et aboutissait à quatre escaliers posés dans les angles.

On voit encore aujourd'hui la forme assez nette de deux des côtés de la motte ; on peut aussi entrer dans un corridor dont la voûte a été refaite et on aperçoit alors une des sept meurtrières qui ont survécu au temps. Le corridor a 1 ᵐ. 25 c. de large, la meurtrière 1 ᵐ. 70 ᶜ. d'ouverture sur 3 ᵐ. environ de profondeur, ce qui donne l'épaisseur de la muraille ; la face externe de celle-ci vers le pont de la Massue est revêtue de grès, le reste est composé de pierres noyées dans un mortier aussi dur qu'elles.

Cette construction est probablement antérieure au VIIe siècle.

Au pied de ces antiques murailles coulait autrefois une fontaine, maintenant transformée en pompe publique et qu'on appelle Fontaine St-Maurand, du nom d'un des anciens seigneurs, protecteur et patron de la cité ; on prêtait à ses eaux des propriétés particulières, et le souvenir du culte druidique y entretenait encore, au XVIIe siècle, des pratiques superstitieuses ; on venait boire à la fontaine, ou même s'y baigner, pour obtenir des guérisons miraculeuses. Le clergé condamna ces pratiques, et en 1682, nous voyons les échevins accorder une modération à l'adjudicataire de la ferme de la fontaine, parce que ces défenses diminuaient ses bénéfices.

A quelques pas de la fontaine St-Maurand, s'étend la place St-Amé, ornée d'allées circulaires de maronniers. C'était là que s'élevait autrefois l'antique collégiale du même nom, qui avait remplacé le monastère des Bénédictins venus de Merville vers 870. Cette église avait été illustrée par le miracle arrivé le 14 avril 1254 et dont le clergé de la paroisse actuelle de St-Jacques fait encore chaque année la commémoration par une procession solennelle. Dans une chapelle attenante à l'église on conservait l'hostie miraculeuse. La collégiale a été détruite en 1798 et un marché se tient maintenant sur son emplacement. L'enclos de St-Amé et les maisons qui en dépendaient, relevaient, en 1789, du conseil d'Artois pour la juridiction, en vertu de privilèges plusieurs fois renouvelés par les souverains des Pays-Bas, quoique Douai fît partie de la Flandre.

Près de la place St-Amé, à main gauche, en venant du pont des Dominicains, au haut d'une légère élévation, se trouve LA FONDERIE IMPÉRIALE DE CANONS DE BRONZE (voir p. 92). Ces bâtiments ont remplacé ceux de l'ancien château de Douai et du collège dit du roi. On arrivait au château par l'étroite *ruelle des Moudreurs*, dont une branche, fermée aujourd'hui, passait derrière la vieille maison à pignon du coin de la place. C'est par là qu'en 1501 Marguerite, duchesse de Bourgogne et princesse douairière de Savoie, fit son entrée solennelle dans le château des seigneurs de la Flandre. Le *collège du roi* lui-même n'avait d'ailleurs été établi, après la fondation de l'université de Douai, que sur une partie de l'ancien château.

La rue sinueuse qui longe la façade de la fonderie et qui porte son nom, n'existe que depuis 1568 ; elle aboutit à la rue d'Arras, en face de la grille du JARDIN DES PLANTES, qui est en même temps le siège des réunions de la société impériale et centrale d'agriculture, sciences et arts du département du Nord (voir sur ces deux établissements la page 99).

En sortant du Jardin des Plantes et en descendant à gauche la rue d'Arras, on arrive à celle d'Equerchin, qui se distingue par de grands et beaux hôtels. En suivant cette dernière à peu-près jusqu'au tiers de sa longeur, on trouve sur le rang de droite l'entrée de la petite rue des Vierges, ainsi appelée de l'ancien couvent des religieuses de Ste-Catherine de Sienne. Dans celle-ci, au n° 8, on voit, transformé en auberge et malheureusement fort dénaturé, *le Refuge de l'Abbaye des Chanoines réguliers de l'Ordre de St-Benoît située à Hénin-*

Liétard. Les guerres presque incessantes qui à certaines époques ont désolé ces contrées, exposaient les monastères placés hors des villes, à tous les désastres. Aussi possédaient-ils presque tous, dans les villes les plus rapprochées, des demeures spacieuses que les moines ou les religieuses venaient habiter dans les temps de périls et où ils apportaient les corps saints, les ornements précieux de leurs églises et le trésor de l'abbaye, cest ce que l'on appelait DES REFUGES.

Celui d'Hénin-Liétard est construit en briques : une galerie couverte, dont les arcades étaient soutenues par des colonnes monolythes en grès bleu, a été récemmment murée ; un cartouche en pierre blanche porte encore la date de 1623. Cet hôtel occupait presque tout ce côté de la rue avant 1794.

Par la rue des Récollets anglais, qui donne dans la rue des Vierges, on accède à la petite, mais gracieuse EGLISE PAROISSIALE DE St-JACQUES (voir p. 102).

En face du portail, et séparé de la rue par un petit bras de la Scarpe, s'élève un grand hôtel entouré de jardins ; il servit de demeure au fameux baron de Tott, lieutenant du roi à Douai, de 1785 à 1790, si connu par ses voyages en Pologne, en Tartarie, en Turquie, et par la mission que le gouvernement de Louis XVI lui confia en Orient. La façade principale de l'hôtel et son entrée monumentale surmontée de colombes sculptées se trouvent dans la rue St-Julien.

La continuation de la rue des Récollets anglais porte le nom de *rue des Pierres*, ou du *pont des Pierres*. Le voyageur y passera devant la maison n° 3, où l'on aperçoit encore quelques dates et emblêmes maçonniques. C'est l ancien *séminaire Moulart*, fondé en 1598 par l'évêque d'Arras de ce nom, en faveur de pauvres étudiants. En 1807, LA LOGE DES FRANCS MAÇONS, DITE DE LA PARFAITE UNION à l'Orient de Douai, y établit son siége. Cette loge remonte à 1755, mais la maçonnerie existait à Douai à des époques beaucoup plus reculées. Ses travaux passent pour avoir eu beaucoup d'éclat. Les grandes cérémonies et les fêtes maçonniques se célèbraient dans le bâtiment formant l'ancienne chapelle du séminaire. La grande salle du rez-de-chaussée est décorée et peinte dans le style égyptien, d'une manière assez remarquable. La loge a été fermée en 1852 ; le local a été vendu en 1860 et forme maintenant une propriété particulière. On voit encore, encastrée dans la muraille de la maison, sur le jardin, une grande pierre tumulaire provenant de l'ancienne chapelle du Temple, à Douai. Elle consacre le souvenir de Guillaume Caoursin, chevalier de l'ordre de St-Jean de Jérusalem, mort en 1455, commandeur de Dourges et de Montdidier et gouverneur de la commanderie de Hautavesne dont relevait la maison de Douai.

La rue des Pierres conduit à celle de St-Albin sur laquelle débouche la place dite de la Prairie, où se trouvent L'HOTEL-DIEU ET L'HOPITAL MILITAIRE (voyez page 107) A l'extrémité de la rue on aperçoit, à main gauche, une vaste église, c'est celle de l'ancienne *Chartreuse* de Douai ; ce couvent, demeuré encore presque intact, tel qu'il était avant la révolution, mérite d'être visité par les étrangers ; ses bâtiments servent de magasins à l'artillerie ; on en trouvera une notice plus détaillée à la page 111.

De l'autre côté de la rue St-Albin, sont les bâtiments DU COLLÈGE DES BÉNÉDICTINS ANGLAIS dont l'entrée se trouve dans la rue St-Benoit (voyez page 115). Celle-ci aboutit à une place plantée d'arbres, nommée *place St-Vaast*, et qui s'étend le long de la Scarpe ; sur cette place sont situées la caserne de gendarmerie et LA PRISON comprenant les maisons d'arrêt et de justice ; sur le côté de la place, perpendiculaire à la façade de la prison, on voyait, tout récemment encore, l'entrée de l'ancien et important *collège de St-Vaast*, fondé en 1619, par l'abbé Dom Philippe de Caverel, de St-Vaast d'Arras. Au lieu de ses vastes bâtiments, de ses jardins et de ceux de l'*Abbaye des Prés* (monastère des femmes de l'ordre de Citeaux) commence à s'élever, sur les bords de la Scarpe, tout un quartier nouveau, aux rues spacieuses, aux demeures élégantes, et qui remplira l'espace compris entre la place St-Vaast et les remparts de la ville, l'abattoir et la rivière.

En suivant le quai en construction et en passant sur le double pont-levis de l'Abbaye des Prés, le voyageur parvient à la rue des Wetz, par une grande porte monumentale qui fut celle du monastère. L'ancienne abbaye avait été acquise après la révolution, par un fournisseur des armées françaises, devenu millionnaire; d'immenses jardins embellis de statues et de pavillons en faisaient presqu'une résidence princière. Il serait difficile, pour ceux qui ne les ont point vus, de s'en faire aujourd'hui une idée, en présence des champs de pommes de terre et des constructions informes ou bizarres qui les remplacent. Quant à l'Abbaye des Prés elle-même, on aura d'ailleurs une idée de sa richesse et de son importance, quand on saura que le bel hôtel n.° 73 de la rue des Wetz n'en était, avant 1790, qu'une dépendance extérieure, destinée à recevoir les hôtes du couvent, les parents qui venaient visiter l'abbesse ou les religieuses.

L'extrémité de la rue des Wetz et celle qui en forme le prolongement sont occupées par d'importants établissements militaires vers lesquels nous reviendrons tout à l'heure. Quant à présent, nous traverserons le terrain qui s'étend à gauche, le long de la Scarpe : c'est l'ESPLANADE affectée aux usages de l'artillerie. A son extrémité nord, derrière une palissade, dans une fosse profonde, on conserve sous l'eau une partie des bois que l'on met en œuvre à l'arsenal. Le long du quai s'élèvent les magasins aux fourrages pour la cavalerie. On arrive ainsi à la voûte par laquelle la Scarpe sort de la ville. En longeant le rempart, à l'intérieur, à droite, puis en passant près du magasin à poudre, on arrive AUX BATIMENTS DU TEMPLE, ancienne propriété des chevaliers de Malte ou de St-Jean-de-Jérusalem, qui remplacèrent les Templiers (voyez page 122). Sur le terrain qui s'étend en face de ce souvenir d'un ordre illustre détruit, on a bâti une vaste cité ouvrière et quelques pas plus loin, on se trouve devant LA CASERNE DE SAINT-SULPICE, occupée par une partie de l'infanterie de la garnison : c'était autrefois un prieuré, dépendant de l'abbaye d'Anchin, et qui fut converti en casernes après la conquête de Douai par Louis XIV. Elles furent reconstruites en 1720-1721, mais la façade et les deux ailes ne datent que de 1736 à 1740. A la caserne confinent les bâtiments de l'arsenal. Nous les suivrons le long de l'Esplanade, sur laquelle nous nous retrouvons, et en tournant à gauche, par la rue Gamez, bordée exclusivement par l'arsenal et les murs d'une vaste caserne, nous arriverons à l'extrémité de la rue des Ecoles ; on y trouve, à gauche, les beaux bâtiments du LYCÉE (voir page 127), et à droite l'entrée principale de LA CASERNE D'ARTILLE-RIE, DITE DE MARCHIENNES. Après la prise de Douai par les Français en 1667, le collège public que la riche abbaye de Marchiennes avait fondé en cet endroit, comme annexe aux cours de l'Université, fut acquis par la ville, et affecté au logement des troupes ; mais depuis moins de vingt années, ce quartier a été entièrement transformé. Les façades de rues entières ont disparu pour faire place à des pavillons symétriques à l'épreuve de la bombe et qui occupent un vaste rectangle, entre les rues des Malvaux, des Wetz, Gamez et des Ecoles.

Si le voyageur veut descendre cette dernière rue, il trouvera au coin de celle des Malvaux, à main droite, l'ÉCOLE D'ARTILLERIE où se font des cours spéciaux pour les militaires de l'arme; c'était, jusqu'en 1767-1771, le *Public*, comme on l'appelait, c'est-à-dire le local primitif consacré à l'Université. Parallèlement à la rue des Malvaux s'étend, du même côté de la rue des Ecoles, la rue des Bonnes, où, dans les bâtiments de l'ancien *couvent des Ecossais*, a été établie, il y a quelques années, LA MAISON MÈRE DE L'ORDRE DES RELIGIEUSES DE LA SAINTE-UNION. Cette maison, dont les rapides développements sont connus, a une chapelle de style gothique, malheureusement assez peu satisfaisante à l'œil.

Le voyageur devra alors retourner sur ses pas et par la rue de la Charte ou des Jésuites, qui fait face à la rue des Malvaux, il parviendra AU MUSÉE, dont la description fera le sujet d'un article détaillé (page 132). En sortant de ce bel établissement, quelques pas lui suffiront pour se retrouver sur la place SAINT-JACQUES, presque à son point de départ. Nous quitterons ici le voyageur, en le remerciant de l'attention qu'il a bien voulu nous prêter et avec l'espoir d'avoir rempli, à sa satisfaction, ou du moins autant qu'il dépendait de nous, notre office de cicérone.

PROMENADE

SUR LES REMPARTS DE DOUAI.

Si l'étranger qui visite notre ville peut disposer pendant son séjour de quelques instants d'une belle journée, il fera bien d'en profiter, pour suivre l'enceinte des fortifications au haut des remparts. Il se formera ainsi, une idée d'ensemble de l'aspect général de Douai ; il se rendra compte, s'il ne le sait pas encore, de ce qu'est une place de guerre, avec ses différents systèmes de défense et enfin il apercevra divers établissements publics, auxquels nous n'avons pas jugé indispensable de le conduire dans son excursion a travers les rues. Cette promenade lui offrira en outre plus d'un panorama pittoresque, soit qu'il se tourne vers l'intérieur des murailles, soit que, à travers les rideaux d'arbres qui couvrent les ouvrages avancés, il laisse errer ses regards sur les vastes plaines qui s'étendent autour de Douai.

La ville de Douai est enceinte d'une muraille continue et casematée, recouverte de larges amas de terres, et formant ainsi un *Rempart,* auquel on accède par des pentes douces, accessibles à l'artillerie. A l'intérieur, une rue, appelée *rue Militaire,* sépare presque partout le rempart des habitations et des jardins ; à l'extérieur plusieurs rangs de fossés, entrecoupés de cavaliers, de demi-lunes et d'autres ouvrages avancés, en maçonnerie garnie de terre, défendent l'accès de la muraille, jusqu'aux glacis qui s'abaissent insensiblement vers la campagne. Le tour du rempart a un peu plus de cinq kilomètres. D'importants travaux s'y exécutent en ce moment, pour achever de substituer à la vieille enceinte, les courtines et les bastions du système de Vauban.

Le voyageur fera bien de se rendre au rempart de la ville, par la rue de Paris, et de commencer son excursion en gravissant la rampe placée à droite de la porte. Il trouvera d'abord à sa droite un *magasin à poudre*, et après être passé vis-à-vis quelques filatures, il atteindra la terrasse de la porte par laquelle la rivière pénètre dans la ville; si alors il fait face à celle-ci, il verra à ses pieds un bassin circulaire, entouré de larges *quais de débarquement*, et un premier panorama se déroulera devant lui. A l'extrême droite, au premier plan, se trouvent des magasins et des usines; au-dessus de leurs toits en terrasse, s'élance la *tour du beffroi* surmontée de sa flèche d'ardoises, hérissée de clochetons et de girouettes. En tournant les regards vers la gauche, à partir de ce point, on reconnaîtra le profil de *l'église St Pierre*, accompagnée de sa chapelle du Dôme. Sur un plan un peu plus rapproché, l'ancienne *église des Dominicains*; à l'extrême gauche, le fer à cheval des bâtiments principaux de la *fonderie de canons* au milieu des hauts peupliers qui garnissent les cours de cet établissement.

En avançant de quelques pas, l'étranger apercevra, au-dessus du parapet, le cours de la rivière, et dans un horizon assez rapproché, le village de *Lambres*, avec ses usines. Sous les rois francs, Lambres était le siège d'un fisc royal. C'est là, à ce que rapporte Grégoire de Tours, que le corps de Sigebert fut immédiatement transporté en 571, après l'assassinat de ce monarque par les émissaires de Frédégonde. Ce crime fut commis à Vitry, village situé un peu plus haut en remontant la Scarpe et où existait alors une habitation royale.

Le pont en bois qui franchit la rivière à la limite des

fortification, s'appelle le *Pont-Rouge*. C'est dans une entaille pratiquée dans les culées qui le soutiennent, que se placent les poutrelles, à l'aide desquelles, lorsque la ville est menacée d'un siége, on fait refluer les eaux de manière à tendre *l'inondation* autour d'elle à une profondeur et à une distance considérables. Une des dernières fois qu'on employa ce moyen de défense, ce fut le 30 Janvier 1814; les habitants de Lambres durent quitter leur commune, et la plaine présenta alors un coup-d'œil inusité. Le froid fut assez vif pour couvrir de glace la surface des eaux et les habitants de la ville se livrèrent aux exercices du patinage sur ce lac improvisé.

En continuant sa route, le touriste franchit la *Porte d'Arras* et arrive bientôt sous une allée d'arbres régulièrement plantés, auprès d'un magasin à poudre. Derrière ce bâtiment il apercevra les charmilles du *Jardin des Plantes*, et sur la droite de vastes jardins ombragés d'arbres fruitiers et particulièrement ceux qui dépendent de l'habitation de M. Le Gentil. A gauche s'étendent, sur deux lignes parallèles séparées par une vaste cour rectangulaire, les deux corps de bâtiments de la *caserne dite d'Equerchin*, spécialement affectée à l'infanterie. Elle fut commencée en 1753, sur des terrains appartenant en partie à l'abbaye de Vaucelles, et aux frais de la ville, à qui le roi accorda, pour lui faciliter cette dépense, la remise de certains impôts et la faculté de percevoir certains droits d'octroi. C'est dans la cour de cette caserne qu'eut lieu, le 10 juillet 1834, l'ascension d'un ballon gonflé au gaz hydrogène et monté par M. Margat, qui accomplissait son 46e voyage aérien. Il alla descendre, en sept quarts d'heure, en Belgique, à quatorze lieues de distance. Le 18 avril 1786, le fameux Blanchard avait donné semblable spectacle au même endroit.

En continuant la promenade, on ne tardera pas à rencontrer

sur le rempart même, les ateliers où se confectionnent les cartouches. Ils sont environnés d'arbres et séparés l'un de l'autre par un cavalier en terre, destiné à les isoler et à protéger la ville, en cas d'explosion. Nous passons au-dessus de la *porte d'Equerchin*, et nous ne tardons pas à réclamer l'attention du voyageur pour une nouvelle perspective. Au dessus des jardins, qui au printemps offrent un gracieux coup d'œil, on aperçoit, à gauche de l'horizon, le *beffroi* et le portail de l'*Eglise des Dominicains*, que nous avons déjà fait remarquer. En portant les yeux de droite à gauche, on rencontre le clocher neuf de l'*Eglise Saint-Jacques*; celui de l'*Eglise Saint-Pierre*, qui se présente maintenant de face, et un peu plus loin le petit clocher de la maison-mère de la Sainte-Union, dont la base, d'une couleur rouge-vif, contraste hardiment avec la flèche gothique en ardoises qui le termine. A mesure que l'on avance, le panorama se déroule sur la gauche du point que nous venons d'indiquer. Au moment où on atteint le *magasin à poudre*, on découvre la façade du couvent et de la chapelle des *Bénédictins anglais*; contre la rue Militaire, se trouvent d'humbles bâtiments couverts en pannes, qui forment le *couvent des religieuses Carmélites*. A peine a-t-on dépassé le magasin à poudre, qu'on a sous les yeux l'ensemble des anciens bâtiments *des Chartreux*. Leur aspect peut donner, même de l'extérieur, une idée sommaire du monastère, tel qu'il était lorsque les religieux l'habitaient encore. Un premier bâtiment adossé à la muraille, qui seule est de construction moderne, contenait des cellules; on aperçoit ensuite le carré formé par le cloître; puis le réfectoire, la chapelle particulière des religieux, et tenant à celle-ci, le bâtiment des hôtes ou du prieuré. L'église principale domine le tout. De là, à la *porte d'Ocre*, il n'y a qu'une courte distance; c'est sur ce front de la place, entre les portes d'Ocre et d'Equerchin, qu'eurent lieu les attaques principales des armées alliées, au siége de 1710.

Du parapet on pourra apercevoir dans la campagne les grands arbres qui entourent le château et le hameau de *Wagnonville,* en même temps que l'entrée du *Polygone* destiné aux exercices à feu de l'artillerie; et plus loin le hameau de *Dorignies* et les toits rouges des importants ateliers de M. Coudroy, constructeur-mécanicien. Nous continuerons jusqu'à un enclos formé de palissades, placé sur le rempart, et nommé *le petit polygone.* C'est là que s'exercent journellement les soldats du régiment d'artillerie. Si en cet endroit, on fait face à la ville, on apercevra devant soi un vaste bâtiment en pierres blanches. C'est l'ancien hôtel que M. Paulée, célèbre fournisseur des armées, établit dans la partie de l'*Abbaye des Prés* qui avait échappé à l'incendie du 1.er juin 1793. Les bâtiments couverts de tuiles rouges et à côté desquels s'élève une vaste cheminée, ont été construits en 1839 pour servir *d'abattoir* communal.

On passe ensuite le long de grands jardins qui vont bientôt devenir un nouveau quartier de la ville; à l'endroit où le rempart forme un coude, on laisse à droite un magasin à poudre en construction, et à gauche la dernière des tours, qui restent encore des fortifications du XVIe siècle. Elle portait le nom de *Tour des Pestiférés,* à cause de la proximité d'un fossé profond, s'étendant jusqu'au fort de Scarpe et où furent enterrées les victimes d'une des épidémies nombreuses qui désolèrent la ville jusqu'au XVIIe siècle.

Au-dessus de la voute, par laquelle la *Scarpe* sort de Douai, s'élèvent deux petits bâtiments. L'un sert de corps-de-garde; dans l'autre existent les engins nécessaires à la manœuvre de la herse, qui intercepte chaque soir les communications avec les dehors de la place. Cette herse est formée de pesantes poutres de bois dont l'ensemble, en forme de grille, s'enfonce le long de deux rainures, depuis la voûte jusqu'au lit de la rivière. En cet endroit de l'enceinte continue, s'achèvent d'importants travaux pour remplacer, par des courtines et des bastions, l'ancien rempart garni de tours demi-circulaires.

En se plaçant à côté du corps-de-garde, et en regardant l'intérieur de la ville, on a, à droite, une vaste blanchisserie, puis un peu plus loin, les jardins de l'abbaye des Près. A gauche, les magasins militaires à l'avoine et aux fourrages, dont une partie à été consumée par l'incendie du 23 Juillet 1860. A leur suite est l'Esplanade. En se tournant vers l'extérieur, on peut apercevoir au loin à travers les arbres, les fortifications du *Fort du Scarpe* et le clocher de sa petite église, le cours de la rivière et son confluent éclusé avec la *Deûle* qui fait communiquer par eau Lille et Douai; plus près, aux bords de la Scarpe, l'embarcadère et les vastes dépôts de charbons de la compagnie des *Mines d'Aniches*; plus près encore, le pont sur lequel le chemin de fer franchit la rivière, et les *guingettes du Mariage,* où les canotiers douaisiens se reposent après s'être donné le plaisir de promenades en barque.

Après avoir franchi sur le rempart la voûte de la *sortie des eaux*, on trouve à quelque pas plus loin, un nouveau magasin à poudre, derrière lequel on aperçoit les étages d'une grande cité ouvrière, puis, dans le rentrant d'un bastion, ce qui reste de la maison du Temple de Douai. Des fossés à demi-comblés, une porte accompagnée de deux tourelles, une autre tourelle adossée a quelques vieux bâtiments, constituent les ruines de cette ancienne propriété des défenseurs de la terre sainte.

Bientôt on arrive à la *porte de Lille* ou *porte Morel*, avec ses arcades en pierres bleues; elle sert d'issue à la rue du même nom et à celle de St-Sulpice, qui conduit à l'importante verrerie de M. Chartier et à la caserne d'infanterie dont nous avons déjà parlé page 45.

En avançant toujours, on arrive, à la porte du Chemin de Fer, dite porte du Nord; ces grands hangards vitrés que domine une haute cheminée, et où retentit sans cesse le bruit de lourds marteaux, ce sont les ateliers de construction de machines et d'appareils, de la maison Cail & Cie.

En continuant sa promenade le long de ces terrains profondément remués, où s'achèvent encore de nouveaux remparts, le voyageur verra se dérouler sous ses yeux toute la Gare, avec son élégant débarcadère couvert; un mouvement considérable de marchandises lui donnera en même temps une avantageuse idée du commerce qui rayonne autour de la cité.

De l'autre côté, dans la campagne, il pourra voir le village de *Sin*, et presque aux pieds des glacis, la fosse houillère qui porte le nom essentiellement douaisien de *Fosse-Gayant*. Au-delà de l'enceinte de la gare et un peu sur la droite, se trouve l'*Usine à Gaz*; puis reliée par un petit chemin de fer aux voies principales, *la Raffinerie centrale*, qui a déjà frappé les regards du touriste, quand il a mis le pied dans la ville. En gravissant un des parapets du rempart, il apercevra enfin, au milieu des ouvrages de fortification, *la Berce Gayant*, champ de manœuvres, où l'infanterie fait l'exercice, et où retentissent les feux de peloton ou de tirailleurs des bataillons de chasseurs à pieds.

Il franchit alors la porte du Sud, et il se retrouve vis-à-vis des allées de *la promenade Saint-Jacques*, que confinent à droite *la Caserne* dite *des Anglais*, à gauche, *la Manutention militaire* et *l'Entrepôt*, et au fond de laquelle, derrière une rangée de maisons, s'élève le toit en ardoises de notre *Musée*.

En tournant à gauche, il passe devant les vastes et réguliers bâtiments en briques rouges de *l'Hôpital général*, et il parvient à *la porte Notre-Dame*, flanquée de ses deux tours intérieures, dans l'une desquelles un escalier en colimaçon permet de redescendre jusque sur la rue.

S'il s'arrête un instant contre le balcon de fer, le dos tourné à la prison militaire, il aura sous les yeux un intéressant panorama. A droite de la place plantée d'arbres, qui est *la place Jemmapes, la façade de l'Hôpital* avec son fronton; dans le fond de la perspective, le *dôme de St-Pierre;* non loin de celui-ci, *le Beffroi,* précédé de *la Grande-Place,* à laquelle aboutit la large rue qui conduit à la porte. A gauche de la place Jemmapes, l'église gothique de *Notre-Dame.* C'est par cette porte que l'on se rend au cimetière; vaste et pieuse enceinte où, à l'ombre des grands arbres, de nombreuses tombes conservent le souvenir de ceux qui ne sont plus et des hommes utiles à la cité.

Après avoir passé la porte et suivi le rempart, sous une allée d'arbres, on arrive devant la place dite *du Barlet.* C'est un vaste terrain gazonné, planté de platanes et où se tiennent les marchés aux bestiaux, depuis 1814. Pendant nos fêtes communales, cette place se couvre de barraques de saltimbanques; aux sons discordants de leur musique, les jeunes gens s'y livrent, avec ardeur, au jeu de balle au tamis; la foule qui s'y presse, et qui se répand jusqu'au rempart, présente alors l'aspect le plus vivant et le plus animé.

Il est déjà question *du Barlet,* sous ce nom, dans les titres de la ville au XIIIe siècle (arch. de Douai, n° 326); en 1359, cette place était encore hors des murs, mais en 1405, elle s'y trouvait renfermée, quoique la fortification fût de ce côté bien insuffisante, ce n'étaient que murs de terre et palissades de bois, avec une petite tour carrée.

Lors du siége et de la prise de Douai, en 1712, par les Français, l'attaque se fit de ce côté, depuis les crêtes de Sin jusqu'à la porte Saint-Eloy : les travaux des assiégeants s'étendirent ensuite jusqu'au fort de Scarpe.

A partir du Barlet, le voyageur n'a plus qu'un court trajet

à parcourir pour se retrouver à son point de départ, c'est-à-dire à la porte de Paris. Cette portion de l'enceinte n'offrant plus rien qui mérite attention, il peut descendre ici pour regagner l'intérieur de la ville, assez satisfait, nous l'espérons du moins, de sa promenade, surtout si elle a été favorisée d'un beau temps.

NOTICES PARTICULIÈRES.

HOSPICE GÉNÉRAL.

En 1750, il existait à Douai un grand nombre de petits établissements, fondés par la charité privée et destinés à soulager bien des misères diverses. Leurs ressources, souvent assez faibles, épuisées par des frais d'administration multiples, par la réparation et l'entretien de bâtiments nombreux, répondaient peu à l'intention des fondateurs. A cette même époque un arrêt du conseil d'Etat, rendu pour bannir la mendicité du royaume, avait amené à Douai l'arrestation d'une foule de mendiants : la ville, chargée des insensés, était obligée de les faire garder dans les prisons publiques. Les enfants orphelins, trouvés et abandonnés, faute d'établissement pour les recueillir, étaient placés à la campagne, où alors, comme presque toujours depuis, ils acquerraient bien rarement des principes de moralité, le goût du travail et un état.

Déterminé par tous ces motifs, le Magistrat de Douai demanda à rassembler dans une maison commune tous les pauvres des deux sexes, ainsi que les enfants orphelins, trouvés et abandonnés ; et le roi Louis XV, par lettres-patentes de juin 1752, ordonna qu'il serait établi un hospice sous le titre d'*Hôpital général de la Charité de Douai*, et que tous les biens meubles et immeubles, droits, actions et prétentions des diverses fondations charitables, lui seraient attribués.

Dès ce moment l'Hospice-Général était créé ; la première pierre en fut posée, le 22 juillet 1756, par M. Charles-Joseph de Pollinchove, premier président au parlement de Flandre. La plaque en étain qui consacre le souvenir de cette cérémonie, est déposée sous la colonne qui sert de base à la chapelle (1).

Les plans du monument avaient été dressés par M. Georges Durand, entrepreneur des travaux du roi, et capitaine des écluses à Douai (2). Ils paraissent avoir été imités de ceux de plusieurs grands hôpitaux d'Italie.

L'ensemble de l'Hôpital-Général offre la figure d'une croix régulière inscrite dans un rectangle. Au centre, à l'étage, se trouve la chapelle en rotonde au milieu de laquelle est placé l'autel ; dans les branches de la croix, sont quatre oratoires destinés aux vieillards et aux enfants des deux sexes ; disposition heureuse qui permet à chaque quartier de voir le prêtre à l'autel, sans communication entre eux. La même distribution reproduite à l'étage inférieur, donne quatre réfectoires, également séparés, pour les quatre classes d'administrés, hommes, femmes, filles et garçons.

Les bâtiments principaux de l'hospice, commencés en 1756, furent terminés en quatre ans. Celui des infirmeries, placé en

---

(1) Brassart. Notes historiques sur les Hôpitaux. P. 119.

(2) Chevalier de Saint-Michel, aïeul de M. Durand d'Elecourt, ancien député de Douai, mort conseiller à la Cour Impériale.

avant sur la rue, fut entrepris en 1788; la première pierre du nouveau bâtiment fut posée par M. Gaspard de Pollinchove, fils de celui dont nous avons déjà parlé tout à l'heure, et, comme lui, premier président au parlement. Interrompus pendant la Révolution, ces travaux furent terminés en 1806. En 1830, on construisit les dépendances de droite, où se trouvent divers ateliers; en 1839, celles de gauche, qui contiennent les bains, les écuries, etc., etc.

Le fronton, représentant la Charité et placé au-dessus de la grande porte d'entrée, est l'œuvre de M. Bra, que la ville se glorifie de compter au nombre de ses enfants. Il date de 1835.

Tout récemment l'hôtel de Wavrechin, situé rue des Trinitaires, enclavé pour ainsi dire dans l'hospice, y a été réuni, par suite d'acquisition; il a été approprié à l'orphelinat des garçons.

Depuis quelques années, de grandes améliorations intérieures ont été introduites dans les aménagements de l'hospice. Il nous suffira de citer la cuisine et ses dépendances; les lavoirs dans les divers quartiers, une buanderie avec des séchoirs d'été et d'hiver où l'on lave tout le linge de l'établissement et une grande partie de celui de l'hôtel Dieu (150,000 pièces environ par an); la décoration des oratoires, etc.....

L'Hôpital-Général reçoit les vieillards des deux sexes âgés de 70 ans, ou ceux que leurs infirmités empêchent de travailler. Il reçoit également les enfants orphelins, trouvés ou abandonnés, des deux sexes.

La population générale de l'hospice s'élève à plus de 500 administrés (environ 530), les deux orphelinats comprennent en moyenne 75 filles et 70 garçons. Ce n'est que depuis une courte période d'années que ceux-ci, placés auparavant à la campagne, chez des particuliers, sont rentrés dans la maison. Ils y reçoivent l'instruction nécessaire, font dans les ateliers de l'hospice l'apprentissage de quelques métiers; plus tard ils sont confiés, en ville, à des patrons, d'après leurs goûts et leur aptitude, et ils suivent, dans les écoles académiques ou professionnelle municipales, les cours qui peuvent leur être utiles pour devenir des ouvriers capables et instruits.

Les filles reçoivent également l'instruction primaire et apprennent tous les travaux ordinaires de leur sexe, en confectionnant les vêtements et le linge de la maison et en faisant aussi tous les ouvrages du même genre que le commerce ou les particuliers leur confient.

L'administration a fondé, depuis quelques années, pour cette classe intéressante de la population pauvre, une caisse de Prévoyance, dite caisse des orphelines. On y verse le produit intégral de leur travail, qui leur est abandonné, les allocations que l'administration affecte chaque année, à cet objet, sur son budget, et enfin les dons ou legs attribués par la bienfaisance publique à cette fondation qui mérite l'intérêt de toutes les personnes charitables. Cette caisse est destinée, en effet, à doter ces jeunes filles dont l'avenir est si difficile, et à leur venir en aide, dans les diverses circonstances de la vie. Les secours sont subordonnés à leur bonne conduite, et deviennent ainsi l'encouragement et la récompense de leur moralité.

Le service intérieur de l'hospice est aujourd'hui confié aux filles de la charité de St-Vincent de Paul; elles sont maintenant au nombre de vingt-trois.

L'Hôpital-Général de Douai est regardé, à juste titre, comme l'un des plus beaux et des mieux administrés de France. L'étendue et la bonne disposition de ses bâtiments, ses vastes cours, ses grandes salles parfaitement aérées, l'ordre qui règne dans les ouvroirs, dans les classes, dans les repas pris en commun dans chaque quartier, les améliorations successives introduites dans les divers services de ce grand établissement, sont bien faits pour exciter l'attention de tous ceux que préoccupent les sollicitudes de la charité.

On est facilement admis à visiter l'Hôpital-Général.

ÉGLISE NOTRE-DAME.

Lorsque les agrandissements successifs de la ville de Douai eurent donné à la paroisse de St-Pierre une étendue telle que son clergé ne pouvait plus suffire aux besoins spirituels de la population, la collégiale se détermina à créer de nouvelles paroisses. St-Jacques et St-Nicolas furent les deux premières, Notre-Dame fut la dernière; elle ne date que de 1257. Mais, l'église existait bien antérieurement; sa dédicace avait eu lieu en 1131, en vertu d'une bulle du pape Innocent II. Elle était placée alors dans le faubourg, hors des murs de la ville; il en était encore ainsi en 1257. C'est seulement lors de la construction de la nouvelle enceinte, à la fin du XIVe siècle, que l'église s'y trouva renfermée définitivement.

Deux évènements principaux marquent l'histoire de Notre-Dame: dans cette église, vers l'an 1330, fut érigée la confrérie en l'honneur de la Ste-Vierge, qui porta successivement les noms de confrérie des Ecoliers de Paris, des clercs de Notre-Dame, des clercs du grand-puy de Notre-Dame, et enfin *des clercs parisiens*. Elle obtint des lettres d'amortissement du duc Charles-le-Téméraire, en avril 1475. Composée d'abord exclusivement d'ecclésiastiques et de laïques ayant fait leurs études à Paris, elle admit plus tard les élèves de l'Université de Douai. Des prix s'y décernaient aux meilleurs chants royaux et ballades en l'honneur de la Vierge; on lisait en chaire les pièces couronnées, le dimanche qui suivait le 15 Août.

La confrérie fut supprimée en 1779, et ses biens affectés à la dot des sœurs de charité de St-Vincent de Paul, qui venaient d'être placées à la tête de l'hôpital. Les membres portaient sur leur habit, un collier d'argent, au bas duquel pendait une médaille d'or, d'argent ou de vermeil.

C'est aussi dans l'église de Notre-Dame qu'eurent lieu les premières cérémonies de l'installation de l'Université de Douai, en 1562. Le 5 octobre, les nouveaux professeurs, reçus dans le faubourg, en dehors de la porte de Valenciennes, par le gouverneur de la Flandre, le Magistrat de la ville et une foule de prélats, furent conduits solennellement dans l'église paroissiale de Notre-Dame, où fut chantée une messe du St-Esprit, et où ils procédèrent à l'élection de leur nouveau recteur. De là le cortège se rendit vers la grand'place où François Richardot, évêque d'Arras et professeur, prononça un discours, et enfin à l'hôtel de ville, où un grand banquet fut offert au corps de l'Université par les magistrats.

Par la loi du 27 avril 1791, la paroisse de Notre-Dame fut supprimée. Elle fut rouverte et rendue au culte le 28 Mai 1803. Depuis lors elle constitue une des trois paroisses de la ville.

L'église Notre-Dame a la forme d'une croix régulière, elle est orientée ; sa plus grande longueur est de soixante-deux mètres soixante-quinze centimètres ; sa largeur aux transepts est de trente-quatre mètres quatre-vingt dix centimètres. Ce monument, tel que nous le voyons aujourd'hui, est composé de portions qui appartiennent évidemment à des époques différentes.

La partie la plus ancienne est celle qui s'étend depuis l'entrée jusqu'aux transepts, elle est divisée en trois nefs, une centrale et deux latérales. La nef centrale est séparée des deux autres par des colonnes, soutenant des arcades de forme ogivale peu accusée. Les chapiteaux ne sont ornés que de volutes d'une grande simplicité. Au dessus des arcades, on voyait autrefois la trace de petites fenêtres à plein-cintre, destinées primitivement à éclairer la nef centrale. Les bas-côtés sont peu élevés, ils prennent jour par des fenêtres ogivales écrasées et de largeurs différentes. Il résulte pour nous de ces détails que les voûtes ogivales étaient connues dans le nord de la France à une époque très-reculée, puisque la dédicace de l'église remonte à l'année 1131. On était alors à l'extrême limite du temps où le style dit gothique succéda au style roman.

Le chœur est d'une époque postérieure; les formes élancées des colonnettes, les fenêtres étroites et nombreuses permettent de penser que cette partie de l'église est d'un siècle au moins plus récente que celle que nous avons d'abord décrite. La voûte du chœur, construite en pierres, comme celle de la nef centrale, a été plusieurs fois modifiée, dans les restaurations que l'église a subies. Peut-être cette dernière n'était-elle formée originairement que par la charpente même d l'édifice. Les transepts ne sont que la conséquence du raccordement du chœur avec la nef, ils sont terminés par deux larges fenêtres ogivales d'un style différent de celui du reste de l'église.

Le maître-autel provient de l'ancien couvent des Chartreux de Douai. L'orgue, placé au-dessus du porche, provient des Bénédictins-Anglais; il ne fut posé qu'en 1803. L'église est en outre décorée d'autels d'un goût peu éclairé. On est occupé encore en ce moment à couvrir une partie des murs des transepts de peintures polychromes, dans le style byzantin; enfin les verrières sont modernes.

L'église de Notre-Dame contient quelques tableaux, parmi lesquels on peut citer *la Mort de Louis XIII*, par Prud'homme,

La Résurrection de Lazare, par Van Oost; *Une Sainte Famille*, attribuée au même; *le Baptême du trésorier de la reine d'Ethiopie;* dans le chœur, *le Christ mort sur les genoux de la Vierge,* par Van Dyck; enfin une *Vierge*, qui doit dater de la fin du XVe siècle. Elle est représentée debout, les mains jointes, au milieu d'un portique renaissance peint en or; les derniers plans sont occupés par un paysage. Autour du portique se voient les emblèmes des litanies; un puits, un miroir, une tour, etc. Ce tableau, qui a 1 mèt. 36 cent. de hauteur et 97 cent. de largeur, a été donné par M. Escallier, on le voit dans la sacristie (appartement de M. le doyen).

A l'extérieur, on trouve deux portails; celui de l'ouest, qui sert d'entrée actuellement, a perdu tout caractère, par suite d'une maladroite restauration opérée en 1846. Le portail septentrional est maintenant muré. Toute l'église est construite en grès taillés; le clocher primitif a été détruit par le vent, le 31 décembre 1805; il a été remplacé par une construction en bois, de forme basse, destinée uniquement à contenir la cloche. Derrière l'abside, on voit encore quelques restes frustes d'un monument en pierre blanche, dont l'inscription est en grande partie illisible, c'est le seul vestige qui reste du cimetière qui entourait autrefois l'église. A main droite, en regardant l'entrée principale du monument, existait un des refuges de l'abbaye d'Anchin, près Douai. En 1472 et en 1499, Charles, comte de Flandre, et l'archiduc Philippe d'Autriche logèrent dans ce bâtiment, lors de leur passage à Douai.

RETABLE OU TABLEAU POLYPTIQUE D'ANCHIN.

Le tableau polyptyque d'Anchin est actuellement déposé dans la sacristie de l'église Notre-Dame, en attendant que, selon le vœu du donateur, M. Escallier, on puisse construire un autel spécial qui nous montrera ce chef-d'œuvre, placé comme il devait l'être il y a trois cents ans, en manière de rétable. Ce n'est pas ici le lieu d'examiner ce que l'art pourra gagner à cette exactitude archéologique, nous ne pouvons que former le vœu de voir bientôt à la portée de tous les yeux et dans de meilleures conditions de conservation, une des pages les plus importantes de la belle époque de la vieille peinture flamande.

Adressons-nous à la femme qui range les chaises dans l'église, c'est elle qui est chargée de montrer le tableau. Elle n'a pas encore l'ennuyeux débit et le ton nasillard des cicerone de profession, aussi pendant qu'elle tire le rideau, j'essaierai de suppléer à son silence par quelques détails historiques. Peint pour Charles Coguin, abbé d'Anchin de 1511 à 1546, ce panneau ou plutôt cette suite de panneaux excita une vive admiration, inspira un certain nombre de copistes ou d'imitateurs, et jusqu'en 1790, époque de la destruction de ce célèbre monastère (1), c'était un des plus riches joyaux de son trésor.

En 1793, les tableaux des abbayes des environs et des églises dévastées furent transportés à Douai, et au bout de quelque temps entassés dans les greniers et les dépendances de l'ancien couvent des Jésuites (depuis le Musée). Au rétablissement du culte, on permit à quelques curés des environs de venir chercher, dans cet amas confus, des tableaux pour orner leurs églises. Le panneau central du rétable d'Anchin passa ainsi à Cuinchy, où il fut plus tard donné en paiement de quelques

---

(1) L'abbaye d'Anchin, de l'ordre de Saint-Benoît, était située dans une île de la Scarpe, dépendant actuellement du village de Pecquencourt, à dix kilomètres de Douai.

travaux à un peintre-décorateur de Douai. Celui-ci en fit une porte d'atelier dans son grenier.

Cependant les autres panneaux avaient été vendus le 1er décembre 1818, aux enchères publiques, par l'administration du Musée, avec une foule de vieilles peintures, *comme œuvres de rebut, hors d'état d'être conservées;* ils furent achetés en bloc par un amateur de Douai, pour quelques francs; celui-ci comprit qu'ils avaient de la valeur, les fit restaurer et les conserva dans sa collection.

Un jour, vers 1832, le docteur Escallier, passant chez la veuve du peintre dont nous avons parlé, y acheta quelques mauvaises toiles et devint en même temps possesseur, pour deux louis, du panneau principal que la poussière, l'humidité, etc., semblaient avoir réduit à l'état de planche sans valeur; mais, dès qu'il eut commencé à nettoyer sa nouvelle acquisition, il en pressentit le mérite; il passa la nuit à ce pénible travail, mais le matin il se trouvait bien récompensé par la révélation d'un chef-d'œuvre.

Artiste et érudit, le docteur en fit aussitôt, par la pensée, le rapprochement avec les autres panneaux qu'il connaissait déjà, qu'il avait plus d'une fois admirés; il devina que c'étaient les parties diverses d'un même tout; il court aussitôt chez son compatriote, les mesures sont prises; plus de doute! moyennant un prix relativement minime, quoique élevé pour sa bourse, le docteur fut assez heureux pour obtenir ce qui lui manquait, pour restaurer l'œuvre du vieux peintre flamand. A partir de ce moment sa vie fut remplie. Son tableau, c'était son ami, son confident, il ne sortait pas sans aller soulever le rideau qui le cachait, et quand un visiteur se présentait, M. Escallier le conduisait, avec un légitime orgueil, devant l'objet de son admiration; sa physionomie rayonnait comme au premier jour de la découverte, car il aimait à faire participer tous ceux qui se présentaient au bonheur qu'il éprouvait lui-même. La mort a frappé, il y a peu d'années, l'aimable collectionneur, mais le sort de son compagnon était assuré par son testament.

Le nom de M. Escallier est désormais attaché à ce tableau, qui a repris devant la critique et devant les artistes la place qu'il avait jadis occupée. Il a été décrit et commenté par tous les hommes qui parlent peinture : MM. A. Houssaye, Viardot, l'abbé Dehaisnes, Cahier, etc. Le roi de Hollande, dit-on, est venu incognito l'admirer, peut-être le convoiter. L'Angleterre, Munich, le Louvre ont cherché à l'acquérir. A peine aurons-nous donc à le décrire, car il n'est pas un voyageur qui passe à Douai sans le voir, et nous ne pouvons que suivre de loin des plumes plus autorisées que la nôtre.

Le retable d'Anchin est peint sur bois de chêne. Sa largeur est de 3 mèt. 10 cent., et sa hauteur de 1 mèt. 53 cent. pour les grands volets, de 1 mèt. 15 cent. pour les autres. Il se compose de neuf panneaux : quatre extérieurs, parmi lesquels les deux placés au centre se replient sur ceux des extrémités en tournant sur des gonds, et cinq intérieurs, qui remplacent les précédents pour le spectateur quand on a ouvert le rétable ; à raison même de cette disposition, le nom de polyptyque lui convient mieux que celui de triptyque, sous lequel il a été longtemps désigné.

Voici maintenant un aperçu du tableau, en commençant par les panneaux extérieurs :

1.º Le volet mobile de droite offre aux regards le Christ, assis sur un trône, il montre près de lui la croix symbolique. Le peintre n'a pas cru pouvoir mieux la représenter que sous la forme d'une de ces magnifiques œuvres d'orfévrerie dont les riches cités flamandes avaient alors le secret.

2.º Sur le volet mobile de gauche, la Vierge, couverte d'un

riche costume, est agenouillée devant la croix ; ses longs cheveux blonds lui couvrent les épaules. Au loin, des groupes d'une grande finesse, quoique fort petits, semblent s'avancer vers le centre de toute la composition, c'est-à-dire vers la croix mystique.

3.° Le panneau fixe de droite offre l'image, à genoux, devant un prie-dieu, de Charles Coguin, l'abbé donateur, assisté de saint Charlemagne, son patron, représenté en empereur d'Allemagne, la couronne en tête, debout, tenant le globe et l'épée; derrière l'abbé, deux acolytes portent la mître et la crosse. Ces ornements, comme tous ceux qui sont représentés dans les autres parties du tableau, sont fidèlement copiés sur ceux qui appartenaient au riche trésor de l'abbaye d'Anchin. Dans le fond, un groupe de cinq personnages semble indiquer, au costume, des magistrats. Au haut sont les armes de l'abbé.

4.° Dans le panneau fixe de gauche, c'est l'ordre spirituel qui adore la croix. Saint Benoît, fondateur de l'ordre auquel appartenaient les moines d'Anchin, est debout tenant la crosse : les religieux, ayant à leur tête le prieur, sont à genoux, les mains jointes. Dans le haut sont peintes les armes de l'abbaye, le cerf passant sur un champ fleurdelisé.

Ces diverses compositions sont reliées entre elles, outre l'idée générale qui domine l'œuvre, par un ensemble de décorations architecturales qui forme les fonds. Les archéologues s'accordent pour reconnaître parmi ces monuments l'église de l'abbaye, le quartier abbatial, et diverses autres parties ou détails du monastère tels qu'ils étaient au moment où le peintre a travaillé pour dom Charles Coguin. Quoique l'extérieur du retable soit bien conservé et que les couleurs n'aient rien perdu de leur fraîcheur et de leur vivacité, cependant, au moment où on ouvre les volets du centre, on est ébloui de l'éclat de la seconde page qui s'offre alors aux regards. Cet effet, bien certainement voulu, est saisissant aujourd'hui encore, même pour les spectateurs les plus indifférents.

5° Comme dans les compartiments extérieurs, tout concourt vers le centre où sur un trône magnifique, au milieu des chœurs des anges et des esprits célestes, Jésus souffrant et montrant son côté ouvert, repose presque nu sur les genoux de Dieu le père, qui couvert de la tiare et des vêtements pontificaux, tient dans la main gauche le livre sacré dont un feuillet porte l'A et l'Ω et sur lequel est posé le Saint-Esprit sous la forme d'une blanche colombe. Rappelons ici que l'abbaye d'Anchin avait toujours révéré d'une manière particulière la sainte Trinité et que son sceau portait l'image des trois personnes divines.

6° A droite, sur un des petits panneaux, la Vierge est assise sous un dais au milieu d'une troupe d'anges dont deux la couronnent. Il est difficile de voir quelque chose de plus idéal que cette tête nimbée, encadrée de cheveux blonds ; Adam et Eve, dans le paradis, au pied de l'arbre fatal, forment au fond un groupe presque microscopique.

7° Le petit panneau de gauche montre saint Jean-Baptiste sur un trône et adorant la Trinité. Il a conservé les cheveux incultes et le costume traditionnel de l'Ecriture. Dans le lointain, les Israëlites, conduits par Moïse, entrent dans le désert.

8° Sur le volet placé à l'extrême droite, saint Pierre et saint Paul sont assis, derrière un ange qui soutient le manteau de la Vierge, en reliant ce panneau à celui que nous avons indiqué n° 6. Plus loin sont saint André, saint Jean, saint Jacques et les autres apôtres. Enfin, au milieu de constructions élégantes de style renaissance, on voit la foule des vierges, des saints et des martyrs.

9° Le volet de l'extrême gauche représente, en une scène

plus animée, une autre partie de la cour céleste. Dans l'arrière plan, un château et une haute tour munie d'un escalier extérieur, peints dans le goût du commencement du XVe siècle, montrent sous leurs arcades, Jessé, Moïse, la Madeleine et une foule de personnages de l'ancien et du nouveau testament. Sur le devant et se reliant harmonieusement aux fonds, saint Etienne, sainte Catherine et la troupe des martyrs adorent la Trinité à genoux, tandis que les saints Innocents se livrent à des jeux enfantins.

Tel est sommairement ce magnifique ensemble. Dans cette rapide énumération des principaux groupes ou personnages du polyptyque d'Anchin, nous n'avons voulu qu'aider l'œil du spectateur au milieu de la vaste composition qu'il a sous les yeux et qui ne comprend pas moins de 254 figures. Ce que cette sèche exposition ne peut rendre, c'est le fini de toutes les parties; le soin avec lequel sont traités les chairs, les vêtements, les moindres accessoires; l'expression souvent sublime des physionomies; l'heureux effet et l'harmonie des couleurs; enfin le séduisant aspect de l'ensemble, qui fait passer certains détails archaïques et qui donne de la grâce à quelques formes effilées et maigres, souvenirs de l'école bysantine.

Ce rétable a été souvent attribué à Memling ou Hemmeling, le peintre de la chasse de sainte Ursule, à Bruges. Cette opinion est aujourd'hui combattue, surtout par des impossibilités de dates; Memling, selon des documents récemment publiés, étant mort au plus tard en 1499.

On a proposé aussi Jean de Maubeuge ou Gérard Morembault. Une discussion critique ne serait point ici à sa place; contentons-nous de remarquer qu'on ne s'arrête pas à cause d'un nom inconnu ou obscur devant les cathédrales des XIIIe et XIVe sciècles, mais parce qu'elles ont en elle-mêmes leur beauté. Le rétable d'Anchin est du nombre de ces objets assez beaux par eux-mêmes pour n'avoir pas besoin du passeport d'un nom illustre, il suffit, au contraire, à lui seul pour transmettre à la postérité, grâce à l'admiration qu'il inspire, tout ce qui se rattache à son histoire.

HOTEL-DE-VILLE ET BEFFROI.

Selon certains auteurs, les villes de la Gaule belgique possédaient un état démocratique que les Romains auraient laissé subsister, et dont les chartes de communes, accordées aux XIIe et XIIIe siècles de notre ère, n'auraient été que le rétablissement et la réorganisation. Les représentants, les magistrats de ces sociétés jurées, avaient tout naturellement un lieu où ils se réunissaient pour s'occuper des intérêts publics ; de là l'origine des hôtels de ville, des parloirs aux bourgeois, etc. Il est certain que dès les temps les plus anciens, Douai possédait, sous le nom de Chatel Bourgeois, un édifice de ce genre, placé sur les bords de la Scarpe, en quelque sorte à l'ombre de la vieille tour, mais de l'autre coté de la rivière. Cet hôtel-de-ville primitif aurait été détruit vers 1070, bien avant même que la ville n'eût de charte de commune ; ce qu'il y a de positif, c'est que, pendant longtemps ensuite, les échevins demeurèrent sans asile, car pendant toute la première moitié du XVIe siècle, ils reçoivent les actes passés devant eux, soit au carrefour du Pont-croisé (1) soit au porche de St-Pierre, soit même dans des maisons particulières.

Mais à partir de 1245, au contraire, les actes sont passés, les

---

(1) C'était le point où la rue actuelle de la Mairie est rejointe par celles des Minimes et des Procureurs.

décisions rendues, *en pleine Halle*. La richesse de la commune lui avait donc permis alors de jouir enfin de ses privilèges de beffroi, de cloche et de sceau ; c'est aussi, on se le rappelle, l'époque des agrandissements les plus importants de la cité, de l'érection de nouvelles paroisses, du rétablissement d'une enceinte fortifiée.

Ces constructions s'élevaient sans doute au lieu où est aujourd'hui notre magnifique Mairie, car nous voyons que dès 1462, les échevins de Douai avaient dû faire démolir et abattre la *Maison et Halle de cette ville*, pour *l'éminent péril et ruyne qu'elle menachoit*. Immédiatement on avait commencé à en faire une nouvelle *belle et notable*.

Quant au beffroi, il ne paraît pas qu'on eût entrepris de l'édifier avant les premières années du XVe siècle ; mais en 1405, à l'entrée de Jean-sans-Peur, les travaux étaient déjà assez avancés pour que la *Ban cloque* y fut placée et qu'elle sonnât quand le prince fut admis en halle. Le duc Jean, guerroyeur et positif, ne semble pas avoir grandement apprécié l'utilité du monument que la commune de Douai élevait ainsi, car tout en vantant l'ouvrage qu'on lui montrait, surtout parce qu'il permettait à la vue de s'étendre au loin dans la campagne, il dit qu'il *n'était tant vaillable à celà de travailler que à la fortification de la ville*, en quoi il n'avait pas complétement tort à son point de vue, car celle-ci était alors en fort mauvais état.

En 1408 et 1409, on trouve encore aux archives de la ville, des marchés de pierres pour l'achèvement du beffroi ; on peut donc supposer qu'il fut terminé en 1410 ou environ.

Les Douaisiens se trouvaient ainsi en possession d'un édifice municipal qui pouvait rivaliser avec ceux des villes voisines quand, en 1471, le *Mardy après Paques, sçavoir le jour du vénérable St-Sacrement de miracle à Douai, les salles de la Maison de ville bruslèrent avec le beffroi, par feu de meschef, et le feu saillit jusqu'au Canteleu et là furent bruslées trois ou quatre maisons* (ancien Ms). Les archives de la commune furent en partie détruites, les cloches et l'horloge fondues ; la charpente consumée, le désastre fut immense.

Cependant les échevins ne perdirent pas courage ; quoique la commune fut alors bien obérée, elle ne recula pas devant de nouvelles charges pour réédifier l'édifice qu'elle considérait sans doute comme une sorte de personnification de sa puissance et de ses franchises. Heureusement, le sommet seul du beffroi avait brûlé, le surplus de la tour, grâce à la solidité de sa construction, avait pu résister au sinistre. De ce côté, le dommage fut donc bientôt réparé, et dès le mois de décembre 1471, la grosse cloche, *Joyeuse*, était replacée et appelait de nouveau le peuple aux réjouissances publiques.

Quant à l'Hôtel-de-Ville ou *la Halle*, selon l'expression du temps, on travaillait encore en 1473 à le rétablir, car le 14 juillet de ladite année, *Charles le Belliqueux*, comte de Flandre, autorisait les échevins de Douai à créer des rentes viagères à une ou à deux vies, pour en employer le produit à sa réédification.

Les détails historiques qui précèdent s'appliquent exclusivement à la portion des bâtiments actuels, qui sont placés à la droite du beffroi en lui faisant face, car la partie de gauche est de construction toute récente, comme il est facile de s'en apercevoir ; la première pierre en fut posée solennellement le 9 avril 1857, par M. Jules Maurice, alors maire.

Après ces préliminaires indispensables, nous allons faire une description rapide des divers bâtiments dont se compose maintenant l'Hôtel-de-Ville ; nous l'emprunterons en grande partie aux notices insérées par MM. Pilate et Meurant dans les mémoires de la Société d'agriculture, etc., de Douai, années 1835-36 et 1852-53.

La façade principale du monument, sur la rue de la Mairie, est partagée en deux parties presque égales et symétriques par le beffroi. Celui-ci est érigé sur un plan carré long, d'environ 9 mèt. et demi sur 8 mèt. 10 cent. ; il est flanqué de deux contreforts à chacun des angles nord et sud, et de deux tourelles aux deux autres angles. La tour, construite en briques avec revêtement extérieur en grès, s'élève à 40 mètres environ et se termine par des créneaux et par quatre tourelles aussi crénelées, portées sur encorbellement et qui dépassent la tour principale de la moitié de leur hauteur. Elles sont surmontées de toits côniques très-aigus, de huit mètres de hauteur, avec quatre lucarnes trilobées, en charpente, ardoises et plomb.

La grande tour supporte elle-même une flèche octogonale en charpente, d'environ 14 mèt. de hauteur et percée, sur plusieurs étages, de 32 baies avec frontons allongés et couronnés de girouettes.

Le tout est surmonté par un grand lion debout (le lion de Flandre) tenant une bannière dans ses griffes et tournant avec elle à tout vent. Il est en cuivre, compte 1 mèt. 75 cent. de hauteur et, quoique creux, ne pèse pas moins de 50 kilog. Il fut placé en 1683, mais on le descendit pour le restaurer en 1704, 1735 et 1810. On prétend que des ouvriers trop hardis n'ont pas craint, parfois, de s'asseoir sur sa queue, à cette élévation un peu effrayante, de plus de cinquante-cinq mètres.

Chaque face du beffroi est percée d'une grande fenêtre à double ogive, avec meneau, et portant 8 mèt. sur 3 mèt. 70 cent. Sur la façade principale une baie à arcade ogivale, surmontée d'une croisée avec meneau et d'un encadrement qui autrefois avait reçu un cadran, complète cet ensemble d'un caractère tout primitif. L'année dernière l'encadrement a été rempli par une grande sculpture représentant les armes de la ville, avec la devise : *Gloire aux victorieux.*

L'épaisseur des murs de la tour est de 2 mètres à la base, elle va en diminuant jusqu'au haut, où elle est encore d'un mètre. De très-importantes restaurations ont été faites au beffroi en 1850 et 1851, sous la direction de M. Meurant, architecte de la ville; elles assurent à ce monument une durée que plus d'une lézarde et des traces encore visibles de l'incendie de 1471 semblaient sérieusement compromettre.

Le clocher renferme quatre cloches principales :

1° *Joyeuse* ou la grosse cloche, dont nous avons parlé plus haut; elle a deux mètres de diamètre; elle fut fondue en décembre 1471, par Willem, Hoarken et Gobelin Moer, ainsi que l'indique son inscription ;

2° La cloche du *Timbre*, qui sonne les heures, annonce les incendies ou l'approche de troupes militaires ; elle a 1 mètre 70 cent. de diamètre ; son inscription est à moitié effacée ;

3° La *Cloche des portes*, appelée autrefois *cloche des ouvriers*, parce qu'elle leur indiquait les moments des repas ou du repos ; son diamètre est de 1 mèt. 55 cent. ; elle est l'œuvre des mêmes fondeurs que *Joyeuse* ;

4° La cloche de *la retraite*, qu'on sonne tous les soirs à dix heures ; on l'appelait autrefois *le Vigneron* ; elle fut fondue en 1658, par le sieur Blanpain ; son diamètre n'est que de 88 cent.;

Et 5° un carillon, malheureusement un peu détraqué, mais qui dans nos fêtes publiques fait entendre encore l'air de Gayant, ranz des Douaisiens.

La façade de l'hôtel de ville *ancien* est de style gothique; elle est construite entièrement en grès, à l'exception des encadrements des fenêtres et des ornements du premier étage, qui sont en pierre dure sculptée avec un art remarquable. Le soubassement est formé d'un simple mur percé d'une grande porte ogivale, accompagnée de deux autres petites portes aussi en ogive et d'une baie carrée. A l'étage, huit grandes croisées ogivales, dont les trumeaux portent des niches avec piédestaux et dais, complètent la décoration. Dais, piédestaux, moulures, feuilles de chardon et de choux frisés offrent partout un dessin pur et une délicatesse d'exécution surprenante.

Les statues des comtes de Flandre remplissaient autrefois les niches. La dernière était celle de Philippe II, elle avait été imposée, par les échevins, à titre d'amende, en 1561, à un tavernier fraudeur. Tou'es furent jetées bas, le 11 octobre 1792, par des gendarmes nationaux. Il est actuellement question de les rétablir.

Entre le beffroi et la première croisée, existait autrefois une espèce de balcon de pierre, du haut duquel on proclamait les actes de l'autorité échevinale et où se faisaient les publications; cela s'appelait *la Bretèque*. Ce souvenir municipal, qu'on retrouve dans beaucoup d'hôtels-de-ville de Belgique, avait été modernisé; on l'a restauré depuis peu. Enfin un grand balcon en fer forgé a été placé sous Louis XV, à la fenêtre du milieu.

La contre partie de la façade, celle à la gauche du beffroi, a été, en 1857, calquée très-habilement sur l'autre, excepté que le grès y est remplacé par la pierre, et que la longueur totale est un peu moindre. Nous ne la décrirons donc pas; nous ferons seulement remarquer que l'attique est de construction récente sur toute la façade. En 1733, on avait surmonté la partie ancienne, d'un attique moderne avec pots à flammes, aussi *rococo* que possible; l'architecte a voulu effacer ce disparate et il s'est efforcé, dans cette substitution, de se rapprocher du style du reste du monument.

Passons maintenant sous la grande porte gothique de l'ancien bâtiment; on remarquera que la voûte ne se prolonge pas jusqu'au bout. En effet, ce n'est qu'en 1840 que le bâtiment fut doublé d'épaisseur. On remplaça alors par des constructions du style le plus moderne, celles qui tombaient en ruines.

Cette déplorable erreur a été voilée en 1858-59, et aujourd'hui la façade intérieure offre des deux côtés du beffroi, au rez-de-chaussée, une série d'ouvertures surbaissées ; à l'étage une rangée de fenêtres ; au toit une seconde rangée de baies ornées, dans le goût de la façade opposée, de feuilles de choux et de chardons, de clochetons, etc...

Malheureusement, des motifs d'économie ont conduit à employer de ce côté la brique, avec encadrements de pierres blanches, et, pour dissimuler la brique, le plâtre joue un rôle qui n'a rien de gothique.

Cette façade intérieure est coupée par une fort belle cage d'escalier, entièrement bâtie en pierre et appuyée contre une des faces du beffroi. Trois portes basses au rez-de-chaussée ; une grande fenêtre au milieu, accompagnée de chaque côté de deux étages d'ouvertures ; enfin une galerie au bord du toit, forment l'ensemble de cette construction, qui atteste la science de l'architecte, mais qui par son élévation nuit peut-être à l'élégance du beffroi.

Un escalier à double rampe gothique (1) conduit à une salle centrale fort remarquable : on l'appelait *salle de la Rotonde*. Mais elle n'est autre chose que l'ancienne chapelle échevinale. De forme carrée, elle est terminée par une voûte en ogive dont les nervures sont reçues contre les murs latéraux par des encorbellements et au centre sur une colonne de grès de 6 mètres 85 centimètres de hauteur, cannelée en spirale, et dont le fût et le chapiteau sont d'une seule pièce.

---

(1) Les chimères qui en décorent le bas, sont l'œuvre d'un sculpteur douaisien, M. Dubois, ainsi que l'écusson des armes de Douai, et bien d'autres ornements.

A gauche de ce vestibule s'étendent trois vastes salles ; les boiseries de la première sont celles de l'ancien conclave (chambre des séances du corps échevinal). Ces boiseries, d'une exécution très-remarquable, datent de 1745 et 1748 et figuraient alors dans un bâtiment aujourd'hui détruit. La menuiserie avait été faite par François Martin, maître menuisier à Douai, et les ornements par le sieur Fourneau, maître sculpteur, à l'exception des figures proprement dites, qui furent confiées au sieur Dhuez, architecte à Arras, chargé alors de la direction complète des travaux de restauration.

A droite de la rotonde, se trouve la grande salle des fêtes, dont l'effet est véritablement imposant; elle fut inaugurée en juillet 1860. Soutenue par de légères colonnettes qui servent à la distribution de l'air et de la chaleur, ornée au fond de l'hémicycle d'un grand tableau allégorique par Omer Charlet, et d'une tribune à l'autre extrémité, garnie de commodes banquettes disposées en gradins, cette salle, qui occupe tout le corps de bâtiment de ce côté, sert aux solennités communales, aux concerts, aux distributions de prix. La riche décoration dont on la revêtira lui manque encore.

Le rez-de-chaussée de ce corps de bâtiment est occupé par la salle des mariages à gauche, à droite par les bureaux de l'octroi, le logement du concierge, etc.; quant à la base du beffroi, elle servait de cachots. Ni la lumière ni l'air n'y pénètrent pour ainsi dire; de grosses portes verrouillées interceptent encore la respiration. C'est là que se trouve la cellule appelée *le trou de Marie à Porions*, du nom d'une prétendue sorcière qui y fut enfermée et qui, jugée le 27 juin 1679, fut condamnée à être étranglée et jetée au feu.

On achève en ce moment la construction d'une aile en retour dans le style gothique ; elle aura pour pendant un bâtiment semblable de l'autre côté de la cour; une grande grille les réunira ; et ainsi se trouvera complété le bel ensemble du nouvel hôtel-de-ville. Alors disparaîtront le vieux bâtiment terminé en 1819, et les anciens greffes de 1750, ou siègent maintenant les bureaux de la Mairie. Alors, enfin, Douai sera en possession d'un hôtel-de-ville digne de lui et qui fera le plus grand honneur à son architecte ordinaire, M. Meurant, à l'initiative de M. Maurice et à la persévérance de ses successeurs.

Il suffit, pour visiter ce monument, de s'adresser au concierge, au fond de la cour.

ÉGLISE SAINT-PIERRE.

Comme nous l'avons dit à la page 10, la fondation de l'église Saint-Pierre remonterait aux premiers accroissement de la ville de Douai ; quant au chapitre collégial de chanoines, il aurait été institué soit en 1012, par Beauduin IV, comte de Flandre, soit en 1072, par Robert-le-Frison. Ce chapitre se composait de treize chanoines, à la tête desquels était un prévôt, à la nomination du souverain ; de trois dignitaires, choisis par le chapitre ; de deux semi-prébendés, et de trente chapelains. L'église de Saint-Pierre devint paroisse en 1105 ; elle était alors la seule de la ville ; le chapitre la démembra successivement au XIIIe siècle.

Le chœur de l'église primitive avait été commencé, en 1105 même, par Robert-de-Jérusalem ; il fut achevé en 1112. Le chapitre avait été doté par les souverains de la Flandre et par les évêques d'Arras, de nombreux privilèges.

En 1512, l'ancien clocher tombait en ruines ; le 15 avril 1513, les abbés d'Anchin et de Marchiennes posèrent la première pierre du nouveau clocher, qui fut élevé sur pilotis. Les dons de la charité privée et de l'échevinage, le produit de loteries, organisées en 1529 et 1605, furent affectés à cette reconstruction qui, plusieurs fois interrompue, ne se trouva achevée qu'en 1686. Quand nous nous exprimons ainsi, nous voulons parler de la tour proprement dite ; car le toit en ardoises qui la surmonte, n'est que provisoire, et devrait être remplacé par une haute flèche en pierre, qu'on ne construira probablement jamais.

On peut facilement retrouver sur l'édifice lui-même, les diverses époques où on y travailla. Le bas de la tour, bâti en grès, offre en effet deux portes ogivales, élevées sur deux perrons, surmontées d'arcades ornementales d'un gothique d'imitation, au milieu desquelles sont sculptées les clefs croisées que la collégiale portait dans ses armes. La dernière partie de la tour, au contraire, d'époque plus récente, appartient, par son architecture, par ses lourdes consoles, à la fin du XVIIe siècle.

Enfin la plate forme était entourée d'une balustrade, surmontée de vases d'assez mauvais goût ; elle menaçait ruine, et on l'a supprimée dans ces dernières années. La hauteur de la tour, y compris les piédestaux de ces vases, est de 43 mètres 30 centimètres, et sa largeur de 15 mètres 40 centimètres. On lit tout au haut de l'édifice, sur la façade, cette inscription :

Soli Deo Gloria, anno 1686,

qui donne la date de son achèvement. En pénétrant sous la tour, par une des deux portes, on se trouve dans un vaste vestibule qui en occupe la base. Les voûtes ogivales qui supportent la partie supérieure retombent sur un gros pilier central, sur un ornement duquel est inscrit le millésime 1518.

L'église actuelle est de construction beaucoup plus récente, puisqu'elle ne date que du milieu du XVIIIme siècle ; les plans en furent donnés par l'architecte De Brissy, de Bruxelles ; la première pierre avait été posée le 24 mai 1735, mais l'église ne fut bénite que le 25 juillet 1750. Cette cérémonie se fit avec une pompe extraordinaire; elle dura huit jours et fut précédée d'une longue procession, dans laquelle on vit figurer, selon le goût du temps, une foule d'allégories et d'emblèmes, dont l'ensemble, dans la pensée de ses inventeurs, formait toute une histoire de la reconstruction de l'édifice. A partir de 1719, en vertu d'une ordonnance du 12 juillet de cette année, les cérémonies publiques, auxquelles le parlement de Flandre devait se trouver, se faisaient dans l'église Saint-Pierre. C'est encore dans ses vastes nefs, que se chantent les *Te Deum* officiels, et que le régiment d'artillerie a fait, à plusieurs reprises, célébrer au milieu de trophées d'armes, la messe de Ste-Barbe, sa patronne; chaque dimanche, à la messe de midi, la musique d'un des régiments de la garnison y exécute des morceaux d'harmonie.

En 1793, l'église Saint-Pierre fut transformée en Temple de la Raison; on y avait élevé une haute montagne allégorique, sur laquelle, le 10 décembre, on célébra la fête du malheur; après le concordat, l'église fut rendue au culte et remise peu à peu dans l'état où nous la voyons aujourd'hui.

L'église Saint-Pierre est un vaste vaisseau, ayant la forme d'une croix latine, terminée à l'orient par une chapelle circulaire surmontée d'un dôme. L'intérieur est divisé en trois nefs, l'une centrale et les deux autres latérales. Des colonnes en marbre de Tournai, d'ordre ionique, soutiennent les voûtes à plein cintre; la voûte centrale a une hauteur de vingt-quatre mètres; la longeur totale de l'édifice est de cent douze mètres.

Deux monuments attirent d'abord les regards, ils sont placés dans le bras gauche de la croix. Le premier est un mausolée en marbre polychrôme, représentant un génie en pleurs, qui soutient, au milieu d'ornements funèbres, le médaillon représentant M. Charles-Joseph de Pollinchove, premier président du parlement de Flandre, mort le 29 novembre 1756 ; à côté du médaillon, la statue de la Justice tient entre les bras l'urne cinéraire. C'est au ciseau d'Allegrain que nous devons ce mausolée. De l'autre côté de la chapelle, s'élève le monument consacré par la reconnaissance publique à la mémoire d'Édouard-Nicolas-Joseph de Forest de Lewarde, mort à Douai en 1838. Descendant d'une ancienne famille parlementaire, il consacra sa grande fortune à des œuvres de bienfaisance, et notamment à la fondation d'écoles gratuites, dirigées par les frères des écoles chrétiennes. Le statuaire M. Réné Fache, notre compatriote, s'est inspiré de ces circonstances ; il a représenté un jeune garçon agenouillé, qui prie en levant les yeux vers le médaillon de son bienfaiteur, que la Religion lui montre encadré dans un cippe de marbre noir.

La chaire, en forme de socle, est en bois sculpté ; elle porte, pour couronnement de l'abat-voix, la tiare et les clefs de saint Pierre. Le magnifique *buffet d'orgues*, qui s'élève au-dessus de l'entrée de l'église, avait été construit, en 1760, par le facteur Daillery, pour le riche monastère d'Anchin, dont le cardinal d'Yorck, de la maison royale d'Angleterre, était alors abbé commandataire. Ce buffet, composé d'un soubassement en bois sculpté et de grands tuyaux apparents supportés par celui-ci, présente deux hémicycles latéraux, séparés par un pilastre central et terminés par deux pilastres latéraux. Sur le soubassement se trouvent représentés des trophées variés d'instruments de musique. Le pilastre central supporte un groupe de trois anges qui soutiennent, à la hauteur de la voûte de l'église, avec une grande légèreté, un cadran d'horloge surmonté d'un clepsydre ailé. Au haut du pilastre de gauche, on voit la statue gigantesque du roi David jouant de la harpe ; sur le pilastre de droite, sainte Cécile inspirée, tenant un orgue symbolique. Au centre des deux hémicycles, deux anges, portant des bannières, sonnent de la trompette. Un buffet supplémentaire, placé au centre de tout cet édifice, cache l'exécutant, et complète l'ensemble décoratif; il est surmonté de deux groupes d'anges jouant des instruments. Le temps a donné, à toutes les figures que nous venons de décrire, une teinte chaude qui amène d'heureux contrastes avec l'éclat métallique des énormes tuyaux de cet orgue monumental. Toutes ces statues sont exécutées en bois, comme le reste des ornements, et l'on ne peut pas méconnaître qu'elles ne soient l'œuvre de véritables artistes.

Dans le transept-sud de l'église, on remarquera, au pied d'un calvaire d'assez mauvais goût, une sorte de rampe demi-circulaire formée par des bas-reliefs en marbre blanc, dont les compartiments représentent des religieux massacrés par des barbares, au milieu des ruines de leur couvent. Cette œuvre d'art date de 1689, elle provient de l'ancienne abbaye de Saint-Amand, entre Valenciennes et Douai; il en est de même de l'antipende des autels des transepts, sculpté aussi sur marbre blanc.

Au-dessus de l'autel de la chapelle du Dôme, on remarquera, quoique presqu'entièrement cachée par les vêtements dont la piété des fidèles l'a revêtue, une petite statue en pierre de la Vierge, tenant dans ses bras l'Enfant-Jésus; elle se trouvait autrefois dans le cimetière attenant à l'église, au-dessus du tombeau d'un membre de la famille Pickette, dans une niche fermée par un grillage de fer. En 1532, des miracles s'étant opérés en cet endroit, la statue fut transportée, en grande pompe, dans une chapelle que l'on bâtit sur le lieu même, et qui ne fut entièrement achevée qu'en 1537, puis rebâtie en 1641; mais lors de la reconstruction de l'église, au XVIIIe siècle, la statue fut transférée dans la chapelle actuelle, où elle est honorée sous le nom de *Notre-Dame-des-Miracles*. Dans les deux chapelles, situées à droite et à gauche de l'entrée du dôme, sont les pierres tumulaires de François-Joseph Théry de Gricourt, prévôt de la collégiale de 1769 à 1787, et de Maurand Becquet, chantre du chapitre, de 1743 à 1790.

Les deux statues en plâtre, placées des deux côtés du maître-autel et représentant saint Pierre et saint Paul, sont l'œuvre de notre concitoyen, M. Bra.

Enfin parmi les ornements déposés dans la sacristie, nous signalerons spécialement un grand devant d'autel en velours rouge, couvert de broderies en relief d'or et d'argent, et représentant : au centre deux anges prosternés aux pieds de la Vierge tenant l'Enfant-Jésus et entourée de rayons; sur les côtés, au milieu d'un semis de fleurs, sont brodées les armes de Louis de Bonmarchié, seigneur d'Hellignies, et de sa femme, Catherine d'Assonneville. Louis de Bonmarchié fut chef des échevins de Douai, à plusieurs reprises, de 1605 à 1617.

Il nous reste maintenant à parler des tableaux qui ornent les murs de l'église; nous les énumérerons tous, d'abord parce qu'un certain nombre sont dus à des artistes du pays, et ensuite parce que le relevé complet et exact n'en a pas, jusqu'à présent, que nous sachions, été imprimé dans les ouvrages sur Douai.

Le premier, placé à droite, près de l'orgue, est une copie ancienne du tableau de Jouvenet, représentant *Magdeleine arrosant de ses larmes les pieds de Jésus*. En remontant vers le chœur, au-dessus du portail, on voit la scène connue sous le nom de *Denier de César*; cette toile est de *Wamps* fils, de Lille. Malgré un certain défaut d'harmonie dans le coloris, on ne peut méconnaître de la science dans la composition. Le tableau suivant, placé près du tombeau de M. Mellez, représente *Jésus prêchant sur la montagne*; il est l'œuvre du même maître que le précédent ; les fonds sont inachevés, mais on voit, au premier plan, une jolie tête d'enfant.

Dans la chapelle dite de Paroisse, se trouvent trois toiles de grande dimension, 1° le *Martyre de saint Pierre*, signé *Barthélemy*. Une vigoureuse étude du nu, chez les personnages épisodiques, mais de la confusion dans l'ensemble de la composition.

2° La *Résurrection du Christ*, signé *Lagrenée*, 1760. La figure du Christ a de la noblesse ; le tableau tout entier, malgré quelques fonds un peu poussés au noir, mérite l'attention de l'artiste.

3° Le *Martyre de saint André*, signé *Bardin*, 1770. C'est une toile médiocre.

Une *Résurrection de Thabite par saint Pierre*, vient ensuite ; elle est due au pinceau de M. *Abel de Pujol*, membre de l'Institut ; nous respectons trop les vivants pour donner ici notre appréciation.

Au pourtour du chœur, près de l'entrée de la sacristie, est une copie, faite par *Nicolas Bellegambe*, d'un tableau de l'école hollandaise, représentant la *Résurrection de Lazare*. On aura occasion de voir au Musée d'autres œuvres de divers membres de la famille douaisienne des Bellegambe ; celui-ci vivait au XVIII° siècle.

Dans la petite chapelle contiguë, l'*investiture de saint Maurand*, par *Arnould Dewez* ou *de Wuez*, peintre picard, élève de Lebrun, et qui passa, à Lille, une grande partie de sa vie. Il y a dans la toile que nous avons sous les yeux beaucoup d'ampleur ; la couleur rappelle les peintres provençaux ou espagnols. Ce peintre, peu connu, mériterait d'avoir plus de réputation. Dans la même chapelle, on a placé, comme pour faire repoussoir, une Magdeleine, par *Momal*. Nous voici arrivés à la chapelle du Dôme ou de Notre-Dame-des-Miracles. Au vestibule, nous voyons à droite un *saint Paul devant l'aréopage* de *Julin?* Peinture un peu sèche et académique. Elle gagnerait à être vue d'un peu plus loin, et elle demande une restauration, car elle n'est pas sans quelque valeur. A gauche, *saint Pierre, sur les marches du temple, guérit un paralytique.* Ce tableau, signé *Sauez*, 1776, est un des meilleurs que nous ayons à passer en revue; sa conservation est parfaite. Dans la chapelle même on voit cinq tableaux ; l'humidité et le manque de soins leur ont porté de rudes atteintes ; nous saisissons ici l'occasion de les recommander à ceux qui aiment les arts.

La première toile à gauche, est une *Présentation au Temple* par *Arnoult Dewuez;* elle provient du couvent des Minimes de Douai, on remarquera, au premier plan, une figure de sainte Anne, soigneusement étudiée et solidement peinte. Puis une *Assomption de la Vierge,* signée *Lagrenée;* ce tableau se distingue par un ange semant des roses, qui rappelle peut-être trop la pose de la célèbre Aurore du Guide. On lit au bas de ce tableau, avec quelque peine à cause de la profonde dégradation de la toile : *donné par M..., de la confrérie des clercs parisiens* (voir sur cette compagnie littéraire l'article sur l'église Notre-Dame). La toile du fond représente une composition architecturale ornée d'anges, signée *Brenet,* 1768.

Nous arrivons maintenant à une *Annonciation d'Eisen père.* On lit encore, à travers de trop nombreuses couches de vernis, la date de 1760. Ce tableau est remarquable, car il appartient à un peintre dont les œuvres de grande dimension sont fort rares en France ; outre ce mérite inappréciable pour les archéologues, les artistes ne pourront manquer d'admirer la transparence des chairs, le modelé parfait de la tête et des mains de la Vierge; la convenance des sentiments exprimés par les physionomies, et enfin ce je ne sais quoi, qui a souvent permis, dans l'école française, l'alliance de la grâce avec les qualités du pinceau ; après cette dernière peinture, nous trouvons encore une œuvre d'*Arnoult Dewuez;* elle représente *Jésus dans l'étable.* Nous avons déjà parlé de la couleur chaude et comme méridionale de ce peintre, nous n'y reviendrons pas ici. Dans la chapelle que nous trouvons à gauche, en sortant du Dôme, on voit un *Martyre de saint Laurent* et une *Scène du Calvaire.* A l'entrée de cette chapelle, un *saint Sébastien* signé *Lesieur;* le saint Laurent et le saint Sébastien portent les armes peintes de Théry de Gricourt, prévôt de la collégiale de Saint-Pierre ; c'est du reste là ce qui seul peut les rendre intéressants.

Le tableau, placé près du calvaire et représentant le *Massacre des Innocents,* est de *Jean-Baptiste Auzard;* il est médiocre, mais surtout en mauvais état. Dans la chapelle qui termine le transept-sud se trouvent trois grands tableaux. Celui du centre est de *Deshayes,* membre de l'Académie de peinture, il a pour sujet le *Mariage de la Vierge;* c'est un bon tableau qui ne déparerait pas un musée ou une grande collection particulière.

Deux œuvres d'un mérite inférieur, de *Ménageot,* membre de l'Académie de peinture, comme Deshayes, son maître, accompagnent le tableau central ; l'une a pour sujet la *Justification de Suzanne;* l'autre, la *Peste de David.*

Faisant face au Massacre des Innocents est la *Mort de saint Vaast,* par *Sérin,* élève de Van Dick ; on retrouve dans ce tableau quelques-uns des traits du maître et aussi un souvenir de son inimitable coloris ; mais le dessin est sec et sans ampleur. Au-dessus du portail-sud, on voit la *Bénédiction des pains,* par *Jean-Baptiste Pierre,* premier peintre du roi Louis XV ; s'il n'y avait pas dans le coin droit du tableau de très-bonnes études de vieillards vigoureusement peintes, on pourrait se demander si, comme le bon Homère, le *premier peintre du roi* ne sommeillait pas profondément le jour où il peignit cette étoile.

Nous voici enfin revenus à l'entrée principale de l'église, près de l'orgue, nous trouvons encore là une peinture représentant la *Cene*, elle est attribuée à *Wamps père*, élève de Arnould Dewez; nous signalons, comme dans les tableaux de son fils, l'emploi malheureux des tons rouge-brun au premier plan et l'effacement des seconds plans où se trouvent les personnages principaux.

PALAIS-DE-JUSTICE

Au moyen-âge, pendant tout le temps que la ville de Douai s'était trouvée placée plus ou moins directement sous la domination des rois de France, les appels des décisions rendues par les diverses juridictions établies dans la localité, se portaient soit devant le prévôt de Beauquesne, en Picardie, soit au parlement de Paris. Plus tard, du temps des comtes de Flandre de la maison de Bourgogne et des rois d'Espagne, ces appels étaient déférés au conseil provincial de Flandre, établi à Gand et de là au grand conseil de Malines.

Le conseil de Flandre fut même transféré de Gand à Douai, à cause des troubles, et y tint ses séances, du 1er avril 1580 au 7 mars 1585.

La situation de notre cité sous le rapport judiciaire était aussi celle de toute la Flandre wallonne; on voit combien les justiciables devaient aller chercher au loin la réformation des jugements par lesquels ils se croyaient lésés aussi dès que Louis XIV eut fait la conquête des villes de ce pays, voulant à la fois assurer à ces contrées la tranquillité par la présence au milieu d'elles d'une justice souveraine, et rapprocher celle-ci des populations, jugea-t-il urgent de créer un *Conseil souverain*, dont l'établissement eut lieu d'abord à Tournai, par l'édit d'avril 1668. La multitude des procès força bientôt à augmenter notablement le personnel de ce conseil, en même temps que son ressort s'étendait à la suite des armées françaises victorieuses; en 1686 (février), le roi donna à ce conseil le titre de parlement de Tournai. Dès 1671, ses officiers avaient porté la robe rouge.

En 1709, Tournai ayant été repris par les puissances coalisées contre la France, la cour fut tranférée à Cambrai : elle fut de là fixée et établie à Douai par l'édit de décembre 1713, avec le nom de parlement de Flandre, et elle y siégea jusqu'au 30 septembre 1790, sauf l'intervalle écoulé du 13 août 1771 au 2 décembre 1774, pendant lequel fonctionna, sous le nom de *Conseil supérieur*, une des juridictions que la malignité publique appela alors parlements Maupeou.

Pour obtenir d'être choisie comme la résidence définitive de la cour, la ville de Douai s'imposa des sacrifices pécuniaires qui dépassèrent 200,000 livres, somme énorme pour l'époque.

Le local qui parut le plus propre à devenir le sanctuaire de la justice, fut l'hôtel ou refuge de l'abbaye de Marchiennes (1). Le parlement en prit possession le 2 octobre 1714, après une messe solennelle du Saint-Esprit, chantée en l'église collégiale de Saint-Pierre. La compagnie avait avancé les deniers nécessaires pour l'appropriation des bâtiments; ils lui furent remboursés par l'État. Quant à la propriété de l'immeuble, elle demeura toujours à l'abbaye de Marchiennes ; seulement le parlement en jouissait sans être tenu au paiement d'aucun loyer.

Les bâtiments que les moines bénédictins abandonnèrent ainsi

---

(1) Le refuge de ce monastère fut alors transféré rue des Wetz.

à Messieurs de la Cour, formaient ce que, dès avant le XV° siècle, on appelait le *Constantin* ou le *grand Constantin*. Ils s'étendaient le long de la Scarpe, sur la rive droite, entre le pont de la Massue (autrefois *Pont à le Laigne*) et le pont du Rivage. Ils étaient bornés de l'autre côté par une rue parallèle à la rivière et qui portait alors le nom de rue *de la Sanerie* ou *de la Saunerie*. On ne sait point exactement à quelle époque l'abbaye de Marchiennes avait établi son hôtel ou refuge sur cet emplacement, mais les titres reposant aux archives de Douai, prouvent qu'elle est antérieure à 1443, et qu'en 1457 les religieux avaient voulu conduire les eaux de la rivière autour de leur maison.

Le Constantin avait, en 1519, reçu de notables accroissements, sous la prélature de l'abbé Jacques Coëne, qui fut pour Marchiennes ce que Charles Coguin fut pour Anchin. Une petite porte gothique encastrée dans la façade actuelle du palais, près de la rivière, est un reste élégant des constructions de cette époque; elle offre, enroulée au milieu des rinceaux qui surmontent son arcade surbaissée, la devise de Jacques Coëne, *Finis coronat*, que l'on retrouve sur quelques-uns des plus remarquables manuscrits de notre bibliothèque communale.

Du 23 au 25 juillet 1667, Louis XIV et la reine, séjournant à Douai, avaient logé au refuge de Marchiennes; quand il revint dans notre ville, le 14 mai 1670, Monsieur, frère du roi et Madame, y furent reçus à leur tour.

Indépendamment des diverses salles nécessaires aux services judiciaires de la cour, des appartements furent affectés au premier président du parlement, dans le monument mis à la disposition de la compagnie.

En 1762, les plans de restauration de la grande chambre furent arrêtés par une commission. Les travaux ne furent terminés qu'en 1769. En 1781, les bâtiments de face tombant en ruine, on résolut de donner à l'édifice un aspect moderne et monumental ; l'abbaye de Marchiennes consentit à contribuer pour 40,000 livres à la dépense, qui s'éleva à 136,000 livres au total ; l'état couvrit la différence au moyen d'une imposition immobilière établie dans le ressort du parlement. L'entreprise, dont l'architecte Lequeulx donna les plans, ne fut autorisée et commencée qu'en 1784. Les travaux venaient à peine d'être terminés quand la révolution éclata. En 1845-1846, on supprima un vieux bâtiment faisant retour d'équerre le long de la rivière et qui contenait un corps-de-garde et d'anciennes prisons, et on prolongea la façade de ce côté.

Nous allons maintenant introduire le voyageur dans le sanctuaire de la justice, tel que ces restaurations successives l'ont constitué. Nous ne nous occuperons que de la partie consacrée au service de la Cour Impériale, qui après plusieurs tentatives diverses d'organisation judiciaire, remplace aujourd'hui l'ancien parlement de Flandre. Les bâtiments affectés au tribunal de première instance et dont l'entrée se trouve rue du Palais, n'offrent absolument rien qui mérite le regard.

La façade principale, qui fait face à la rue du Vieux-Gouvernement, présente une porte monumentale surmontée, sous une arcade à plein cintre, d'un groupe de deux statues représentant la Justice et la Prudence, des deux cotés d'un écusson autrefois fleurdelysé. C'est l'œuvre assez médiocre d'ailleurs d'un sculpteur de Douai, nommé Degand.

A droite et à gauche du portail règnent au rez-de-chaussée et à l'étage des rangées de fenêtres carrées au-dessus desquelles sont sculptés à l'extérieur des cartouches allongés représentant à gauche de l'entrée : 1° la Justice, 2° les attributs de la Justice et de la Prudence, 3° la Prudence, 4° les emblèmes de la bonne Foi, 5° la Fermeté.

A droite, 6° la Force répressive, 7° le symbole de la Piété et de la Puissance sous la forme d'un éléphant, 8° l'Espérance, 9° l'emblême de la Vigilance, 10° l'Égalité devant la justice.

La grande cour du Palais dans laquelle on accède par la porte dont nous venons de parler, forme une sorte de trapèze entouré de bâtiments réguliers du même style simple que la façade; le rez-de-chaussée de celle-ci était occupé autrefois par la chapelle du parlement; un péristyle, orné de colonnes cannelées, réunit deux perrons qui conduisent dans les ailes de gauche et de droite (1). Dans cette dernière se trouvent, au rez-de-chaussée, le greffe, les archives modernes et celles de l'ancien parlement avec leurs milliers de sacs de procédure traditionnels; au-dessous du greffe existaient des prisons dont les fenêtres grillées donnaient sur la Scarpe ; c'est de là qu'un jour s'est évadé le fameux voleur Vidocq. L'étage de ce côté renferme les deux salles d'audience civile, avec leurs chambres du conseil, et la bibliothèque nombreuse et bien entretenue du corps des avocats ; quand on pénètre dans la chambre civile dite *d'été*, qui fut autrefois la *salle de révision* (2), on est frappé de sa belle ornementation. De splendides boiseries en chêne rougi par le temps avec ornements dorés, en couvrent tout le pourtour, à l'exception du fond et de la paroi opposée aux fenêtres où elles encadrent six beaux tableaux allégoriques de **Brenet**, représentant la Justice, la Religion, la Prudence, la Force, l'Étude et la Vérité ; ils sont datés de 1760. Au-dessus de la vaste cheminée en marbre, on remarquera aussi un beau

---

(1) Nous supposons, dans cette description, que le visiteur, placé dans la cour, tourne le dos à la porte d'entrée.

(2) Parce que les chambres du parlement s'y réunissaient pour réviser les arrêts rendus par une seule chambre contre lesquels les parties se pourvoyaient.

portrait de Louis XIV par *Rigaud* ou d'après ce maître, don du grand roi à son parlement. Deux bustes en marbre blanc de Napoléon Ier et de Napoléon III et une riche pendule de style Louis XV complètent l'ornementation.

C'est dans cette salle, véritablement parlementaire, que se tiennent aussi les audiences solennelles de rentrée ou d'installation des membres de la cour; le premier président, la robe fourrée d'hermine, ayant à sa droite et à sa gauche les quatre présidents de chambre et les vingt-cinq conseillers; puis à droite, le procureur-général suivi des cinq membres de son parquet, tous en robe rouge, autour d'une grande table en fer à cheval posée sur une sorte d'estrade; à leurs pieds, le greffier en chef, aussi en robe rouge, entouré de ses commis, donnent à cette scène un aspect véritablement imposant.

La grande chambre du conseil, qui fait suite à cette salle et où se tiennent les assemblées générales non publiques de la cour, renferme un beau portrait de Louis XV en pied, donné, en 1769, par le monarque, et qui figurait autrefois dans la grande chambre, et un portrait en pied de l'Empereur Napoléon III, par Carrière, d'après Winterhalter.

L'aile de gauche est occupée, au rez-de-chaussée, par la chambre des appels de police correctionnelle avec sa chambre du conseil; cette dernière, qui faisait partie des appartements du premier président, du temps du parlement, est ornée de sculptures dont on remarque le goût et le fini; des décorations du même genre, mais en chêne naturel et dorées, embellissent à l'étage, au fond de la cour, le cabinet réservé au chef de la magistrature assise du ressort; celles-ci ont été récemment restaurées; on pense généralement que ces véritables œuvres d'art sont dues au ciseau de François-Joseph Bra, de Douai, aïeul de notre éminent statuaire.

L'étage, sur la place du Palais, est occupé entièrement par

la Cour d'assises et par ses dépendances; celle-ci date des dernières constructions qui précédèrent la suppression définitive du parlement: elle ne fut inaugurée qu'en 1789, on l'appelait alors la *Chambre du plaidoyer*, parce que c'était là que l'on jugeait sur plaidoiries verbales les affaires en petit nombre qui étaient exceptées de la forme générale de procéder. Le plafond, en forme de voûte, percé par des œils-de-bœuf, est soutenu par des colonnes accouplées au-dessus desquelles règne une frise entrecoupée de médaillons en ronde bosse. Dans le fond, on dispose, lors des solennités annuelles de rentrée, un autel où la cour vient entendre la messe du Saint-Esprit, depuis qu'elle ne se rend plus, à cet effet, à l'église Saint-Pierre.

Nous ne quitterons pas le Palais sans signaler à l'archéologue la muraille que baigne la Scarpe; du quai qui y fait face, il pourra encore distinguer les traces de huit arcades gothiques, de forme ogivale primitive, que soutenaient des colonnes de pierre et qui étaient surmontées de baies rondes et carrées; des escaliers de pierre, disposés entre les arcades, descendaient jusqu'à l'eau. C'était une sorte de cloître pour les religieux, ou, selon d'autres, une halle couverte pour les laveuses; dans tous les cas, cette construction remonte certainement aux premiers temps de l'existence de l'hôtel du Constantin.

On obtient facilement de visiter les principales salles du Palais-de-Justice, en s'adressant au concierge.

FONDERIE IMPÉRIALE DE BOUCHES A FEU EN BRONZE.

Lorsque le traité d'Aix-la-Chapelle eut cédé à la France les villes récemment conquises sur la Lys, l'Escaut et la Sambre,

Louis XIV voulut créer dans la nouvelle province un centre d'approvisionnements et par suite aussi d'opérations militaires; c'est à cette pensée que la fonderie de bouches à feu de bronze, comme l'arsenal de Douai, doit sa fondation. Le roi y fit venir d'abord les frères Jean-Balthazar et Jean-Jacques Keller, natifs de Zurich, et qui avaient déjà donné des preuves de leur capacité à Brisach (1). La fonderie fut établie, en 1669, sur l'emplacement de l'ancien château ; l'élévation du sol en cet endroit fut le motif déterminant de ce choix, car c'était pour ainsi dire le seul point de la ville où l'on pût creuser assez profondément pour ouvrir, à l'abri des eaux, les fosses destinées à recevoir les moules au moment de la coulée. Les frères Keller dirigèrent cet établissement depuis ses commencements jusqu'en 1696 ; à partir de cette date, jusqu'en 1849, il eut successivement à sa tête divers membres de la famille Bérenger ; nous en donnerons plus loin la liste. Le plus remarquable d'entre eux fut Jean-François Bérenger, né à Douai le 16 juillet 1725 et qui, en 1747, succéda à son père; les succès soutenus de ses opérations lui firent confier, en 1757, l importante mission de remonter la fonderie de Strasbourg. Il y passa trois années, et ne revint à Douai qu'après avoir pleinement justifié le choix dont il avait été l'objet.

Les rédacteurs de l'*Encyclopédie* ouvrirent avec empressement les colonnes de ce vaste répertoire des connaissances de l'époque, à Bérenger, qui y consigna le fruit de ses travaux sur l'incertitude de l'art du fondeur.

Mais le temps des rivalités jalouses arriva bientôt; dès 1763, un Irlandais, nommé Moore, obtint du gouvernement l'autori-

---

(1) Jean-Balthazar Keller n'est autre que le fameux fondeur des groupes et des vases de Versailles ; il devint **commissaire-général des fontes du roi.**

sation de faire des épreuves comparatives entre des pièces fondues par lui et d'autres fondues par Bérenger. Ces épreuves eurent lieu à Lambres, sous la direction de l'illustre maréchal-de-camp De Gribeauval ; ce ne fut qu'après avoir démêlé et déjoué plus d'une intrigue, que cet officier constata la supériorité du système de notre compatriote ; aussi pour reconnaître les talents de ce dernier, Louis XV lui déféra-t-il aussitôt après le titre de commissaire-général de ses fontes ; onze ans plus tard Louis XVI le décora du collier de son ordre.

En 1786 cependant, d'autres adversaires se présentèrent encore ; les frères Poitevin obtinrent que de nouvelles épreuves comparatives se fissent à Strasbourg et à Douai ; le résultat fut loin de tourner à l'avantage des rivaux de Bérenger. Voulant alors démontrer d'une manière incontestable la supériorité de ses produits, celui-ci coula, à ses frais et suivant ses procédés, deux canons qu'on devait tirer jusqu'à ce qu'ils fussent hors de service ; ces pièces tirèrent d'abord les quatre coups d'épreuve à double charge ; puis quatre mille coups chacune, et comme on reconnut qu'elles étaient en état d'en tirer peut-être encore quatre mille autres, on ne jugea pas nécessaire de consommer une plus grande quantité de poudre pour se convaincre de leur bonté. Le procès-verbal de ces opérations fut clos le 2 janvier 1788.

Par arrêté du 5 février 1793, les terrains et les bâtiments du Collége du roi furent réunis à la fonderie. Bérenger se préparait à profiter de ces agrandissements pour introduire dans l'établissement d'importantes améliorations. Déjà il avait fait faire une troisième machine à forer, il se disposait à construire un vaste four à réverbères, une forerie hydraulique, quand le 19 octobre 1793, il reçut du ministre l'ordre soudain de quitter la fonderie et de rendre ses comptes.

Il fut remplacé par M. Bouquero ; mais le 23 septembre

1795, il fut réintégré dans ses fonctions qu'il conserva jusqu'en 1801. A cette époque, il obtint de les remettre aux mains de son second fils, Jean-Théophile Bérenger, à qui il avait donné le nom du principal outil de ses ateliers (*la périère*).

Depuis son établissement, la fonderie avait été placée sous le régime de l'entreprise; en 1819, elle fut mise *en régie*, c'est-à-dire qu'elle fut administrée et dirigée, pour le compte du gouvernement, par des officiers et des employés d'artillerie ; le système de l'entreprise, momentanément repris en 1824, fut définitivement abandonné en 1826.

Des améliorations notables se sont successivement introduites dans cet établissement; en 1825, on construisit sur une partie des fondations de l'ancien château, un vaste bâtiment en fer-à-cheval, destiné à contenir les chantiers pour le moulage en terre des bouches à feu et les fourneaux à réverbères où on les fond. On compte trois de ces fourneaux ronds ; ils contiennent : le premier 30,000 kil., le deuxième 15,000 kil. et le troisième 6,000 kil. de bronze en fusion. Deux autres fourneaux *longs* de la contenance de 4,000 kil. et de 2,000 kil. servent à la fonte des menus objets; avec ces ressources, la fonderie de Douai pourrait fondre aisément, par année, de quatre à cinq cents bouches à feu de tous calibres.

En 1825, on a construit une forerie à quatre bancs, mus par une machine à vapeur, qui fut au nombre des premières établies dans le département du Nord. Malgré la simplicité toute primitive de son outillage, on arrive dans cet atelier à une précision de forage réellement surprenante, et il suffirait à la fabrication d'environ trois cents bouches à feu par an. On y a ajouté, en 1847, une machine à tourner les tourillons des canons, la seule qui existe dans les fonderies de France, et en 1858 un tour à fileter.

C'est surtout à partir de 1855 que se sont réalisées une foule d'améliorations dont le besoin se faisait sentir depuis longtemps. Ainsi, par exemple, le gaz a détrôné l'huile pour l'éclairage des ateliers et des cours; d'antiques soufflets ont fait place à un ventilateur, qui a augmenté du tiers, dans le même temps, la quantité des produits; des fourneaux à air, pour les fontes au creuset et un atelier de quarante tours ont été établis, avec une incroyable rapidité, pour fournir, au moment de la guerre d'Italie, les fusées destinées aux projectiles des canons rayés. C'est une machine à vapeur locomobile de la force de dix chevaux qui met en mouvement ces tours, ainsi que les ingénieux appareils de diverses espèces que la fonderie a dû créer pour cette fabrication toute nouvelle, et plusieurs autres machines remarquables, auxquelles s'ajoutera bientôt une machine à rayer les canons.

Le comité d'artillerie a, en 1843, arrêté un plan d'ensemble auquel devront être subordonnées dorénavant toutes les constructions à faire dans la fonderie. Dès 1844, un beau bâtiment destiné à renfermer les métaux propres aux fontes, a été élevé d'après ce plan; l'on y remarquait alors, comme une curiosité, une de ces charpentes en fer aussi légères qu'élégantes, chefs-d'œuvre de notre époque, qui abondent aujourd'hui dans nos gares de chemins de fer et que le voyageur ne songe même pas à regarder. Le projet d'un second bâtiment, destiné à remplacer la forerie actuelle, a été, en 1847, adopté en principe et sa construction seule suffirait pour faire de la fonderie de Douai un établissement de premier ordre en son genre. L'exécution de ces projets semble en ce moment suspendue par celui auquel les bruits qui circulent semblent journellement donner plus de consistance. Notre vieille fonderie, malgré deux cents années d'une honorable existence, doit, dit-on, dans un avenir plus ou moins proche, disparaître comme ses deux sœurs de Strasbourg et de Toulouse, pour faire place à une grande fonderie centrale que l'on créerait à Bourges ; espérons du moins que nous conserverons pendant de longues années encore un établissement dont notre cité avait droit de s'enorgueillir.

Nous sommes certains de réveiller dans le cœur de beaucoup de nos concitoyens d'honorables et même d'affectueux souvenirs, en leur rappelant les noms des officiers d'artillerie, qui, depuis quarante ans, ont été placés à la tête de la fonderie ; nous y joindrons la liste des directeurs sous le Régime de l'entreprise ; ce sont :

De 1669 à 1696 Jean Balthazar Keller et son frère Jean-Jacques, de Zurich (1) ;

De 1696 à 1723 Claude Bérenger de Falize, né à Hesdin, commissaire ordinaire des fontes de l'artillerie de France (2); mort à l'âge de 59 ans;

De 1723 à 1738 Nicolas Bérenger, neveu du précédent, commissaire ordinaire des fontes de l'artillerie;

De 1738 à 1747 François-Simon Bérenger d'Onicourt, frère de Nicolas-Jean, précédemment commissaire provincial d'artillerie;

---

(1) La famille Delannoy, de Douai, qui a donné un professeur distingué à la Faculté de Médecine, s'enorgueillit d'être alliée de près à ces Keller.

(2) Par suite des alliances contractées entre les Bérenger et des familles de ce pays, on trouve encore, chez quelques-unes d'entre elles, de très-élégants spécimens de canons de bronze en miniature coulés à la Fonderie de Douai. Il nous suffira de citer les deux petites pièces de bronze qui décorent la magnifique serre de camélias de M. Foucques, à Abbeville ; elles sont datées de 1735, et offrent un charmant assemblage d'inscriptions dans des cartouches, d'écussons d'armoiries accolés des Foucques et des Remy ; leur longueur est d'environ 60 cent., elles sont portées sur leurs affûts et munies de tous leurs accessoires.

6

De 1747 à 1793 Jean-François Bérenger, fils du précédent;
De 1793 à 1795 M. Bouquero;
De 1795 à 1801 Jean-François Bérenger, réintégré dans ses fonctions; il mourut le 30 juin 1802;
De 1801 à 1819 Jean-Théophile Bérenger de la Périère, fils du précédent;

RÉGIME DE LA RÉGIE.

De 1819 à 1822 Le commandant d'artillerie Gauche; il quitta Douai pour aller organiser la fonderie de Toulouse;
De 1822 à 1826 Le baron Amaury Louis de la Grange, aujourd'hui colonel d'artillerie en retraite, à Douai;
De 1826 à 1837 M. Dusaussoy; il avait longtemps étudié l'art des fontes, à la fonderie de Séville, alors l'une des plus renommées de l'Europe; mort, en 1846, colonel en retraite à Douai;
De 1837 à 1847 M. Tournaire, mort colonel inspecteur des fonderies, à Paris;
De 1847 à 1849 Le lieutenant-colonel Mocquard, aujourd'hui colonel en retraite, à Brest;
De 1849 à 1854 M. David, lieutenant-colonel en retraite, à Paris.
Depuis 1854 M. Martin, arrivé comme chef d'escadron, nommé lieutenant-colonel en 1860.

On visite facilement la fonderie de Douai, il suffit pour cela de s'adresser au concierge. Les coulées ont lieu ordinairement le samedi, à six heures du matin.

Les visiteurs remarqueront, au-dessus de la grande porte d'entrée, une petite cloche suspendue; elle provient de Sébastopol et fut posée le 26 mai 1857.

On trouve aussi presque toujours, dans les cours, des pièces de bronze curieuses, soit qu'il s'agisse de vieux canons tout ciselés du temps de Louis XIV et de Louis XV ou de spécimens de l'artillerie étrangère, produits de nos victoires.

Signalons enfin le touchant usage qui fait graver sur les canons, avant qu'ils ne sortent de la fonderie, le nom de quelque officier d'artillerie tombé sur les champs de bataille.

JARDIN DES PLANTES
ET SOCIÉTÉ IMPÉRIALE D'AGRICULTURE, SCIENCES ET ARTS.

Dans la rue d'Arras, en face de la petite rue de la Fonderie, le touriste s'arrêtera devant la belle entrée du Jardin-des-Plantes, charmante promenade que nous envient les villes voisines.

Une allée plantée de marronniers le conduira vers une vaste pelouse, entrecoupée de massifs qui réjouissent l'œil par la variété des arbustes et des fleurs; à droite et à gauche de cette allée, un assez grand terrain est consacré à un jardin botanique méthodiquement disposé; de plus, sur le côté droit, trois serres renferment des plantes tant exotiques qu'indigènes. Nous mentionnerons surtout la seconde, c'est-à-dire la serre chaude, où les plantes et les arbustes d'un autre climat s'étalent dans toute leur splendeur. Le bananier, la canne à sucre, le dattier, s'y montrent à côté du papyrus et du nénuphar bleu de l'E-gypte; cette serre, entièrement construite en fer et en verre, est d'une grande élégance.

Au-delà de la pelouse se développent, sur une longue façade, les bâtiments de la Société d'agriculture, savante compagnie dont nous dirons quelques mots tout à l'heure.

Franchissons une sorte de porche à trois arcades placé au

centre de l'édifice ; un second jardin, plus spacieux et plus gracieux encore que le premier, s'offrira à notre vue.

Grâce à d'heureuses transformations dont l'initiative est due à la Société et la mise à bonne fin au dévouement et au goût de l'homme dont toute la ville nous redira le nom, M. F. Robaut père, la variété du jardin anglais s'y marie parfaitement avec la sévérité du jardin français ; allées larges et droites, sentiers tortueux, massifs verdoyants, petites pelouses, surmontées du dôme de verdure des hêtres pourpres, des tilleuls à feuilles argentées, forment un tout aussi agréable à l'œil qu'harmonieux dans son ensemble.

Dans la grande allée du milieu, au rond-point qui la commence, on a disposé une sorte d'estrade où les musiques de la garnison viennent se faire entendre dans les belles soirées d'été ; elle sert aussi de théâtre, lors des concerts ou matinées musicales qu'on organise durant notre fête communale. Cette construction, dans laquelle on a voulu employer le style *rustique*, manque d'élégance ; elle sera bientôt modifiée, à ce qu'on nous assure.

A l'extrémité opposée de cette même allée, nos regards sont attirés par une statue monumentale, souvenir d'un des plus illustres artistes auxquels la cité douaisienne ait servi de berceau : c'est le statuaire Jean de Bologne (voir la biographie) ; l'auteur, M. L. Potiez, est aussi un de nos concitoyens.

Quand le touriste se sera reposé un instant au pied de la statue et qu'il aura joui du coup-d'œil qu'y présente l'ensemble du jardin, il reviendra, en suivant à droite la belle allée de tilleuls disposés en charmille, qui longe le mur de clôture, vers les bâtiments de la Société. L'entrée de sa riche bibliothèque est à l'extrémité de ce côté ; la porte s'en ouvre toujours au savant et même au simple amateur. Les sciences naturelles, l'agriculture et l'histoire y sont plus particulièrement représentées. On y trouve aussi des collections d'un haut prix, d'une grande rareté, ou en dehors du commerce, dues, pour la plupart, à la munificence du gouvernement; la partie la plus intéressante de la bibliothèque, celle qui serait bien certainement la plus difficile à réunir, c'est la série des publications et des mémoires de presque toutes les sociétés savantes de France et même d'une partie de la Belgique.

La Société d'agriculture de Douai date du 27 avril 1799 (30 germinal an VII); en 1800, une autre compagnie savante s'était constituée, dans la même ville, sous le titre de *Société libre des Amateurs des Sciences et des Arts*; elles se fondirent en une seule le 22 mars 1805 (1er germinal an XIII) et prirent, à partir de cette époque, le nom de *Société d'Agriculture, Sciences et Arts du département du Nord*, séant à Douai; celle-ci reçut, à raison des services par elle rendus, la qualification de *Société Centrale du département*, en 1819, et celle de *Société Royale* par ordonnance du 11 juillet 1829.

Composée de membres honoraires de droit, de membres honoraires et résidents élus et de membres correspondants, elle s'occupe de toutes les questions qui touchent à l'agriculture, aux sciences exactes et naturelles, aux arts, aux sciences morales et historiques, à l'archéologie et aux lettres. Elle publie chaque année, ou au plus tard tous les deux ans, le résumé de ses travaux et un recueil de mémoires qui lui assignent une place élevée parmi les académies de province. Elle a compté d'ailleurs dans son sein presque tous les hommes distingués que notre ville a produits et même la plupart de ceux qui y ont seulement résidé.

C'est à cette savante compagnie que la ville a confié le soin et la direction de son Jardin-des-Plantes; cette belle propriété lui est revenue après 1791, quand les Capucins, à qui elle en avait fait don, en 1591, lors de leur établissement à Douai, eurent été contraints d'abandonner leur monastère. L'église et le cloître de ces pères ont disparu depuis longtemps, et quelques pierres tumulaires, une inscription enchassée dans la muraille, rappellent seules, dans ce jardin, les religieux qui l'ont habité deux siècles durant.

Le Jardin-des-Plantes est ouvert au public tous les jours, depuis le matin jusqu'au soir; pour visiter les serres, il suffit de s'adresser au jardinier; pour voir le local et la bibliothèque de la Société, on peut recourir à l'obligeance du conservateur, dont le logement se trouve dans l'établissement même.

ÉGLISE PAROISSIALE DE SAINT-JACQUES.

Nous parlons dans l'article consacré au collége des Bénédictins-Anglais, des autres établissements religieux de la même nation, à Douai; il nous suffira donc de rappeler ici que l'église paroissiale de Saint-Jacques n'est autre que l'ancienne chapelle du couvent des Récollets, ou des Frères Mineurs anglais. Ces religieux avaient sollicité, en 1616, des échevins de Douai, la permission d'y établir un collége destiné aux missions d'Ecosse; plus tard, ils demandèrent celle d'y ériger une maison conventuelle, mais ce ne fut qu'un peu après 1626 que cette autorisation leur fut accordée et qu'ils purent s'installer dans les maisons qu'ils tenaient de la libéralité d'Antoine Chemyn, curé de Masny.

Leur couvent s'étendait depuis la rue qui porte aujourd'hui leur nom jusqu'à celle du Bloc, qui lui est parallèle, et où se trouvait l'infirmerie; ils y restèrent jusqu'à la révolution de 1789. Comme leurs coreligionnaires du collége anglais, les Récollets surent verser leur sang pour la foi catholique;

de 1642 à 1646, six périrent sur les échafauds et dans les prisons de Londres et de Lancastre (1).

Leur chapelle fut rebâtie au commencement du XVIIIe siècle; la première pierre en fut posée en octobre 1706, et Joseph Clément, électeur de Cologne, la consacra le 13 novembre 1712.

Cette maison suivit en 1793 le sort commun aux établissements anglais de Douai (2). En 1794, ses bâtiments avaient été affectés aux séances publiques de la société populaire; mais celles-ci furent suspendues presqu'au même moment; quant à la chapelle, on y installa une fabrique de salpêtre. Au rétablissement du culte, par un arrêté préfectoral du 3 mars 1803, elle devint une des trois paroisses de Douai, parce que les églises de cette partie de la ville avaient été vendues ou démolies. Le 28 mai suivant, l'église fut bénite et les offices divins s'y célébrèrent à partir du lendemain 29. Les croix rouges, encore tracées sur les murailles, indiquent les endroits où furent faites les onctions liturgiques.

Quand le gouvernement français eut rétabli et réglementé l'administration des fondations anglaises, écossaises, etc., en France, et leur eut rendu leurs biens non aliénés, la chapelle des ci-devant Récollets anglais fut, par arrêté du 6 février 1805, comprise dans la restitution. Mais comme il fallait bien pourvoir aux nécessités du culte, l'église des Bénédictins anglais, dite aussi de Saint-Vaast, fut mise, à cet effet, à la disposition de l'autorité diocésaine; c'était seulement déplacer la question, car bientôt l'administration des colléges anglais revendiqua cette dernière église. Les difficultés, et par suite le provisoire, se prolongèrent pendant plusieurs années; enfin

---

(1) *Certamen Seraphicum Provinciæ angliæ*, par Mason, gardien des Récollets anglais de Douai. Douai, B. Bellère, in-4, fig. 1649.

(2) Voir l'article sur le collége des Bénédictins anglais

l'état de l'église Saint-Vaast, qui menaçait ruine, et que la ville dut démolir, força la solution.

Pendant ce laps de temps, le culte catholique continua de s'exercer pour la nouvelle paroisse de Saint-Jacques, dans la chapelle qui lui avait été affectée en 1803 ; seulement la ville la prit à bail de l'administration des fondations anglaises, et cet état de choses se perpétua jusqu'en 1850.

Depuis longtemps on reconnaissait l'insuffisance de ce local, pour une paroisse dont la population n'est pas inférieure à 8,000 âmes ; sous l'active impulsion de M. l'abbé Vrambout, alors curé-doyen, des travaux d'agrandissement furent résolus et entrepris. Mais préalablement et par acte du 17 juillet 1851, la ville de Douai acquit de l'administration des fondations anglaises en France, la propriété de la chapelle et des terrains y adjacents.

La première pierre des nouvelles constructions fut posée le 5 septembre 1852, par l'abbé Vallée, vicaire-général de Cambrai. Les travaux furent rapidement conduits, et, en 1855, ils étaient achevés pour la plus grande partie, au moment de la célébration du jubilé séculaire du Saint-Sacrement de Miracle. Depuis 1806, la commémoration du miracle opéré en 1254, dans la collégiale de Saint-Amé, se faisait dans l'église Saint-Jacques. Les fêtes séculaires y avaient donc aussi leur place toute marquée, mais on dut les retarder d'une année. Elles commencèrent le 14 juillet 1855, par la consécration solennelle de la nouvelle église. Le prélat officiant fut Mgr. Dufêtre, évêque de Nevers ; elles durèrent jusqu'au dimanche 22 juillet inclusivement, et se terminèrent par une procession magnifique, qui parcourut en grande pompe les principales rues de la ville, et dans le cortége de laquelle parurent la statue de Notre-Dame-de-la-Treille, de Lille, et l'image de Notre-Dame-de-Grâce, de Cambrai, ainsi que la statue de Notre-Dame-des-Miracles, de Saint-Pierre de Douai.

Pendant cette cérémonie, l'église fut splendidement décorée à chaque arcade, de rideaux de velours rouge garnis de franges d'or et de guirlandes de fleurs, entremêlés de lustres et de candelabres de l'effet le plus riche. Au fond, un grand baldaquin de velours, d'or et d'hermine surmontait et encadrait l'autel.

C'est à M. l'abbé Bataille, ancien vicaire et successeur de M. Vrambout, qu'il a été donné d'achever son œuvre et d'amener cette église dans son état actuel, qu'il nous reste maintenant à décrire.

L'église de Saint-Jacques appartient à l'ordre ionique moderne. Son portail, d'une très-grande simplicité, n'offre absolument rien de remarquable. Il est orné de colonnes engagées ou plutôt de pilastres, et d'une niche dans laquelle est placée la statue du saint patron. Il est accosté en outre de deux portes basses, de construction récente, qui conduisent, à gauche, à la sacristie, à droite, aux salles de catéchisme, etc. Le vaisseau primitif se composait d'une nef centrale et de deux nefs latérales soutenues par des colonnes en pierre de Tournay; on y a ajouté dans le même style des transepts, un abside, reliés par un dôme d'une grande hardiesse, et enfin, une chapelle absidale consacrée à la Vierge, et que surmonte un élégant campanile de pierres blanches et de briques, avec toit arrondi en ardoises. C'est à M. Grigny, architecte d'Arras, que l'on doit les plans de ces travaux de restauration et d'agrandissement, qui ont été exécutés par M. Courmont, entrepreneur à Douai.

La chaire est toute moderne; elle est en bois sculpté, dans le goût du style flamand du XVIIe siècle, l'abat-voix est soutenu par deux figures d'anges, de grande dimension.

Au-dessus du Maître-Autel s'élève un haut retable en bois peint et doré, destiné à rappeler le miracle de Saint-Amé.

Au centre, on voit l'hostie au milieu de rayons et de nuages, où apparaissent Jésus enfant portant la croix, Jésus souffrant montrant ses plaies, et enfin Jésus triomphant venant juger les crimes des hommes. Si l'exactitude de la tradition n'est peut-être pas absolument respectée dans ces bas-reliefs, ils attestent néanmoins un véritable talent et ils font honneur à M. Blavier, jeune sculpteur douaisien, qui en fit les statues, et à M. Buisine, menuisier-ornemaniste à Lille. Deux statues placées sur l'autel complètent cette ornementation.

L'église Saint-Jacques possédait un certain nombre de tableaux ; la plupart n'ont pas été replacés depuis sa restauration ; aux deux extrémités des transepts on voit : à gauche, *Jésus appelant à lui les petits enfants;* à droite, *saint Jean prêchant dans le désert.* Ces deux toiles appartiennent au XVIIIe siècle, elles offrent quelques heureux détails ; nous croyons pouvoir les attribuer à Wamps fils, dont nous avons déjà trouvé quelques œuvres dans l'église Saint-Pierre ; elles seraient au nombre de ses plus heureuses productions. Le tableau de droite porte dans les terrains du premier plan, l'inscription :

Memoriæ D... Lancry. 1770,

et les armes de la famille douaisienne de ce nom, qui en fut probablement la donatrice (1).

Dans la sacristie se trouve, sur un petit panneau, la repré-

---

(1) Un Mathias Lancry, avocat au parlement, fut en 1727 prince de la confrérie de Sainte-Dorothée, instituée en 1663, aux Récollets anglais ; c'était une réunion d'amateurs d'horticulture, qui, chaque année, le six février, dressaient dans l'église un buffet de fleurs, en l'honneur de leur patronne. On peut donc supposer que le tableau dont nous parlons se rattache à cette confrérie.

sentation peu artistique, mais fidèle, dit-on, du miracle de Saint-Amé; les personnages qui y figurent portent le costume bourgeois du temps de Louis XIII. Nous signalerons encore dans ces dépendances de l'église, une *Adoration des Mages*, de l'école de Rubens. Outre le groupe principal, quatre saints ornés de leurs attributs caractéristiques se tiennent debout; ce sont saint Amé, saint Maurand, saint Gurdinellus et saint Onésime. Le donateur est agenouillé dans un coin du tableau, ainsi que le constate une inscription. C'est Jean le Pipre, chanoine de la collégiale de Saint-Amé, qui fut aussi le principal fondateur du couvent des Augustins de Douai. Ce panneau, intéressant pour l'artiste, provient de l'église Saint-Amé.

HOTEL-DIEU ET HOPITAL MILITAIRE.

Dès 1378, la ville de Douai posséda un établissement charitable destiné aux voyageurs, aux pèlerins et aux *pauvres malades*; c'était l'hôpital de Saint-Thomas, situé dans la rue de ce nom, autrefois appelée rue *du Puch à le Keine*, et fondé par un bourgeois de la ville, Watier ou Gauthier Belami, dit Lentailleur. Dirigé à partir de 1472, par des sœurs grises ou religieuses du tiers-ordre de Saint-François, il subsista jusqu'en 1602; mais en 1624, les échevins de Douai, reconnaissant l'utilité d'avoir pour les malades indigents une autre maison plus considérable, sollicitèrent de l'évêque d'Arras, Herman Ortemberg, la suppression d'une fondation, dite l'hôpital Saint-Julien, qui après avoir dans les premiers temps servi au logement des pèlerins se rendant en terre sainte, avait perdu, par suite d'abus, son utilité, et ils demandèrent son remplacement par un *Hôtel-Dieu*, à la création duquel on affecterait divers terrains et édifices, sis sur la prairie de Saint-Albin, et appartenant audit hôpital de Saint-Julien.

Le prélat ayant, le 6 juillet 1624, consenti l'extinction de ce dernier établissement, *en autorisant les échevins à transférer et appliquer ses biens à l'érection et fondation d'un nouvel hospital,* avec la destination indiquée, ils arrêtèrent, par délibération du 6 septembre suivant, que l'on ferait *ériger, bâtir et instituer un hospital en la place dite la prairie Saint-Albin, en cette ville, qui porteroit le nom d'Hôtel-Dieu, pour y recevoir les pauvres malades, les soigner et panser, par filles vivantes en célibat, honnestes, charitables et vertueuses, lesquelles filles seroient soumises et obligées à recevoir, servir, garder et entretenir ponctuellement les statuts, réglements, ordonnances et commandements qui leur seroient faits par les commis et surintendants dudit hospital.*

L'édifice, érigé sur l'emplacement qu'il occupe encore aujourd'hui, fut commencé en 1627 ; cette première construction constitue le bâtiment qui précède la chapelle ; on voit à l'extérieur, au haut du pignon, le millésime 1627. De nombreuses donations accrurent bientôt la maison et lui donnèrent un grand développement, par l'acquisition de plusieurs héritages voisins

En 1833, on appropria la grande salle placée dans l'ancienne chapelle, et on en construisit une autre à l'étage ; en 1841 on ajouta une salle pour les opérations chirurgicales ; la cour fut divisée en deux parties pour séparer les sexes ; c'est de cette époque que date aussi le grand bassin destiné à la conservation et à la reproduction des sangsues.

A raison même de ses accroissements successifs, les bâtiments de l'Hôtel-Dieu ne forment point un ensemble régulier ; en 1830 on avait formé le projet de le reconstruire en entier, mais le chiffre de la dépense força d'y renoncer.

Le 18 août 1857, un incendie dont la cause resta inconnue, éclata dans les combles de la salle des femmes ; ce bâtiment, dont la voûte ogivale remarquable était construite en vieux bois de chêne, desséché malheureusement par le temps et par un été très-ardent, fut rapidement et complètement détruit. Cette salle a été rétablie sur le même plan, mais en fer et en briques, afin d'être à l'abri d'un nouveau sinistre. C'est un fort beau travail en son genre.

A l'origine de l'Hôtel-Dieu, la direction intérieure et le soin des malades avaient été confiés à des sœurs hospitalières, que les échevins de Douai avaient appelées de Valenciennes dès 1630. Par lettres patentes de Louis XIV, de mai 1714, elles avaient obtenu l'autorisation et la confirmation de leur établissement, *au nombre de 10 ou 12, en la bonne maison... qui avait sainte Marthe pour patronne...* Le 23 août 1792, elles quittèrent, par suite des lois du temps, cet hôpital, où elles furent remplacées par des séculières.

Le service intérieur, confié pendant quelque temps à un économe-comptable et à des infirmiers et infirmières, a été remis de nouveau, depuis 1851, à des sœurs de Saint-Vincent-de-Paul, au nombre de 12.

Soixante lits sont affectés aux pauvres malades de la ville; 30 dans la salle des hommes, 30 dans celle des femmes. Il existe également quelques chambres particulières où l'on est admis, moyennant un prix de journée fixé par l'administration, ou en profitant des fondations faites par Mlle Beauchamp ou M. De Forest de Lewarde ; on peut aussi recevoir dans ces chambres, à titre de pensionnaires, quelques personnes âgées ou infirmes.

Depuis 1857, une Maternité a été établie dans une des dépendances de l'établissement, on y admet les femmes mariées indigentes de la ville pour y faire leurs couches. Elles reçoivent à leur sortie une layette pour leur enfant.

HOPITAL MILITAIRE.

En 1756, un terrain dépendant de l'Hôtel-Dieu fut cédé à l'Etat pour la construction d'un hôpital militaire; c'est sur ce terrain que sont établies les salles où les militaires malades sont actuellement traités; ces salles, pour ainsi dire enclavées dans l'Hôtel-Dieu lui-même, ne sont d'ailleurs accompagnées d'aucune des dépendances nécessaires pour constituer un hôpital.

Aussi, en 1794, les biens de l'hôpital Saint-Thomas et de l'Hôtel-Dieu ayant été réunis pour ne former qu'une seule masse, les malades civils furent-ils transférés tous dans le premier, et les bâtiments et le terrain du second furent-ils abandonnés à l'administration de la guerre, pour le traitement des militaires.

Mais en 1801, l'administration des hospices et celle de la guerre ayant passé une convention, par suite de laquelle les officiers, sous-officiers et soldats seraient traités dans l'hôpital militaire par les soins de la première, qui recevrait un prix de journée convenu, l'hôpital Saint-Thomas fut définitivement fermé en 1802, et l'Hôtel-Dieu rendu à sa destination primitive.

La convention de 1802 reçoit encore aujourd'hui son exécution; le nombre des militaires que l'on doit admettre peut aller jusqu'à 300.

Le service de santé de l'Hôtel-Dieu est fait par un médecin et un chirurgien en chef, un médecin et un chirurgien adjoints, un aide et un sous-aide.

Quoique peu régulier et peu monumental dans son aspect, l'Hôtel-Dieu est bien approprié à sa destination; les salles civiles et militaires sont belles, vastes et aérées; une jolie chapelle aboutissant à la salle des hommes et par une tribune à celle des femmes est d'un accès facile aux malades, qui peuvent même, de leurs lits, assister aux offices.

La pharmacie, qui a été pendant plusieurs années la pharmacie centrale des divers établissements de charité de la ville, est très-complète et bien établie. Les cuisines, les bains et les autres dépendances de l'établissement répondent également et d'une manière satisfaisante à tous les besoins.

Les quatre statues, d'ailleurs assez médiocres, que l'on voit sur la façade de l'Hôtel-Dieu, datent de 1820 et sont l'œuvre de M. Cadet de Beaupré, de Lille.

ANCIEN COUVENT DES CHARTREUX.

La noble famille des Montmorency, dont plusieurs membres ont occupé de hautes positions ou possédé d'importantes seigneuries à Douai ou dans les environs, à la fin du XVIe siècle et pendant le XVIIe, habitait dans la *rue Couc-Noé* ou *du Colombier*, un hôtel qui donna ensuite son nom à cette rue. Il fut acheté par les Prémontrés de Furnes, qui voulaient en faire leur refuge; mais ayant renoncé à ce projet, ils revendirent le terrain aux religieux de l'ordre des Chartreux. Ceux-ci venaient d'obtenir du Magistrat de Douai, l'autorisation de s'établir dans cette ville, à la suite de la donation que Marie Loys, de la famille des poëtes de ce nom, leur avait faite de tous ses biens, par son testament du 12 juin 1654. Aux bâtiments déjà existant ils en ajoutèrent de nouveaux, puis une église, et ils y restèrent jusqu'au 4 juillet 1791. En novembre de la même année, l'édifice tout entier fut affecté par l'Etat au service de l'artillerie, qui y installa des magasins de matériel et des ateliers pour la fabrication des cartouches et des gargousses. Cet établissement fait aujourd'hui le

N° 2 de la rue des Chartreux, il suffit pour le visiter de s'adresser au portier.

On se trouve tout d'abord dans une cour carrée formée par des bâtiments ornés de tourelles, et qui faisaient partie de l'ancien hôtel des Montmorency. Les carreaux émaillés, qui constituent le pavé du passage de gauche, au fond de la cour, en donnent la preuve, ils portent les armes et la devise de la famille. Il est évident, de plus, que l'architecture est de la fin du XVIe siècle, et par conséquent antérieure à l'établissement des Chartreux à Douai.

Quelques-unes des fenêtres de ce bâtiment, du côté du cloître, ont conservé leur ancien vitrage, formé de petits carreaux encadrés de plomb. En tournant à droite, on entre dans ce que l'on appelle le petit cloître, c'est un carré composé de passages, couverts de voûtes surbaissées à arêtes ogivales, et percés de fenêtres donnant sur une cour qui fut probablement autrefois le cimetière particulier des religieux.

Ce cloître conduit à leur chapelle. Elle n'offre plus rien de remarquable, que l'épitaphe, placée au milieu du pavé, de Marie de Pronville, femme de Louis de Haynin, seigneur du Cornet, morte en 1661. Près de là se trouve aussi, dans le même cloître, l'entrée du réfectoire. C'est une vaste salle rectangulaire, dont les fenêtres sont encore ornées de leurs vitraux primitifs. Dans l'une des parois, on voit une ouverture et un escalier pratiqués dans l'épaisseur de la muraille; c'est par là qu'on montait à la chaire du lecteur. A la retombée des voûtes ogivales surbaissées, les nervures sont supportées par quatre culs-de-lampes en pierre sculptée et peinte, qui représentent en relief les armes deux fois répétées des *de Carlier* et des *de Douai*.

Le petit cloître communique avec le grand cloître. Les détails de sa construction sont les mêmes que ceux du premier.

Nous remarquerons ici la différence que le climat a établie pour ce genre de monuments, entre ceux de nos pays et ceux du midi. Tandis que les cloîtres que l'on voit en Italie, en Provence ou en Languedoc, sont largement ouverts et ne sont séparés de la cour centrale que par des colonnes, celui dont nous nous occupons ici est fermé par un mur percé de simples baies. Quoique, depuis la dernière transformation du couvent, elles aient été presque toutes murées par l'administration militaire, la construction primitive, formée de briques et de pierres blanches, se distingue à première vue. Les voûtes ont disparu pour les besoins de l'emmagasinage du matériel.

Au centre est un vaste espace qui servait de cimetière et dans lequel on a retrouvé, il y a peu d'années encore, à côté de quelques ossements, des caveaux préparés attendant des dépouilles mortelles. On sait que les riches bourgeois ou les membres de nobles familles tenaient à honneur de mourir dans les habits d'un ordre religieux et de se faire enterrer dans les cimetières des couvents. Ceci pourrait expliquer l'étendue considérable de l'enclos des Chartreux, surtout quand on sait qu'en 1744, il n'y avait que huit religieux dans la Chartreuse de Douai.

Au nord du grand cloître, dans un bâtiment qui longe maintenant le rempart et qui ne se compose que d'un rez-de-chaussée sans étage, se trouvaient des cellules. La destination nouvelle du bâtiment en a fait disparaître les cloisons et les fenêtres, et les portes ont été pour la plupart murées. En partant de ce point et en faisant à l'extérieur le tour du grand cloître par les jardins, dans lesquels on remarquera la masse énorme des projectiles sphériques pour les bouches à feu de tout calibre, on arrive au chevet de l'église sur lequel existe une pierre qui porte gravée la date 1722. L'entrée est placée au côté opposé sur une façade construite dans le style que les jésuites ont fait connaître par toute la France. Cinq bas-reliefs ornent le mur de pierres blanches, ils ont été mutilés à l'époque de la Révolution, et les intempéries des saisons ont aidé la main des hommes. Cependant on peut encore distinguer que le plus grand, placé au fronton, représente saint Bruno donnant sa règle. Les quatre plus petits ont trait soit à saint Bruno lui-même, soit à des religieux de l'ordre des Chartreux.

L'intérieur de l'église sert maintenant de magasin, le style est celui du XVIIIe siècle et n'offre rien de bien remarquable. La sacristie est formée de plusieurs petites salles voûtées, d'une construction analogue à celle du cloître. Le bâtiment qui relie l'église aux constructions de l'hôtel des Montmorency est élevé d'un étage au-dessus du rez-de-chaussée; il présente une façade bien conservée; son ornementation fait supposer qu'il date de la fin du règne de Louis XIII. Il y a lieu de croire que c'était là le bâtiment des hôtes, d'autres personnes prétendent que c'était le quartier du Prieur. Nous revenons ensuite à la cour d'entrée, après avoir vu dans tous leurs détails les différentes parties qui composaient le monastère. On aura pu ainsi se faire une idée exacte de l'intérieur d'un couvent au XVIIe siècle, car, chose fort rare aujourd'hui, tous les bâtiments ont été conservés et n'ont fait que changer de destination. Outre l'intérêt qui s'attache aux souvenirs archéologiques, on en trouvera encore un autre à considérer le nombreux matériel de guerre accumulé dans cette dépendance de l'arsenal. Ici les projectiles cylindro-coniques, là les affûts, les prolonges, les caissons, etc., etc. L'ordre est si parfait, malgré l'entassement des objets, qu'en quelques heures, comme cela est arrivé au moment de la guerre d'Italie, plusieurs batteries d'artillerie ont pu se trouver pourvues de tout ce qui leur est nécessaire pour entrer immédiatement en campagne.

COLLÉGE DES BÉNÉDICTINS ANGLAIS.

La fondation des colléges et des séminaires anglais du Nord de la France est un des points les plus intéressants de l'histoire ecclésiastique de l'Angleterre au XVIe et au XVIIe siècles.

On sait comment Elisabeth, après avoir feint une tolérance trompeuse, suivit bientôt les traces de son père Henri VIII, et acheva d'établir, avec la tenacité naturelle de son caractère et sa profonde politique, le schisme religieux qui sépara complètement l'église anglicane de la catholicité. Deux mois à peine après son avénement au trône, elle faisait proclamer la suprématie spirituelle du monarque, et imposait à ses sujets un serment dont la formule même constituait une véritable apostasie, puisqu'elle substituait, en matière religieuse, la primauté d'une femme à l'autorité légitime du souverain pontife.

Une grande partie du clergé inférieur et tous les évêques de la Grande-Bretagne, à l'exception de trois seulement, refusèrent ce serment et durent, pour éviter les persécutions, la prison, les supplices mêmes, chercher sur une autre terre un asile pour leur foi. La plupart se réfugièrent dans les Pays-Bas, alors sous la domination de Philippe II, et ils y trouvèrent en effet, un accueil généreux et bienveillant auquel les calculs de la politique n'étaient probablement pas étrangers, en même temps que le sentiment catholique inspirait un vif et respectueux intérêt pour ces proscrits, dont beaucoup brillaient par leurs qualités et par leurs talents.

Au nombre de ces réfugiés se faisait remarquer Guillaume Allen (Alanus), issu d'une noble famille du Lancashire, chanoine d'Yorck et docteur de l'Université d'Oxford; il passa d'abord à Louvain et s'y trouva bientôt en relations avec Jean Vendeville, alors professeur dans cette célèbre université. Quelques années plus tard, dans un voyage que tous deux firent à Rome, en compagnie de Philips Morgan, précédemment recteur du collége Oriel à Oxfortd, la pensée d'un apostolat destiné à conserver la foi catholique en Angleterre, germa dans le cœur d'Allen; il en fit part à ses deux amis par qui elle fut adoptée avec ardeur.

En 1562, Jean Vendeville, douaisien de famille, s'il ne l'était pas de naissance, avait été appelé comme professeur de droit, dans l'université de Douai nouvellement créée. Cette ville lui parut éminemme.t propre à la réalisation des vastes desseins d'Allen; trois mois à peine après son retour de Rome, il lui écrivit pour l'engager vivement à venir s'y fixer; on était alors en 1568. Dès son arrivée, Guillaume Allen fut nommé professeur de théologie, et après avoir vaincu les premiers obstacles, il put ouvrir cette année même un petit asile aux bannis d'Angleterre.

Telle fut la modeste origine du collége qui, sous le nom de collége anglais ou du pape, fournit aux missions d'Angleterre tant de prêtres infatigables et même tant de martyrs. A la voix d'Allen, les anciens étudiants d'Oxford et de Cambridge, répandus dans les diverses écoles de France et des Pays-Bas, viennent se grouper autour de lui. Une petite habitation est achetée par Morgan Philips; tous mettent ce qu'ils possèdent en commun; Allen lui-même abandonne à l'œuvre ses appointements de professeur et tout ce qu'il recueille des dons de la charité.

Grâce à l'appui de Jean Vendeville, devenu membre du conseil privé, Philippe II entoura de sa protection l'établissement naissant; le pape Grégoire XIII accorda spontanément en 1575, à cette fondation, dont l'utilité ne lui échappait pas, une dotation qu'il augmenta en 1576, et à laquelle le roi d'Espagne en ajouta une autre en 1578; vers cette même année, devenu trop considérable pour se renfermer dans ses anciennes limites, le collége anglais de Douai formait à son tour des colonies, d'abord à Rome, puis à Lisbonne et à Paris.

En 1578 aussi, les prêtres du collége anglais de Douai quittèrent, bannis une seconde fois, la ville qui leur avait donné asile. C'est l'époque des tentatives que firent les *patriots* pour s'emparer du pouvoir dans Douai ; des intrigues que certains auteurs ont attribuées aux menées d'Elisabeth, étaient parvenues à exciter le bas peuple contre ces étrangers, en même temps qu'on avait persuadé à Philippe II qu'ils voulaient livrer Douai à la France; il n'en fallut pas davantage. Le 14 mars 1578, *tous ceux de nation anglaise* reçurent du Magistrat, qui cependant reconnaissait leur mérite et leurs vertus, l'ordre de quitter la ville sous vingt-quatre heures; les prêtres du collége obéirent. Ils se retirèrent à Reims, auprès du cardinal de Guise, dont ils s'étaient assuré la protection: ils y demeurèrent quinze années, pendant lesquelles ils commencèrent la publication des livres saints en langue vulgaire anglaise. Le premier volume, qui contient le Nouveau-Testament, parut en 1582; on y trouve plus d'une note évidemment destinée à préparer les esprits dans la Grande-Bretagne à l'invasion projetée par Philippe II et à l'expédition de l'invincible Armada. Si l'on peut regretter que la politique se fût glissée jusque dans le sanctuaire et que la religion fut devenue ainsi l'instrument des passions humaines, on doit reconnaître aussi le véritable mérite de cette version, la seule encore aujourd'hui qui ait conservé l'entière confiance des catholiques d'Angleterre.

Les volumes qui renferment la traduction de l'Ancien-Testament, parurent à Douai en 1609 et 1610 ; le collége anglais s'y était rouvert vers la fin de l'année 1593; les semences répandues par Allen (mort bientôt cardinal et archevêque de Malines, le 27 octobre 1594, à Rome), ne cessèrent pas cependant de porter leurs fruits, et, jusqu'en 1789, les prêtres et les élèves du collége anglais remplirent, avec constance et dévouement, la mission pour laquelle ils avaient été institués.

Si nous nous sommes étendus sur cet établissement, quoique nous en ayons déjà parlé page 29 de ce volume, c'est que la création de Guillaume Allen fut bientôt un centre autour duquel se groupèrent plusieurs fondations de même nature. En 1612, le collége des Ecossais fut transféré de Paris à Douai, et il y subsista jusqu'en 1792; il fut dirigé par les jésuites écossais jusqu'en 1765; c'est aujourd'hui la maison-mère de la Sainte-Union. Plus tard, le séminaire des Hibernois ou de Saint-Patrice, composé de clercs et de prêtres irlandais, destinés aux missions dans ce pays, fut créé, presqu'en face du précédent, rue des Bonnes. Les Récollets anglais vinrent à leur tour se fixer à Douai, en 1626 (voir l'article sur l'église Saint-Jacques); les Bénédictins anglais enfin n'avaient pas été les derniers à accourir rejoindre leurs courageux compatriotes. Quant Feckinham, le dernier abbé de Westminster, mourut dans la tour de Londres, après une captivité de vingt-cinq années, il ne laissait après lui, de toute la congrégation bénédictine d'Angleterre, qu'un seul membre comme lui prisonnier, Sigebert Buclée. Mais déjà quelques religieux s'étaient réfugiés à Douai et y vivaient péniblement et sans ressources. L'un d'entre eux, Jean Ishel, chapelain de l'église Notre-Dame, excita l'intérêt de dom Philippe de Caverel, abbé de Saint-Waast d'Arras, qui faisait alors élever le collége de ce nom à Douai et qui leur accorda sa protection. En 1603, il fonda dans cette ville leur monastère, dont l'église fut dédiée à saint Grégoire; Philippe II encouragea cet établissement à l'érection duquel les abbayes bénédictines de Saint-Waast, d'Anchin et de Marchiennes contribuèrent largement de leurs deniers.

Cette pieuse colonie, à peine rétablie, créa bientôt de nouvelles maisons, en même temps que les religieux allaient dans leur pays, travailler à la conservation de la foi catholique. C'est de Douai que tirèrent leur origine les monastères de Dieulewaert, en Lorraine, et de Saint-Malo, et enfin à Paris, le collége dû aussi à l'abbé de Saint-Waast et appelé le collége d'Arras; dans ce dernier asile, des ecclésiastiques anglais se livraient surtout à la composition d'écrits de polémique religieuse.

Aux trois vœux ordinaires, les Bénédictins anglais de Douai ajoutaient l'engagement de se rendre en mission en Angleterre et d'en revenir à la volonté de leurs supérieurs.

Le 18 février 1793, les scellés furent apposés sur les divers établissements appartenant à Douai, aux anglais, écossais ou irlandais; le 8 août suivant, il fut enjoint aux membres de ces congrégations de quitter la ville, et le 12 octobre, ceux qui n'étaient pas partis furent constitués en arrestation chez eux. Le 9 février 1795, le gouvernement autorisa ceux-ci à retourner dans leur patrie, et leur délivra à cet effet des passeports. Cependant le collége anglais avait été transformé en 1794 en hôpital militaire; le séminaire de Saint-Patrice fut vendu nationalement en 1795; les jésuites écossais convertis en prison pour les suspects dès 1792 (2). Mais bientôt le premier consul reconnut, en 1801, l'existence des colléges irlandais et écossais de Paris; le 16 octobre 1802, ceux de Douai y furent réunis; en 1803, on rendit à cette

---

(2) C'est aux Ecossais, que se trouvait à la révolution, le fameux livre d'heures de Marie-Stuart, qui est maintenant à Paris, au musée des souverains.

communauté les biens qui n'avaient pas été aliénés ou dont les acquéreurs avaient encouru la déchéance; enfin, en 1805 et 1806, réunies et confirmées sous une administration commune, en faveur des catholiques et avec leur destination primitive, les institutions de ce genre, en France, furent remises en possession du vieux couvent des Bénédictins anglais. Ces religieux vinrent bientôt y rétablir un collége qu'ils ont successivement agrandi et augmenté, et qui constitue maintenant, rues Saint-Benoît et Saint-Albin, un établissement de premier ordre. Le bâtiment principal, en briques rouges et pierre blanche, date de 1760, il est spacieux et bien disposé, précédé d'une vaste cour plantée d'arbres et suivi d'un beau jardin. Une construction y a été annexée depuis dix à douze ans; elle renferme, au premier étage, une fort belle chapelle de style gothique, ornée, peinte et décorée de superbes boiseries et de vitraux; ceux-ci sont anglais et ont été exécutés à Birmingham.

Le réfectoire, aussi de style gothique, et dont les plans, comme ceux de la chapelle, sont l'œuvre de l'anglais Pugin, est placé sous celle-ci. Aux murailles sont appendus les portraits authentiques et contemporains des supérieurs du collége anglais de Douai. Au milieu, on remarque celui du cardinal Allen.

A une extrémité de la grande cour des récréations, on voyait encore naguère une portion de muraille de l'ancienne église, c'était une construction à trois nefs dans le style gothique flamboyant avec des absides pentagonales.

Ce collége donne l'éducation complète, depuis les classes inférieures jusqu'à la théologie; il compte environ 100 élèves, tous catholiques et anglais. Un riche cabinet de physique, provenant de M. Becquet de Mégille, une belle et nombreuse bibliothèque, de curieux documents manuscrits, parmi lesquel nous indiquerons des lettres autographes de Jacques II et du prétendant, quelques tableaux de maîtres, notamment un *Rubens* et un *Lesueur* complètent l'ensemble de cette importante institution, dont les religieux s'attachent spécialement à réunir tous les souvenirs épars des colléges et des couvents anglais de France, et du rôle qu'ils ont rempli.

Nous terminerons ici cet exposé, dans lequel nous avons voulu dire sommairement ce qui concerne des établissements qui furent l'honneur de notre ville. Il justifie les paroles d'un des plus grands prélats de notre temps, quand après avoir rappelé que le catholique anglais ne peut s'approcher de Douai sans que les larmes lui viennent aux yeux, il s'écriait : « Nos
» prêtres, en fondant cette maison (le séminaire de Douai),
» ne s'étaient point trompés, ils avaient dit qu'un jour, de ce
» lieu, sortirait la lumière qui éclairerait l'Angleterre, et la
» lumière a paru, et le feu sacré brille et il s'étend toujours
» davantage (1) »

M. Weale (2) rapporte une anecdote que nos lecteurs ne nous pardonneraient pas d'oublier. Après la Restauration, le gouvernement anglais réclama une indemnité pour les propriétés, dont les établissements catholiques énumérés plus haut se trouvaient dépossédés ; elle fut fixée à 2,250,000 fr. (90,000 livres sterlings.) Mais le gouvernement anglais la garda sous prétexte qu'elle était destinée à un emploi superstitieux, et il la dépensa plus tard dans la construction du *Pavillon*, à Brighton.

---

(1) Discours de Mgr. le cardinal Wisemann, dans la cathédrale de Cambrai, le 22 août 1852.

(2) Belgium, Aix-la-Chapelle and Cologne, London, 1859, p. 22.

MAISON DU TEMPLE.

L'ordre du Temple a possédé à Douai deux maisons distinctes, l'une était *l'hôpital de Saint-Samson*, fondé dans la rue actuelle de ce nom, à la fin du XIIe siècle ou au commencement du XIIIe, par Garin, d'abord chanoine de Saint-Amé, puis archevêque de Thessalonique; il était destiné à recevoir, héberger et nourrir les pauvres passants, il n'en reste plus rien aujourd'hui.

L'autre portait le nom de *Maison de Notre Dame*, c'est celle dont nous allons dire quelques mots. Elle fut fondée au mois d'octobre 1155, près de l'ancienne porte des Wetz, dans un terrain alors marécageux, par Thierry d'Alsace, comte de Flandre. Philippe d'Alsace, son fils et son successeur, augmenta, en 1175, les donations faites par son père, à la demande de Bauduin de Gand, son neveu, commandeur de la baillie des maisons du Temple en Flandre; les chevaliers qui s'y établirent d'abord venaient de la maison du Temple d'Arras.

En 1282, une rixe sanglante avait eu lieu dans l'enclos de la maison de Notre-Dame, entre les Templiers d'une part, et Pierre de Douai, de la famille des châtelains de la ville, accompagné de Jehan de Wattines. Ce dernier fut tué, mais les Templiers furent absous de cette mort, comme ayant agi en cas de légitime défense.

Lorsqu'à la fin du XIIIe siècle, les échevins de Douai voulurent enceindre de murailles les accroissements que la ville avait pris dans le marais douaisien, la maison du Temple se trouva renfermée à l'intérieur et aux pieds des remparts.

Le 13 octobre 1307, vers sept heures du matin, les frères de l'ordre de la milice du Temple, tant de la maison Notre

Dame que de celle de Saint-Samson, furent arrêtés par le bailli de Douai, son lieutenant et ses sergents, et conduits prisonniers à la vieille tour. C'est l'époque où semblables mesures de rigueur furent prises en France contre cet ordre puissant. Le 18 octobre, l'enquête ecclésiastique fut commencée contre eux par Gérard, évêque d'Arras, en personne, qui délégua bientôt ses pouvoirs au frère Vautier, inquisiteur de la foi. Plus heureux que le Grand Maître et que la plupart de leurs frères, les Templiers de Douai ne furent point menés au supplice, ils paraissent au contraire avoir été mis en liberté, dès le mois de mai 1309.

En 1312, par suite de la suppression de l'ordre, les biens qu'il possédait à Douai, passèrent à celui de Saint-Jean de Jérusalem.

Le Temple de Douai a, dit-on, été abandonné par les chevaliers de Malte, vers 1762. Il devint propriété nationale en 1792. Enfin l'Etat le vendit en 1795; ce qui reste encore a d'abord été converti en ferme, c'est maintenant une habitation particulière.

Les constructions qui composaient originairement la maison Notre-Dame, furent successivement diminuées par l'envahissement des fortifications qui les avoisinaient, au XIVe siècle d'abord, puis en 1540, lors des travaux ordonnés par Charles-Quint. Depuis, l'incurie des différents propriétaires a laissé tomber en ruines la chapelle ; les fossés se sont comblés, et le monument ne donne plus qu'une idée fort imparfaite de ce qu'il était autrefois. On voit cependant encore aujourd'hui l'entrée principale de la maison des Templiers, c'est une porte ogivale, flanquée de tourelles, et surmontée d'une pierre clef de voûte, sur laquelle sont sculptées une croix de Malte et des armoiries mutilées. En franchissant la porte d'entrée, on passe entre deux murailles élevées, et on arrive dans une cour irrégulière qu'entourent, d'un seul côté, les bâtiments d'habitation ; à l'un de leurs angles existe encore une tourelle qui confine à la rue du Rempart. On a découvert, au moment de la démolition de la chapelle, des peintures à fresque, représentant la fondation de l'ordre ou une prise d'habit. Ces peintures semblaient contemporaines de la construction primitive de la chapelle, c'est-à-dire du XIIIe siècle. Quelques chapitaux romans, d'époque antérieure, sculptés sur grès, se voient actuellement au Musée de la ville. L'âge des bâtiments existant aujourd'hui est difficile à déterminer; des restaurations successives leur ont fait perdre une partie de leur caractère. Cependant, dans les portions restées intactes, on remarquera que les murs sont composés de briques placées peu régulièrement, et que les matériaux, liés entre eux par un ciment contenant des débris, sont de dimension plus considérable que ceux employés depuis plusieurs siècles.

Grâce à ces éléments, et en notant la forme architecturale générale, on peut sans trop s'avancer, affirmer que les débris de la maison du Temple ne sont pas postérieurs au XVe siècle.

ARSENAL.

Sous la domination espagnole, Douai avait son arsenal dans la rue des Mouriers (actuellement rue de la Comédie), on y accédait par une petite ruelle, et il était limité au sud par le jardin des arbalétriers, c'est-à-dire par l'emplacement des anciennes fortifications. Mais aussitôt après la conquête de la ville en 1667, Louis XIV voulut y établir, non-seulement un magasin d'armes, mais encore un arsenal de construction, et, à cet effet, il fit choix d'une partie du prieuré de Saint-Sulpice, sis dans la rue de ce nom et appartenant à l'abbaye des Bénédictins d'Anchin; le reste fut acheté par la ville et converti en caserne. Déjà, en 1639, ces bâtiments, affectés pendant cinq mois à un hôpital pour les troupes royales, avaient notablement souffert.

L'enceinte de l'arsenal de Douai a été considérablement augmentée, grâce aux acquisitions faites par l'État de l'ancien refuge de Saint-Amand, des norteries y adjacentes (1), de la plus grande partie du couvent des Carmélites et enfin d'une portion de l'hôtel de Nédonchel, les 22 janvier, 4 décembre 1818 et 11 février 1820.

Depuis ces accroissements successifs, l'arsenal, qui s'étend maintenant de l'Esplanade à la rue Morel, et de la rue Gamez et des Carmélites à la caserne Saint-Sulpice, est, même dans son état actuel, un des plus importants et des plus beaux de France ; que serait-ce s'il était terminé ? L'hôtel du général d'artillerie, dont la façade est placée rue Morel, forme comme une annexe de cet arsenal.

Toutes les constructions, élevées à l'arsenal depuis 1818, sont conformes à un plan d'ensemble arrêté par le comité d'artillerie à Paris ; les vieux bâtiments qui subsistent encore feront successivement place à de nouveaux, conformément aux mêmes plans. Ce sont des séries de pavillons ou de corps-de-logis d'apparence simple, mais non sans élégance ; les cours sont d'une vaste étendue et nivelées avec soin.

En 1827, on a construit un magasin pour les bois débités, où s'empilent d'avance régulièrement et avec de grandes et minutieuses précautions, les approvisionnements nécessaires aux travaux de plusieurs années. Il est, en effet, des plus important, de ne faire usage que de bois sains et bien secs pour la

---

(1) On appelle norteries, à Douai, des espèces de fermes situées dans la ville et destinées surtout à l'élève du bétail et à la vente du lait.

confection d'un matériel qui doit réunir la précision à une grande résistance.

L'atelier des ouvriers en bois date de 1829.

En 1830 et en 1831, on a construit deux ateliers pour les ouvriers en fer, avec de superbes forges à quatre feux.

En 1832, on a établi un magasin aux métaux, aux outils, etc.; l'ordre qui y règne est véritablement remarquable; on y voit aussi un plan général en relief de l'arsenal.

En 1834, l'atelier, dit *des tours*, qui, augmenté en 1860, se compose de diverses machines opératrices importantes, mises en mouvement par une machine à vapeur. Dans le même bâtiment sont installés les appareils employés pour l'embattage des roues. Le débit des bois de construction s'effectue dans un vaste local, à la suite duquel on a établi l'atelier de peinture.

La salle d'armes et son atelier sont situés à l'étage d'un bâtiment terminé en 1857 ; on y retrouve l'ordre parfait qui distingue tous les magasins de ce genre en France.

Le magasin et l'atelier de harnachement sont dans un autre bâtiment, achevé en 1860, et dont le rez-de-chaussée, comme celui du précédent, contient du matériel de campagne et de siége.

Dans l'une des cours de l'établissement se trouve le parc aux bouches à feu ; à l'extérieur, près de l'Esplanade, la fosse aux moyeux et le magasin de l'équipage de ponts.

Tous les bâtiments sont clairs et aérés, et ils sont disposés aussi convenablement que possible pour répondre aux besoins du service.

L'arsenal, en temps ordinaire, est desservi par une compagnie d'ouvriers d'artillerie, auxquels on adjoint un certain nombre d'ouvriers civils des divers corps d'état et en cas d'urgence même des militaires ; en 1830 et 1831, le total des ouvriers employés atteignit douze cents ; il fut d'environ six cents en 1840 et 1841.

Comme nous l'avons déjà dit, l'annexe appelée *les Chartreux* renferme de vastes magasins de matériel et le parc aux projectiles. Les ateliers de confection des munitions et des artifices de guerre sont installés sur le terre-plein du rempart près de la porte d'Équerchin ; ces établissements réunis occupent une superficie totale de dix hectares. Ils sont sous les ordres du colonel directeur d'artillerie de Douai; un officier du grade de lieutenant-colonel ou de chef d'escadron est chargé de la direction et de la surveillance supérieure des travaux, ainsi que de celles des diverses parties du service confiées aux capitaines et aux employés de l'arsenal et de la place de Douai.

Pour pouvoir être admis à visiter l'arsenal, il suffit de s'adresser au concierge de l'établissement.

LYCÉE IMPÉRIAL ET PETIT COLLÉGE.

Aussitôt après l'érection de l'Université de Douai en 1561, les grandes abbayes d'hommes des environs, qui du reste, contribuaient annuellement à sa dot, voulurent participer à l'instruction de la jeunesse en même temps qu'à celle de leurs religieux et de leurs novices, en fondant, dans la ville même, des établissements publics d'instruction secondaire, proprement appelés colléges. Dès 1564, les abbés de Marchiennes et d'Anchin, poussés d'un même zèle, en bâtirent un à frais communs, mais bientôt ils lui en substituèrent deux distincts.

Dom Jean Lentailleur eut l'honneur de la création du collége d'Anchin; dès 1566, il commença à mettre la main à l'œuvre. Cette fondation contenait trois quartiers pour les élèves de différentes catégories et un quatrième réservé aux professeurs. Elle fut approuvée par le roi d'Espagne, le 28 janvier 1568, et par lettres du 17 janvier 1569-1570, l'abbaye d'Anchin avec l'autorisation de l'Université, en donna définitivement la direction, aux Pères de la Société de Jésus, avec une dotation de mille florins par an, à condition que l'instruction y serait gratuite. L'inauguration solennelle du collége avait eu lieu le 20 octobre 1568 ; la ville de Douai, pour son agrandissement, avait donné toute l'étendue de deux rues qui y furent enclavées.

Lors de la dissolution de l'ordre des Jésuites en France, le collége, à partir du 1er avril 1765, fut desservi à la fois par des prêtres et par des séculiers; mais Louis XV le confirma le 1er mai 1767 et il subsista ainsi jusqu'à la suppression virtuelle de l'Université de Douai en 1793.

A l'époque de la reconstitution de l'instruction publique, un lycée impérial fut érigé à Douai en 1808 et on choisit, à cet effet, les anciens bâtiments du collége d'Anchin. Les hommes de trente à soixante ans, qui ont fait leurs études à Douai, n'ont pas encore oublié ces vieilles constructions aux rares fenêtres; ces classes humides et sombres dont un grand poteau soutenait le plafond aux poutres apparentes ; les immenses ancres qui traçaient sur la façade de la rue des Ecoles le mot Anchin; les boulets que les siéges de Douai avaient incrustés dans cette même façade ; les grands ormes séculaires de l'immense cour et au fond de celle-ci les arcades couvertes où l'on allait fumer et quelquefois se battre loin de l'œil des maîtres d'études. Tout cela avait son cachet, mais tout cela tombait à peu près en ruines; la ville de Douai se décida alors à faire les sacrifices pécuniaires auxquels nous devons le nouveau Lycée.

Les plans et les devis sont de M. Mallet, alors architecte de la ville ; la première pierre de l'édifice fut solennellement posée le 26 octobre 1840, par M. Honoré, avocat, alors maire de Douai, accompagné de ses adjoints, et en présence du recteur, des fonctionnaires de l'établissement et de diverses notabilités.

Le terrain sur lequel est érigé le lycée, présente à peu près la forme d'un rectangle, borné par les rues des Ecoles, du Musée, des Carmélites, et les jardins des maisons de la rue Morel; il a cent soixante-quinze mètres de longueur sur cent quarante-cinq de largeur, ce qui donne une superficie de vingt cinq mille trois cent soixante-quinze mètres carrés.

Ce bel établissement se compose :

I. De deux ailes de bâtiments parallèles, séparées entre elles par une vaste cour, appelée cour d'entrée ou d'administration; la longueur moyenne de chaque bâtiment est de cinquante mètres. Dans celui de droite se trouvent: le logement du proviseur, le parloir et la plus grande partie de l'infirmerie; l'autre partie de l'infirmerie est placée, ainsi que le logement de l'aumônier, dans un bâtiment additionnel construit en 1853 entre les jardins de ce dernier et du proviseur, et qui rejoint presque la chapelle. Celle-ci, située à l'angle de la rue des Ecoles et de la rue du Musée, est à peu près tout ce qui reste du collége d'Anchin.

Avant 1852, la chapelle du lycée était au rez-de-chaussée, et à partir du premier étage se trouvaient des dortoirs convertis, il est vrai, depuis quelques années, en salles de dessin, en chambres de maîtres et de domestiques. A cette époque, l'administration ayant retrouvé la trace de la magnifique voûte, construite en 1613, par l'ordre de don Jean Le Meere, abbé d'Anchin, fit abattre les divers planchers qui, du premier étage au sommet du toit, coupaient le vaisseau en plusieurs autres étages, et procura ainsi au lycée impérial une chapelle vaste, commode, et remarquable par quelques sculptures et quelques tableaux qui sont loin de manquer de mérite.

Quant à l'ancienne chapelle du rez-de-chaussée, aujourd'hui convertie en magasin, elle contient encore des sculptures en bois qui, sous forme de caryatides, présentent une véritable œuvre d'art ; signalons encore pour en finir de suite avec ce bâtiment, la jolie niche en pierre blanche sculptée, tout à fait dans le goût flamand du commencement du XVIIe siècle, qui décore à l'extérieur l'encoignure des rues des Ecoles et du Musée.

Le bâtiment, que l'on trouve à sa gauche lorsqu'on pénètre dans la cour d'entrée ou d'administration, comprend le logement et les bureaux de l'économe, la lingerie, les cuisines et toutes leurs dépendances, avec un jardin et des cours de service ouvrant sur la rue des Carmélites.

II. Un vaste bâtiment transversal à deux étages réunit entre elles les deux ailes de droite et de gauche au fond de la même cour d'entrée; sa longueur est de quarante-quatre mètres et il comprend au rez-de-chaussée, deux grands réfectoires avec cabinets servant d'offices. Les étages se composent de quatre dortoirs avec vestiaires et chambres de maîtres et de domestiques. Le milieu du bâtiment forme avant corps et présente un large passage fermé par une grille. La partie supérieure de l'avant-corps est surmontée d'un fronton aux armes de la ville, avec horloge et clocheton ; aux points de jonction de ce bâtiment central et des deux ailes en retour, se trouvent deux passages et les grands escaliers principaux formant la communication avec tous les autres bâtiments.

III. Au-delà de la partie que nous venons de décrire, et établis dans le prolongement de ceux de l'administration, existent deux autres bâtiments ayant chacun quatre-vingt-dix mètres de développement; treize classes, le dessin géométrique, deux laboratoires, deux études, le cabinet du censeur, deux cages d'escalier, enfin deux passages, l'un conduisant au gymnase découvert et l'autre servant de communication entre le grand et le petit collége, y sont contenus. A l'étage on y trouve quatre grands dortoirs avec vestiaires et chambres de maîtres et de domestiques ; dans les parties en retour ou formant marteau sont placés : le grand amphithéâtre de physique, le cabinet de physique, la salle du dessin d'imitation, la grande bibliothèque, la bibliothèque classique et deux études.

IV. Deux autres petits bâtiments sans étages forment le prolongement du bâtiment central à ses deux extrémités ; destinés d'abord uniquement pour les leçons particulières d'arts d'agrément, ils ont dû être depuis appropriés de manière à procurer en outre quatre études et deux préaux couverts pour les récréations du soir, une salle de bains et une salle d'armes.

Trois cours immenses plantées d'arbres et en grande partie cultivées par les enfants sous forme de jardins, sont laissées aux élèves pour leurs récréations ; elles présentent de plus le rare avantage d'être bordées de galeries couvertes, servant de promenoirs et permettant en tout temps et en toute saison de circuler à pied sec. Dans la première cour se trouvent *les grands*, dans la deuxième *les moyens*, dans la troisième *les petits*.

Indépendamment des bâtiments désignés ci-dessus et à côté du grand lycée s'est élevé, en 1860, un *petit collége* destiné uniquement aux tout petits enfants, c'est-à-dire non-seulement aux élèves de 7me et de 8me, mais même à ceux qui ont encore besoin de prendre des leçons de lecture et d'écriture pour suivre avec fruit la classe de huitième.

Le premier vote de fonds du conseil municipal pour cet objet, est du 23 janvier 1860.

Bâti entre cour et jardin, avec une entrée spéciale sur la rue des Carmélites, cet édifice, dû à l'architecte ordinaire de la ville M. Meurant, est chargé d'une décoration polychrome d'un goût douteux. Il contient, outre le logement du censeur et celui d'un surveillant général, attachés tout particulièrement au petit collége, deux vastes dortoirs, un réfectoire, trois classes, trois études, un vestiaire pour les demi-pensionnaires et les externes, un parloir, un gymnase couvert, un grand préau couvert, des chambres de maîtres et de domestiques et des salles de musique.

Jouissant de l'exposition du midi, offrant aux enfants une cour spacieuse, qui est plutôt un grand jardin suivi d'autres jardins, le petit collége présente, au point de vue hygiénique, des conditions de salubrité qui se rencontrent rarement à un aussi haut degré dans l'intérieur d'une ville.

Le lycée impérial de Douai, construit d'abord pour 220 internes seulement, en compte aujourd'hui près de 300, et grâce à l'heureuse extension fournie par le petit collége, il pourra bientôt en contenir sans encombrement plus de 350.

Ce vaste établissement d'instruction publique, de beaucoup l'un des mieux situés et l'un des plus complets qui soient en France, aura coûté environ 700,000 francs, tant à l'Etat qu'à la ville de Douai. Il prouve avec quelle libéralité intelligente cette dernière sait s'imposer les plus grands sacrifices quand ils doivent profiter au pays.

On est admis à visiter le lycée en s'adressant à M. le Proviseur. L'étranger est certain de trouver, dans le fonctionnaire actuel, autant de complaisante politesse que de spirituel savoir.

MUSÉE ET BIBLIOTHÈQUE PUBLIQUE.

Lorsque les PP. Jésuites eurent été appelés à Douai, vers 1568, par D. Jean Lentailleur, abbé d'Anchin, pour y diriger le collége que ce dernier venait d'y établir, ils reçurent en même temps une maison appropriée à leur habitation, avec cour et jardin, et il leur fut fourni un local convenable pour édifier une église, qui ne fut bâtie cependant qu'en 1586. On en voit encore la porte en pierres bleues, dans la rue du Musée; elle portait l'inscription : *Sacrum et terribile nomen Jesu* (1). Leur couvent était attenant au collège. Il prit bientôt une grande extension, car dans la rue actuelle *de la Charte*, il se prolongeait jusqu'à la place Saint-Jacques. Les PP. y restèrent jusqu'à leur suppression, en 1765. En 1764, ils avaient érigé, à l'extrémité du bâtiment principal, un observatoire surmonté d'une girouette en forme de télescope et qui a été récemment démoli. Après l'expulsion des Jésuites, leur couvent, à l'exception des constructions sur la rue de la Charte, fut affecté à l'usage de l'Université, qui s'y trouva transférée avec ses écoles publiques, son tribunal et ses archives, en vertu des ordonnances des 1er mai 1767 et 21 juin 1771; cet état de choses subsista jusqu'en 1793, époque où l'Université fut virtuellement abolie. Le rez-de-chaussée du principal corps-de-logis, les dépendances et les greniers servirent alors de dépôt aux livres, aux tableaux et aux objets de toute nature provenant des églises et des monastères supprimés. En 1808, après la réorganisation de l'instruction publique, des facultés des sciences et des lettres devaient être annexées au lycée de Douai. La faculté des lettres seule fut organisée en 1809, elle ne subsista que jusqu'au commencement de l'année 1816. Les cours s'en faisaient dans l'ancienne maison des PP. Jésuites.

Dès avant cette époque, et vers 1807, un certain nombre d'hommes dévoués à la science et douaisiens de cœur, avaient

---

(1) Voir ce que nous avons dit du collége d'Anchin, à l'article relatif au lycée.

conçu le projet de tirer parti des trésors que la ville avait sous la main, d'y joindre des collections d'histoire naturelle et d'anatomie, et de doter ainsi la cité d'un musée qui offrît aux études le complément des ressources que la bibliothèque, installée au premier étage de l'édifice, leur assurait déjà. Au nombre de ces citoyens, nous signalerons spécialement MM. Louis Duquesne, Reytier et Potiez-Defroom. Leur zèle infatigable n'a pas peu contribué à la formation, à l'accroissement et au premier classement, dans ces mêmes bâtiments, des collections qui l'occupent encore aujourd'hui. Ils furent d'ailleurs vivement secondés dans leurs efforts, par M. De Forest de Quartdeville, alors maire de Douai.

Le musée s'augmenta peu à peu à l'aide des dons des amateurs, de ceux du gouvernement et d'une allocation annuelle de la ville ; malheureusement aussi, il fut privé, à plus d'une reprise, par des ventes imprudentes, de morceaux rares qu'au prix de l'or on ne parviendrait plus aujourd'hui à y réintégrer. Le 1er décembre 1818 notamment, on mit aux enchères, sous prétexte d'encombrement, une foule de tableaux qui furent adjugés à vil prix. Des panneaux qui ne trouvèrent point amateur forment aujourd'hui un des ornements de notre galerie de peinture. Que dire du vandalisme qui, pendant les guerres de la République et de l'Empire, transformait en caisses les tableaux gothiques peints sur bois entassés dans ce dépôt public, et qui les envoyait aux magasins des Chartreux, se remplir de gargousses fabriquées avec les feuillets de parchemin et les miniatures de nos manuscrits !...

Si ces pertes cruelles n'ont pas été complètement réparées pour notre musée, elles se sont du moins adoucies par l'addition de cabinets tout entiers, grâce à la libéralité de leurs possesseurs ou à des sacrifices intelligents de la municipalité. C'est ainsi que nous fûmes assez heureux, en 1833, pour enlever aux Anglais, qui la convoitaient déjà, l'importante collection d'antiquités romaines, réunie à Bavai par l'abbé Carlier (1). C'est ainsi encore, que les tableaux, les meubles et les objets d'arts, amassés par le Dr Escallier, ont été légués par lui à sa ville natale en 1857 ; c'est ainsi enfin que de nombreux objets d'histoire naturelle ont été, en 1858, donnés au musée, par Mme veuve Balthazar, d'après le vœu exprimé par son mari. Une mention plus reconnaissante encore est due à l'enfant de la cité, à l'éminent statuaire, qui, à l'exemple de David d'Angers, a voulu voir réunis dans sa ville natale, mais de son vivant même, les modèles de ses œuvres, ses études, les livres, les gravures et les dessins qu'il avait colligés, et jusqu'aux manuscrits dans lesquels il avait déposé le fruit de ses méditations sur l'art. (2)

Ces accroissements successifs ont fait de notre musée le plus important du département du Nord, comme ensemble, et l'un des plus riches de province, pour les sections d'archéologie et d'histoire naturelle.

On entre au musée, par une grille placée dans la rue à laquelle ce monument a donné son nom. A droite, est le logement du concierge, à gauche, un dépôt de pompes à incendie ; c'est derrière cette construction, que se trouvent les hangars où la famille Gayant et son cortége attendent, dépouillés de leurs ornements, leur résurrection annuelle. Un peu plus

---

(1) M. de Guerno, alors maire de la ville, en présence de l'hésitation que montrait le Conseil municipal à faire une dépense relativement assez considérable, avança généreusement les fonds de ses deniers personnels, en laissant la ville maîtresse de l'époque du remboursement.

(2) M. Théophile Bra, auteur de l'Ulysse du Palais-Royal, du Christ en bronze du tombeau des Merlin de Maingoval à Valenciennes, etc., etc.

loin, dans un vieux bâtiment, sont disposés les laboratoires du préparateur. Ils doivent, à ce qu'on assure, céder incessamment la place à une galerie destinée à mettre les tableaux dans leur jour véritable, et à les sortir des salles basses où ils sont exposés actuellement aux atteintes fatales du soleil et de l'humidité.

Une partie du jardin, agréablement dessinée, et ornée de beaux arbres, a dû être transformée momentanément en un chantier de construction, depuis les travaux entrepris en 1858-1859. Ces travaux doubleront les galeries devenues insuffisantes; on devait aussi y placer, dans un local spécial, toutes les œuvres de M. Bra, conformément à la promesse faite au donateur.

Le bâtiment qu'on a en face de soi se compose de deux portions d'époques différentes; celle de gauche seule appartient à l'ancien couvent des Jésuites; l'autre, dont la première pierre a été solennellement scellée le 9 mars 1852, forme la première série des accroissements nécessaires dont nous venons de parler.

En entrant dans le vestibule par l'avant-corps de gauche, on remarquera tout d'abord un groupe en plâtre, *Napoléon au Pont d'Arcole,* œuvre d'un douaisien, *M. Blavier.* On a réuni dans ce même vestibule quelques pierres couvertes d'inscriptions romaines, des tombeaux gothiques, les plâtres des statues de *saint Pierre et de saint Paul,* de M. Bra, et un tronc de *palmier fossile,* fort curieux, trouvé en 1836 dans une des houillères d'Anzin.

A gauche, dans le vestibule même, s'ouvre la galerie consacrée aux *préparations anatomiques;* elles sont dues, en grande partie, aux soins éclairés de plusieurs des médecins de la ville, qui avaient réuni d'abord pour l'utilité du cours public d'anatomie, des pièces intéressantes auxquelles ils en ont ajouté depuis de nouvelles. La série de la squélettologie humaine est une des plus complètes que l'on puisse former; à l'extrémité de la galerie, on trouve, dans une petite salle, une *collection tératologique* très-remarquable. Pour en donner la preuve, il nous suffira de citer un *ischiopage humain*, seul ou rare exemple connu depuis la restauration de la critique scientifique moderne, et un *diglotte humain*, don de M. le docteur Maugin père; ce genre tératologique n'est pas même cité dans l'ouvrage spécial du savant Isidore Geoffroy Saint-Hilaire. On remarque aussi dans l'*anatomie comparée* une belle tête d'éléphant, rapportée du midi de l'Afrique par notre compatriote, l'ardent voyageur Adolphe Delegorgue, et des ossements antédiluviens trouvés dans nos environs.

Dans la galerie d'anatomie, on a placé provisoirement un certain nombre de tableaux modernes, parmi lesquels : un paysage de *Giroux* (*vue d'Arco-Scurro*, Italie), N° 165. Deux études estimables de notre compatriote, *M. Erasme Druelle*, mort professeur-adjoint à l'école municipale de dessin (N° 185). *La cérémonie funèbre des ducs de Penthièvre dans la chapelle de Dreux* (N° 141), par *Boisselat*, et enfin, un tableau de fleurs, d'objets d'orfévrerie, etc., sous le N° 73, de l'école hollandaise.

La galerie qui dans le vestibule fait pendant à celle dont nous venons de parler, est actuellement fermée ; elle contient la plus grande partie du *musée de sculpture;* espérons que les nombreux objets qui y sont déposés ne tarderont pas à voir le jour.

Dans l'espace rectangulaire, qui à la suite du vestibule, sépare la salle d'archéologie de celles consacrées à la peinture, on a réuni un certain nombre de pierres tumulaires et d'antiquités ; parmi les premières, il faut remarquer le N° 437, marbre de Tournay offrant l'image sculptée en creux, d'un religieux de l'ordre de Saint Jean de Jérusalem, F. Simon de Thiennes commandeur de Villedieu, mort au commencement du XVe siècle. Ce monument funéraire provient de la chapelle des Templiers de Douai. Un autre (N° 448), sur pierre noirâtre, représente un prêtre aux pieds de la Vierge qui tient l'Enfant-Jésus; l'inscription qui se trouve au-dessous donne la date 1400, la sculpture est d'un faire caractéristique de l'époque.

La salle d'archéologie s'ouvre à gauche; elle est garnie sur tout son pourtour d'armoires vitrées; le centre est occupé au contraire par des objets de grande dimension. Nous allons la parcourir rapidement, en commençant par le côté gauche. Les premières vitrines renferment les antiquités romaines et gallo-romaines; une grande partie de cette collection formait le cabinet du curé de Bavai, dont le portrait est placé au-dessus de la porte de la salle. Poteries de différents âges, de toutes dimensions et de toutes couleurs, depuis le vase grossier de terre noire, jusqu'à la coupe samienne de terre rouge. (Dans cette série, on remarquera le N° 740, vase orné de dessins élégants, feuillages et palmettes). Fibules, agraffes, bagues et autres objets en bronze, en or, de la vie journalière des anciens. Urnes cinéraires, vases lacrymatoires, lampes funèbres, et en général tout ce qui se trouve dans les tombeaux (voyez notamment, N° 258, une urne cinéraire en plomb trouvée à Bavai dans le tombeau de Julia Fœlicula, dont le cippe décore le vestibule), tout cela ne forme qu'une fraction de ce précieux ensemble. Puis viennent les objets d'art proprement dits, tels que statuettes, bustes, etc., en bronze; ceux destinés aux sacrifices ou à l'ornement des temples. Nous avons à signaler dans cette catégorie deux objets tout-à-fait hors ligne. Ce sont : N° 372, un trépied en bronze, orné de têtes de bacchantes, il provient de Bavai, et il a attiré à juste titre l'attention des antiquaires les plus éminents ; N° 574, une petite statue en bronze d'Antinoüs, charmante œuvre d'art du travail le plus délicat.

Les armoires suivantes renferment ce que le musée possède sur les éléments Egyptien, Etrusque et Celtique. Nous appellerons l'attention sur deux coins ou haches en amphibole et talc, remarquables en ce qu'elles portent grossièrement sculptée une face humaine. Elles ont été trouvées à Izel-lès-Equerchin, près de Douai (n°s 703, 704).

Les dernières vitrines du côté gauche contiennent des sculptures sur bois, marbre, albâtre et ivoire, pour la plupart appartenant au Moyen-Age et à la Renaissance. Signalons les n°s 3, 4, 5 et 6, quatre bas-reliefs en demie ronde-bosse, représentant des sujets religieux ; le n° 30, bas-relief en albâtre, comprenant 26 personnages ; le n° 65, magnifique chapelet en ivoire dont chaque grain est une petite tête sculptée, il y en a en tout 59 dont 6 plus grandes. La variété infinie des figures et des coiffures en fait un objet d'étude des plus attrayant ; il paraît pouvoir être rapporté à la fin du XVe siècle.

Parmi les objets plus modernes on ne verra pas sans intérêt deux œuvres d'un douaisien, *Corbais* ; n° 35, *un vieillard*, ancien afficheur public de la ville, et n° 41, *Prométhée*, buste demi-nature, terre cuite.

On est parvenu ainsi au fond de la salle ; les boiseries dont la muraille est revêtue appartiennent à la décoration qui fut posée en 1770 pour l'Université. Contre ces boiseries s'élèvent 11 chapiteaux ou fragments de chapiteaux de style corinthien trouvés à Bavai. On remarque sur les deux plus importants les bustes en relief de Junon et de Jupiter (n°s 717 à 727). Au centre est une pierre portant l'inscription commémorative du passage de Tibère à Bavai (n° 728). Enfin, appuyée contre cette pierre, se trouve une grande plaque en bronze de près d'un mètre de hauteur, sur laquelle est gravée l'épitaphe de Charles II, comte de Lallaing, mort en 1558.

Nous abordons maintenant les armoires de droite, à partir du fond et en nous dirigeant vers la porte. Après les premières vitrines occupées par des bois sculptés de la renaissance flamande et par quelques faïences ou carreaux émaillés, on arrive à celle qui contient les bijoux et les objets d'un usage religieux. On remarquera sous le N° 139, une coupe en cornaline, montée en argent ciselé et doré, de l'époque de la renaissance, et sous le N° 154, une montre en forme de croix d'un côté, et de l'autre recouverte d'un cristal de roche taillé en fleur-de-lys.

Dans l'armoire N° 20, une plaque de bronze ciselée, représente un prêtre, le ciboire sur la poitrine; elle provient d'un tombeau et doit remonter au commencement du XVe siècle (N° 178). Elle a 1^m 35 de hauteur.

Les vitrines suivantes sont remplies d'une collection de vieux grès flamands et allemands, et de faïences de diverses époques et de diverses provenances. Parmi ces dernières, n'oublions pas le *joueur de vielle*, de Bernard Palissy (N° 254), et une coupe en terre cuite ornée de six têtes, également très-authentique, du même auteur (N° 259). Enfin un grand plat en grès, couvert d'un vernis bleu et de dorures, chargé d'ornements et qui paraît remonter à l'époque de Louis XII (N° 256).

Dans l'armoire N° 23, sont disposées les *verreries*. La pièce capitale est sans contredit le verre dit *des Huit-Prêtres*, parce qu'il provient de cet hospice. Il est monté sur un pied en argent ciselé et doré, et porte sur son pourtour une inscription en langue syriaque. A côté, on verra l'étui en cuir travaillé qui le contenait N°s 265 et 266).

Au-dessus de cette même armoire, la fenêtre est occupée par un vitrail bien conservé, sur lequel est peinte *sœur Marie de Monchecourt* aux pieds d'une Vierge rayonnante, il porte la date de 1531 (N° 431).

Nous passons rapidement devant les vitrines contenant les chinoiseries, les armes et divers objets d'ethnographie, pour nous arrêter un instant à un koran manuscrit, très-ancien, venant de la Sénégambie (N° 72), et dans la dernière armoire, près de la porte, devant un éventail républicain (N° 207), qui porte bien le cachet de son époque. N'oublions pas, près de là, un parallélipipède d'ardoise fine, sculptée en creux sur les deux faces et représentant, d'un côté, un combat judiciaire entre deux chevaliers ou un tournoi, et de l'autre, *Jacques Arteveld*, suivi de ses guerriers, entrant dans une ville fortifiée. Ce travail curieux est, d'après le costume des personnages, du milieu du XIV° siècle.

Au centre de la salle sont placés, à partir de la porte d'entrée, deux bornes de cirque romain, provenant de Bavai; entre elles se trouve un des chefs-d'œuvre de M. Bra : un torse en marbre blanc, reproduction par l'artiste lui-même du Christ du tombeau de la famille Merlin de Maingoval, à Valenciennes; vient ensuite le mausolée de Jehan de St-Pierre Mesnil dit de Hingette, seigneur de Fretin, accosté de ses deux femmes (XV° siècle, N° 397, marbre de Tournay). Un peu plus loin, la statue à mi-corps, en pierre, d'une femme qui lève les bras au ciel dans l'attitude de la douleur; elle faisait partie d'un calvaire à l'abbaye d'Anchin, et elle est déjà citée comme un morceau remarquable dans le voyage littéraire des deux bénédictins, D. Martène et Durand.

Tous les morceaux qui suivent sont la représentation de personnages de l'illustre famille des Lallaing. Dans le nombre, l'attention se fixera sur la statue en albâtre de Charles II de

Lallaing, nu, et couché sur une natte (N° 404); et sur le magnifique mausolée de Charles Ier de Lalaing, où il est étendu armé de toutes pièces; le socle de marbre noir est encastré de médaillons en albâtre (N° 405). Charles Ier de Lallaing, chevalier de la toison d'or, mourut en 1527, à Audenarde, et fut inhumé à l'abbaye des Prés à Douai.

Sous le N° 406, on trouvera l'*Aristodème*, en marbre blanc, de M. Bra; et enfin, sous le N° 407, un instrument de torture ou plutôt des *ceps* en chêne revêtus de fer. Ils proviennent de l'une des tours de l'ancien château de Montigny.

Dans cette salle, encore par suite du manque de place, quatre grands tableaux ont dû être provisoirement posés au-dessus des armoires de gauche. Le plus saillant est une *Adoration des Mages*, œuvre capitale de *Van-Herp*, élève de Rubens; les trois autres sont de MM. Omer Charlet, Moulignon et Fromentin, (*une rue d'El Aghouat en Algérie*).

La partie de la galerie de peinture que les exigences des constructions nouvelles ont permis de laisser accessible au public, s'ouvre en face de la salle d'archéologie; elle est partagée en deux travées. En entrant et à gauche on verra d'abord une belle marine de *Van Menderhoot*, avec un grand nombre de figures dans le goût de *Berghem*. Sur cette même paroi, nous signalons les N°s 23, *Adoration des Mages*, par *Franck le jeune*, d'après Rubens; — N° 211, le *festin de Balthazar*, par *Franck le vieux*; — N° 186, *Ruines romaines*, animées d'un troupeau de chèvres, par *Knip*, signé et daté de 1825; — N° 2, un grand tableau authentique de *Gaspard de Crayer*: cette belle toile représente le *Christ et la Vierge intercédant pour une âme du purgatoire*; elle provient d'une église de Douai.

En dessous des fenêtres se trouve rangée une série d'esquisses par les différents auteurs (Wamps, Ménageot, Deshays,

Barthélemy, etc.), des œuvres qu'on voit encore aujourd'hui dans les églises de Douai. Elles présentent de l'intérêt à ce point de vue.

Sur la paroi, en face de l'entrée de cette même salle, on remarquera : 1° Au-dessus de la porte de communication, un grand tableau longtemps attribué à Rubens, mais qui nous paraît plus vraisemblablement d'un des Bellegambè de Douai, c'est un *Jugement dernier;* à la partie inférieure sont agenouillés les membres de la famille de *Haynin*, donateurs du panneau (1).

2° Les N°s 26 et 28, *Entrée de Louis XIV et de Marie-Thérèse, à Douai,* en 1667, et une *vue de Lille,* assiégée par le même, de *Vandermeulen;* — 3° Le N° 20, *portrait équestre* de Louis XIV, par le même peintre; cette œuvre importante fut donnée par le Roi à la ville de Douai, le 28 juillet 1668, et décora longtemps une des salles de l'hôtel échevinal.

4° Sous les N°s 24 et 25, une *vue de Douai* et une *vue de Lille,* par *Martin* dit *Des Batailles ;* — 5° *Un jugement dernier,* attribué à *Martin De Vos,* et un peu dur de ton.

Au-dessus des toiles que nous venons d'énumérer, le N° 49 nous offrira une œuvre de *Van Dyck*, malheureusement peu respectée par des restaurations inintelligentes; c'est la *Présentation à saint Benoît de saint Placide et de saint Maur* encore jeunes. Ce tableau est authentique, car il fut peint spécialement pour la collégiale de Saint-Amé.

En face des fenêtres, nous citerons les n°s 154, *paysage de Corot*, où l'on trouve les qualités et les défauts du maître ; — n° 10, une marine de *Jeanron, plage du Boulonnais ;* — n° 11, le *Roi David en prières*, par *Arnould de Vuez*, peintre du pays, dont nous avons parlé à l'église saint Pierre.

---

(1) voir *Souvenirs de la Flandre Wallonne,* n°° de Janvier et Février 861.

Dans la seconde salle, sur le mur de séparation, le n° 119 *Vue du port de Livourne*, attribuée à *Boilly*; les n°s 129 et 130, portraits des Jésuites *Pierre Spira et Nicolas Trigault*, tous deux nés à Douai et missionnaires en Chine, au commencement du XVIIe siècle. Ils sont peints en costume de Mandarins ; le n° 121, *portrait de Liberti*, organiste d'Anvers, par ou d'après *Van Dyck*. Ce tableau a été gravé ; le n° 63, *translation par saint Hubert du corps de saint Vaast*, œuvre de *Victor Janssens*, signée.

Le long des fenêtres on retrouve une seconde série d'esquisses et de dessins faisant la suite de celle que nous avons indiquée dans la salle précédente ; dans le nombre est un dessin lavé, signé *Lagrenée*, de la *Résurrection* qui se trouve à Saint-Pierre.

Sur la paroi en face de la porte, nous noterons : le n° 148, petit *portrait du docteur Majault*, professeur de médecine à l'Université de Douai, par *Rymli*; —le n° 94, *Extase de saint François d'Assises*, attribuée sans raison bien certaine à *Murillo*; — le n° 62, petit panneau sur bois offrant une tête de vieillard couverte d'un bonnet; on en a fait un *portrait de Luther* par *Holbein*, mais l'un et l'autre nous semblent également douteux ; — le n° 78, *le Christ au roseau*, par *Mignard* ou par *Lebrun*; — le n° 76, *un portrait de femme*, indiqué au revers comme peint par *Largillère* et digne de ce maître; — les n°s 77, 82 et 84, trois tableaux d'*Arnould de Vuez*: la *Présentation au Temple*, l'*Assassinat de Thomas Becket* et un *saint Roch*; — enfin, n° 156, le portrait de *Félix Desbordes*, père de Marceline Desbordes-Valmore, peint par son oncle, Constant Desbordes, élève de Brenet.

Vis-à-vis des fenêtres, on trouve les n°s 209, *Moïse tenant les Tables de la loi*, par *Vien*; ce tableau décorait le fond de la grande salle de l'Université de Douai; — le n° 207, *une*

Sainte-Famille, entourée d'une guirlande de fleurs, par *Daniel Zeghers;* — le n° 162, *portrait en pied de Merlin* (de Douai), par *Hilaire Ledru;* — le n° 153, beau *paysage avec animaux,* de *Brascassat.*

Le centre de ces salles est occupé par les œuvres de sculpture. En commençant par la porte principale on trouve d'abord un buste en marbre de *Philippe de Commines,* par M. *T. Bra;* — puis une *nymphe des eaux,* statue en marbre, par M. *Cordier,* de Cambrai.

Près de la porte de communication on a placé, de manière à ce qu'on pût les voir facilement des deux côtés, deux volets d'un triptyque qui doit dater de la fin du XV° siècle ou des premières années du XVI°. La face intérieure montre sur le panneau de droite : Le pape Sixte IV, entouré de Pères de l'église grecque et ayant à ses pieds saint Jérôme et saint Ambroise. Sur le panneau de gauche, dans le fond, une vue de l'ancien Douai, et aux premiers plans, les principaux docteurs de l'université de Paris et des représentants des différents ordres religieux; l'un deux, un franciscain ou un récollet, tient dans la main une représentation de l'Hôtel-de-Ville de Douai et du Beffroi tel qu'il est aujourd'hui; en avant sont agenouillés des personnages laïcs sous la garde d'un ange. L'ensemble de cette composition rappelle celle du rétable d'Anchin, tant par la finesse du travail que par les ornements architecturaux qui en relient les diverses parties. Elle a évidemment pour but de rappeler le dogme de l'Immaculée Conception. La face extérieure est peinte en grisaille relevée de tons de chair; le volet de gauche montre sainte Anne distribuant des aumônes, au fond l'ange lui annonce qu'elle sera la mère de la Vierge; sur le volet de droite saint Joachim, faisant son offrande dans la synagogue, est repoussé par le grand prêtre à cause de la stérilité de sa femme. Dans le haut, au milieu des ornements architecturaux, on aperçoit un petit écusson aux armes de la famille Pottier. En combinant ces diverses indications, on peut arriver à conjecturer que cette œuvre remarquable décorait l'autel de la confrérie de l'Immaculée Conception aux Récollets wallons de Douai, et que le donateur ne serait autre que Colart Pottier, chef du magistrat de Douai en 1510 et 1514, c'est-à-dire vers l'époque de l'achèvement de notre magnifique Hôtel-de-Ville. Le nom du peintre est totalement inconnu.

Dans la seconde salle on voit l'*Innocence*, statue en bronze par *Dumet* ; le marbre original a péri, dit-on, dans l'incendie du château de Neuilly, en 1848 ; — un magnifique buste en marbre de *Merlin* (de Douai), par *David* (d'Angers), donné à la ville par le général Merlin, conformément à la volonté du grand jurisconsulte, son père.—Le plâtre original de la statue colossale, par *T. Bra*, du général *Négrier*, statue qui décore la place de l'Esplanade à Lille. Enfin le buste en marbre de *Charles X*, par le même statuaire.

Au haut du double escalier qui conduit au premier étage, on rencontre six bustes en plâtre de *T. Bra*, ce sont ceux de *Béclard* et *Antoine Dubois*, anciens professeurs à la faculté de médecine de Paris; de *Benjamin Constant*, de *Guizot*, du roi *Charles X* et de *Franqueville*, sculpteur d'Henri IV. On y voit aussi un grand bas-relief en bois, de *Wacheux*, sculpteur douaisien; il représente la ville de Douai aux pieds de Louis XIV.

La petite galerie de droite, à l'étage, était consacrée uniquement à la conchyologie. On signalait cette collection au moment de la publication de son catalogue, par MM. V. Potier et Michaud, comme une des plus intéressantes et des plus complètes de France, notamment pour les coquilles fossiles. Depuis quelques années on a entassé provisoirement, dans ce couloir, la plus grande partie des meubles et des tableaux provenant du legs du docteur Escallier. Nous ne pouvons nous étendre longuement sur ces derniers objets, le jour leur fait défaut et jusqu'à présent les attributions de leur ancien possesseur n'ont pas été contrôlées. Entre les fenêtres on a placé un très-grand nombre de petites toiles ou des panneaux flamands ou hollandais, parmi lesquels il existe des Téniers, des Van Goyen, des Adrien Brauwer, etc., etc. Toutefois, nous devons signaler de ce côté (n° 29) (1) le *portrait du père Petit*, dominicain du couvent de Douai, par *Bellegambe*, notre compatriote ; — n° 32, *une ducasse*, par *Vinckenbooms*; — n° 49, le *Cardinal de Richelieu* sur son lit de mort, par *Philippe de Champagne;* — n° 51, le *triomphe d'Amphitrite*, esquisse par *Lucas Jordane* dit *Fapresto;* — n° 75, *vision de saint François* dans le désert, par Francisco *Mola* ; — n° 85, *Soldats pillards attaqués par des paysans*, d'Albert *Cuyp;* — n° 130, *Portrait de la duchesse de Longueville*, par *Mignard;* — n° 138, *une jeune fille jetant du grain à des poulets*, par *Crespi* ; — n° 144, les *têtes de Thomas Morus et de Fischer*, attribuées à *Holbein;* — n° 148, *Portrait de Jacques de Harlay*, marquis de Champvallon, de l'école française des Clouet.

Au-dessus des vitrines, en face des fenêtres, n° 47, le portrait de Catherine Mosseline, la *couturière d'Anvers*, par *Albert Cuyp;* — n° 64 *Prométhée dévoré par un vautour*, par *Van Dyck;* — n° 76 *Portrait d'un enfant de deux ans*, à jupon jaune et manches vertes, par *Albert Cuyp;* — n° 95 la *Sybille Delphique*, attribuée au *Guerchin;* — n° 98 *un Paon assailli par un coq*, par *Hondecoeter;* — n° 116 *la Vierge entre*

---

(1) Les numéros que nous citons sont ceux en papier placés au coin des cadres.

sainte Anne et saint Joachim, par le *Genovèse;* — n° 125 *portrait de Charles II,* roi d'Espagne, à l'âge de 10 ou 12 ans, en habit de religieux, attribué à *Murillo;* — n° 126 *portrait du général Montdragon,* par *Velasquez;* — n° 145 *une Syrène faisant sa toilette,* petit tableau ovale de l'ancienne école allemande; — n° 165 *la femme à la cruche,* de *Van Ostade.*

Au-dessus de la porte, autour du portrait du donateur, un certain nombre de panneaux, de petits triptyques des écoles primitives italienne, allemande et flamande.

Parmi les meubles, il faut signaler quelques beaux bahuts de la renaissance et un lustre en bois sculpté d'un travail remarquable. Les objets de céramique, d'orfévrerie et de verrerie légués au Musée par M. Escallier, sont encore en magasin.

Dans la galerie en face de celle que nous venons de parcourir, on voit le reste de la collection importante que nous effleurons : signalons ici les numéros 66, charmant petit tableau de *Rubens,* représentant *deux amours qui vendangent;* — n° 119 un magnifique *portrait de femme,* de profil, sur fond d'or, attribué au *Primatice,* et qu'on suppose être celui de la *Belle Paule,* de Toulouse; — n° 71 *le Baptême de sainte Lucile par saint Valentin,* du *Bassan;* — n° 107 *l'Enlèvement de Déjanire,* par *Jules Romain,* provenant de la collection du Régent; — n° 96 *Rebecca et Eliézer,* de *Pierre de Cortone;* — Enfin un grand retable gothique peint et doré, en bois sculpté, représentant des scènes de la passion.

Les armoires vitrées contiennent la collection de minéralogie.

Gravissons à l'extrémité de cette galerie le grand escalier qui conduit au second étage ; sur le palier, dans les armoires vitrées, sont placés les objets donnés au Musée pendant l'année courante. Dans le nombre nous appellerons l'attention sur plusieurs séries d'échantillons des couches géologiques traversées par la cuillère du sondeur, lors de la création des fosses houillères de nos environs. Ces dons proviennent de MM. Berdolin pour Monchecourt, Baillet pour Lallaing, Vuillemin pour la fosse Gayant, Le Bret pour Saint-Saulve; Théry pour la compagnie de Bruay, Mathieu et Allayrac pour la compagnie de Courrière, Locoge-Blondeau pour le grand Hornut (*Belgique*).

Toute l'étendue du second étage est occupée par la salle destinée à l'histoire naturelle proprement dite ; on trouvera dans les armoires placées à gauche, les mammifères, représentés par leurs principaux genres et par les espèces les plus remarquables ; dans les armoires de droite, une partie de la série des oiseaux, les reptiles et les poissons. Dans le milieu de la salle sont les grands animaux, le reste de la collection des oiseaux déplacée momentanément par suite des travaux d'agrandissement et les vitrines qui composaient le cabinet d'histoire naturelle de M. Balthazar. Les membres de la commission administrative du Musée, dans le but de rendre ces collections aussi utiles que possible aux travailleurs, ont cherché à posséder dans chaque série le plus grand nombre de genres distincts ou au moins les genres plus saillants, plutôt que les espèces rares. A ce point de vue la série des oiseaux est véritablement très complète. Les oiseaux d'Europe s'y trouvent presque tous, surtout depuis le don de M[e] veuve Balthazar ; dans cette dernière collection on voit une charmante réunion de colibris et d'oiseaux-mouches et une grande quantité d'œufs et de nids ; cette spécialité manque à presque tous les musées. Pour donner une exacte idée de l'importance de notre Musée, ne nous suffira-t-il pas, d'ailleurs, de dire qu'il est classé le troisième de France sous le rapport des collections d'histoire naturelle. C'est un rang qu'il gardera, nous n'en doutons pas, grâce au dévouement de la commission, aux bonnes relations qu'elle a su former et entretenir avec le Muséum de Paris, et aussi grâce à l'habileté du préparateur, M. Louis Potiez, en même temps professeur de modelure aux écoles académiques de Douai. Il a employé pour le montage des grandes pièces, un système qui reproduit exactement les moindres détails anatomiques de l'animal, en même temps que par l'exclusion du foin, des étoupes, etc., il assure la conservation presque indéfinie des peaux. L'application en a été faite très-heureusement à la girafe, aux dromadaires et aux grands antilopes d'Afrique, qui sont posés au milieu de la salle. Pour les petits animaux à poil ras, M. Potiez les moule sur nature, et c'est ce moule qui est ensuite recouvert de la peau. Deux chiens montés par ce procédé et que l'on remarquera aisément dans les vitrines, sont à notre avis ce que l'on peut voir de plus parfait en ce genre.

Le Musée est ouvert tous les dimanches et chaque jour de la fête communale, de une heure à quatre heures de l'après-midi ; pendant la semaine les étrangers peuvent s'adresser au concierge.

BIBLIOTHÈQUE.

La création d'une bibliothèque publique à Douai, remonte à l'année 1767 ; par lettres patentes du 1er mai, les bibliothèques de chacune des facultés de l'Université furent transférées dans *celle du collége d'Anchin*, pour n'en faire qu'une seule avec celle-ci et la rendre publique. Toutefois cette utile mesure ne reçut son application qu'en 1770, époque où s'ouvrit définitivement cette bibliothèque. Elle paraît avoir été assez considérable. En 1791, elle passa entre les mains de l'autorité municipale; bientôt furent réunis à Douai les livres et les manuscrits de toutes les communautés religieuses de la ville et des environs. La masse de ces volumes dépassa 100,000 ; 25,000 seulement furent inventoriés. Ce dépôt, livré à l'ignorance ou au mépris, fut malheureusement employé à tous les usages. En 1799, on fit du Musée une grange au blé et on envoya à l'arsenal une immensité de livres. A la même époque le bibliothécaire qualifiait une partie de ces volumes, qui ont acquis depuis une grande valeur, « de capucinades et de misérables rapsodies propres à la beurrière. ». On vit se répéter pour les livres, ce qui s'était passé pour les tableaux ; on en vendit des masses au poids du papier, de telle sorte qu'il est presqu'impossible aujourd'hui de retrouver à la bibliothèque publique un seul des milliers de volumes que possédaient certains couvents de Douai; on comprend les désastres bibliographiques qui durent être la conséquence d'un pareil état de choses.

En 1805, sous l'intelligente direction du maire, M. Deforest de Quartdeville, ce chaos commença à se débrouiller. Un inventaire prétenduement méthodique, mais rempli d'erreurs, fut entrepris; on ne le termina que vers 1820. Il a été refait depuis d'une manière plus satisfaisante.

Dans son état actuel, la bibliothèque de Douai occupe au premier étage des bâtiments du Musée une grande salle placée au-dessus des galeries d'archéologie et de peinture; elle renferme plus de 40,000 volumes dont au moins 300 incunables. Les manuscrits, au nombre d'environ 1,000, sont renfermés dans un local malheureusement humide attenant à la salle principale. Les constructions nouvelles vont doubler la longueur de la bibliothèque et permettront d'obvier à un encombrement qui se fait de plus en plus sentir.

Les hommes studieux trouveront dans la bibliothèque de Douai, pour la partie théologique, les livres anciens les plus célèbres et les plus estimés, tous les grands commentaires sur l'écriture et les importantes collections des Pères de l'Eglise ; pour la jurisprudence, les traités de droit ancien ; dans les sciences et les arts, un grand nombre de beaux ouvrages à figures et de curieuses collections musicales. L'histoire générale, les histoires spéciales et surtout celle des dix-sept provinces des Pays-Bas, forment un ensemble aussi complet que possible ; enfin les grandes collections que les bibliothèques particulières ne peuvent en général posséder, s'y rencontrent également,. telles que l'*Armorial général* de d'Hozier, le *Gallia Christiana*, les recueils des historiens de France, et les publications plus récentes faites sous les auspices du gouvernement.

Il y a environ vingt ans, ce dépôt public s'enorgueillissait encore du célèbre recueil d'estampes gravées sur bois, connu sous le nom de la *Bible des Pauvres*, et dont on compte les exemplaires ; par suite d'un concours malheureux de circonstances, elle n'en possède plus aujourd'hui qu'une partie. Parmi les volumes précieux à d'autres titres, nous signalerons le *Livre d'Heures* (1) du célèbre chancelier d'Angleterre Thomas Morus, sur lequel il traça, au moment d'aller au supplice, quelques lignes de dédicace à son ami Jean Fischer, évêque de Rochester. Quant aux *Manuscrits*, il ne peut venir à la pensée de signaler tous ceux qui sont dignes d'intérêt, soit par leur antiquité, soit par les précieuses miniatures qui les ornent, soit enfin par leur contenu même. Dans cette dernière catégorie, nous indiquerons cependant l'*Opus tertium*, de Bacon, resté

---

(1) Ce volume appartenait à la bibliothèque du collège des Ecossais de Douai.

inédit jusqu'à sa publication récente d'après le manuscrit de Douai. Le manuscrit original des *Annales Vedastini*, un recueil de *Lettres de saint Bernard*, la réunion des *documents diplomatiques* relatifs à la mission du cardinal Pole en Angleterre, les travaux de *Dom de Bar* sur les *Abbayes* du pays, et enfin quelques traités du moyen-âge sur le droit. On trouvera également dans le cabinet des manuscrits *une suite héraldique et généalogique* très-importante, recueillie en grande partie par M. Maloteau de Villerode, la plupart des travaux inédits de Plouvain et de Guilmot sur l'*Histoire de Douai* et enfin l'inestimable *Collection de costumes anciens et modernes* formée par M. Valmore, et dont il a fait don à la ville natale de sa femme, Marceline Desbordes ; elle contient plus de dix mille figures.

La bibliothèque est ouverte aux travailleurs les mardi, mercredi, jeudi et vendredi de chaque semaine, de onze heures à quatre heures du 1er octobre au 1er avril, et de onze heures à cinq heures du soir du 1er avril au 31 août. La bibliothèque est fermée pendant la quinzaine de Pâques et pendant le mois de septembre.

FÊTE DE DOUAI.

GAYANT, SA FAMILLE.

L'étranger qui visite notre ville ne nous pardonnerait pas si, affichant la prétention de la lui faire connaître de fond en comble, nous ne lui disions pas au moins quelques mots d'une de ses plus grandes curiosités, d'un de ses plus hauts monuments. Il est peu de héros, nés à Douai, qui soient plus connus que Gayant. Il dépasse le premier étage des maisons; ces deux raisons suffisent bien pour que nous tentions sa biographie.

Gayant, ami lecteur, est un mannequin d'osier de vingt-deux pieds de haut, auquel on a adapté une tête de bois; casque en tête, bouclier au bras, portant de l'autre main une lance dont le pennon représente les armes de la ville, revêtu d'une cuirasse avec les cuissards, les brassards, les gantelets, et la cotte de maille, une large épée au côté, le manteau flottant sur les épaules, véritable chevalier du moyen-âge en un mot,

> Il marche dans sa force et dans sa liberté,

selon l'expression du poète.

Quand nous disons *il marche*, c'est une métaphore : le bas du corps, au lieu de se terminer par des jambes, s'arrondit en forme de cloche d'osier recouverte d'étoffes, et six hommes solides, cachés sous cette enveloppe, portent le colosse et le font avancer et reculer en cadence, au moyen d'un système de poutres sous lesquelles ils placent l'épaule, et de cordes et de poulies qui le maintiennent en équilibre.

Voilà ce que c'est que Gayant.

Mais Gayant ne pouvait marcher isolé, car, comme l'a dit un grand orateur (1), il ne représente pas seulement, ce palladium, ce symbole des Douaisiens, la chevalerie, la noblesse, la force, le courage, il représente aussi la famille ; il aura donc des enfants et une femme, symbole à son tour de la grâce, de la modestie, de la fidélité et de l'amour maternel.

Mme Gayant, de son propre nom, *Marie Cagenon*, ne pouvait prétendre à la haute stature de son époux ; elle n'a que vingt pieds environ. Vêtue en noble châtelaine du moyen-âge, le bonnet à la Marie Stuart sur la tête, la grande fraise au cou, elle a complété sa parure par des bagues qui chargent ses doigts, un éventail de plumes ; elle tient à la main un riche collier, une chaîne de pierres précieuses ; sous sa robe, elle abrite aussi, plus naturellement que Gayant, les cinq hommes qui la soutiennent à côté de celui qu'elle accompagne depuis des siècles.

Les enfants sont au nombre de trois ; chacun d'eux est porté par un homme.

1º Le fils aîné, *Jacquot*, de onze pieds, portant, avec la toque à plumes, le vêtement à crevés et le court manteau des jeunes gentilshommes du XVIe siècle ;

2º Une fille, *Fillion*, moins grande que son frère d'un pied, et dont le costume nous reporte aussi au temps de François Ier ;

3º Et enfin, un jeune enfant, de sept à huit pieds de haut, *Binbin*, vêtu d'une sorte de blouse ou de camisole, le bourrelet en tête, des hochets aux mains. Il s'en va dandinant ; l'incertitude de son regard, affecté d'un léger strabisme, lui a

---

(1) Toast de Mgr l'évêque de Nevers, le 22 juillet 1855, au banquet des dignitaires, après la procession séculaire du Saint-Sacrement-de-Miracle.

fait donner, par le peuple de Douai, le surnom affectueux de *Ch'tiot tourni.*

Il faut les voir tous quand, précédés de tambours qui roulent la *Marche de Gayant*, conduits par un guide vigilant, suivis de quêteurs enrubannés, dont la collecte servira à rafraîchir le gosier altéré des porteurs, ils s'avancent dans les rues de Douai; il faut les voir encore quand, devant la demeure des hauts fonctionnaires de la ville, quittant un instant leurs allures majestueuses, ils exécutent, en face les uns des autres, une danse de caractère. Aux sons connus de ce tambour, l'enfant court tout joyeux voir son *grand père* (1), la mère le montre au bébé qu'elle tient sur son bras, l'étranger s'arrête surpris, l'homme grave, qui ne l'avouerait peut-être pas, se détourne de son chemin pour jeter un coup-d'œil sur ces mannequins dont les apparitions périodiques ont jalonné sa vie et lui rappellent tant de souvenirs.

Cependant cette marche processionnelle est accompagnée d'autres emblèmes; autour des géants, un homme revêtu du costume traditionnel des fous en titre d'office, caracole, le corps passé dans un petit cheval d'osier enharnaché; le caparaçon auquel sont fixées des jambes postiches couvre les véritables jambes du porteur, qui tient en main une tire-lire en forme de marotte, c'est le *Sot des canonniers*. Puis vient, traîné par un cheval, un char de forme antique sur lequel un plateau rond posé obliquement, tourne à l'aide d'un mécanisme attaché à la roue; à l'arrière du char, l'aveugle Fortune, immobile sur un socle, se tient debout, tandis que le mouvement de la roue fait successivement passer, sous sa main dont le

---

(1) On appelle les Douaisiens *Enfants de Gayant*, c'est un nom dont ils sont loin de s'offenser. Par contre *Gayant* est qualifié le *grand père des Douaisiens.*

caprice guide les dons, les divers états de la société; ils sont figurés par six mannequins habillés et coiffés comme au bon vieux temps : un paysan et un procureur entre lesquels se balance malicieusement la poule traditionnelle; un espagnol type de la noblesse de Flandre; un suisse, le militaire de la même époque; un financier et une fille; tous six, se tenant par la main, montent et descendent sur la *Roue de Fortune;* c'est le nom consacré de ce char allégorique, philosophique et moral tout à la fois.

Chaque année, au commencement de juillet, pendant les trois premiers jours de la fête communale de Douai, le dimanche, le lundi et le mardi, tout ce cortège se promène; le mardi soir Gayant et sa famille se retirent dans le hangar qui, au musée, leur sert de palais, bien peu digne, il faut l'avouer, d'aussi grands personnages. Jusqu'en 1771, c'était le 16 juin qu'ils faisaient leur apparition.

Gayant n'a dérogé à cette règle que dans de très-rares circonstances et seulement quand il s'agissait de rendre ses hommages à quelque tête couronnée. C'est ainsi que le 23 juillet 1667, à l'entrée solennelle de Louis XIV et de Marie-Thérèse, il se plaça dans un carrefour de la ville, pour saluer la reine que ce spectacle ne réjouit pas médiocrement.

Notre grand-père n'avait jamais quitté sa ville natale, jamais il n'en avait franchi les portes, sous lesquelles, d'ailleurs, il n'aurait pas pu passer debout, quand en juillet 1848, il se décida à profiter des inventions de la civilisation moderne pour aller à Dunkerque (1) rendre visite à *Reuss-Papa,* autre débris des géants du temps passé. Il ne fallait rien moins qu'une époque de révolution pour déranger ainsi les habi-

---

(1) Lors de l'inauguration du chemin de fer d'Hazebrouck à Dunkerque.

tudes de Gayant, et il a bien juré qu'on ne l'y reprendrait plus. Le voyage lui a été fort pénible.

On a beaucoup disserté sur l'origine de Gayant; la légende s'en est mêlée, et on a fini par remonter aux temps fabuleux. Ainsi, selon la tradition la plus accréditée, au commencement du IXᵉ siècle, Douai était assiégé par les barbares du Nord; le pays environnant était livré à la dévastation; un seigneur de Cantin, Jehan Gélon, dont le château communiquait par un souterrain avec notre ville, se serait mis à la tête des habitants et aurait délivré sa patrie par un horrible massacre des ennemis. Les Douaisiens, reconnaissants, auraient promené par la suite un mannequin géant destiné à représenter leur libérateur.

Tel est, avec quelques variantes plus ou moins historiques, le récit de la légende. Selon d'autres, Gayant serait saint Maurand, fils d'un duc de Douai et patron de la cité, qu'il préserva plusieurs fois miraculeusement (1). D'autres auteurs enfin, plus positifs, prétendent que notre géant remonte seulement au règne de Charles-Quint, qui pour calmer l'humeur inquiète des Flamands, les aurait amusés *par ordre*, en instituant des fêtes publiques dans lesquelles il introduisit de hautes poupées.

Mais aucune de ces versions ne repose sur quoi que ce soit d'authentique ou même de précis. Si l'on réfléchit que *Gayant* est simplement la traduction patoise du mot *géant*, et que dans les anciens comptes de la ville, on trouve indifféremment : *Géan* et sa famille (1715); *géan*, l'habillement de *Géan* (1763) (1766) ; le *Géant*, les enfants de *Géant* (1699,

---

(1) La pensée que Gayant doit être quelque symbole, vient si naturellement à l'esprit, que, le 9 juillet 1860, un Italien, voyant passer toute la famille, disait à un Douaisien : « Monsieur, ce Gayant, ce doit être un ancien conquérant, *un Garibaldi !*

1778); *Géant* (1763, 1789); et enfin *Gayant* (1784), on devra renoncer à ces explications trop savantes.

La signification du nom une fois bien établie ainsi que sa dégénérescence successive, l'explication n'en parait pas bien difficile.

On connait le goût, la passion des Flamands pour les fêtes ; leurs ducasses, leurs kermesses avec leurs repas de Gargantua et leurs jeux de toute nature, en sont la preuve (1). Les grandes villes célèbrent presque toutes, par des réjouissances bruyantes ou splendides, les principaux anniversaires de leur existence historique. Aujourd'hui exclusivement profanes, ces fêtes avaient aussi autrefois un caractère religieux ; elles commençaient presque toutes par une grande procession dans laquelle la commune déployait son luxe, et où les corporations faisaient assaut de chars de triomphe, de joyaux, d'histoires (selon les expressions du temps), et d'autres représentations allégoriques où grotesques. Au nombre de celles-ci figurait presque toujours un géant ; Anvers, Louvain, Malines, Hasselt, Gand, Bruges, Tournay, Lille, Dunkerque, Cassel, etc., etc., ont eu leurs géants communaux, comme beaucoup avaient aussi leur Dragon, leur Doudou ou leur Graouli.

En 1480, comme nous l'avons déjà dit, les échevins et le clergé de Douai instituèrent pour le 16 juin de chaque année, une procession commémorative en l'honneur de Saint Maurant, qui l'année précédente avait préservé la ville que Louis XI voulait surprendre. Cette cérémonie était magnifique. Les chanoines des deux collégiales, les ordres mendiants,

---

(1) Parmi ces divertissements, il faut signaler aussi les grandes cavalcades historiques, qui, à des époques plus ou moins éloignées, parcourent les rues de Lille, de Valenciennes, de Saint-Omer, et, à Douai, les *Entrées de Philippe-le-Bon* en 1839, 1842 et 1849; *l'entrée de Jean-Sans-Peur*, 1861.

les compagnies bourgeoises, les corporations y figuraient avec les châsses des corps saints. Mais ce n'est qu'au XVIIe siècle que l'on trouve dans les archives de la ville quelque trace d'un géant dans le cortège ; on peut croire toutefois qu'il devait exister dès la seconde moitié du XVIe siècle. En 1685 seulement, en vertu d'une délibération des échevins, Gayant fut marié ; vers la fin du XVIIe siècle, les époux eurent leurs deux premiers enfants ; quant à Binbin, il n'apparut qu'aux premières années du XVIIIe siècle.

Cet immense cortège, composé d'éléments aussi hétérogènes, avait, on le comprend facilement, d'assez nombreux abus. Le désordre s'était plus d'une fois glissé dans une cérémonie que n'accompagnaient pas toujours la dévotion et le recueillement. Les ordonnances de police restèrent impuissantes à cet égard ; bientôt l'autorité ecclésiastique s'émut, et le 17 juin 1699, par mandement de l'évêque d'Arras, Guy de Sève de Rochechouart, il fut défendu d'admettre, à l'avenir, dans les processions extérieures, *rien de ridicule*, ni *de superstitieux*, ni *surtout les représentations de Géants, de Diables, etc.* Toute la population douaisienne s'agita à cette nouvelle ; on finit par transiger, et il fut convenu que Gayant et les chars ne marcheraient plus que lorsque le cortège religieux serait rentré dans l'église de Saint-Amé.

Mais le 14 juin 1770, un mandement plus sévère d'un autre évêque d'Arras, Mgr de Conzié, sous prétexte d'absence d'autorisation des supérieurs ou de titre, suspendit provisionnellement la grande manifestation du troisième dimanche de juin. Cette fois, le mécontentement fut au comble ; on eut recours au parlement, on publia protestations et factums, mais le prélat tint bon, et le 30 mai 1771, il supprima définitivement la procession du 16 juin, et y substitua une autre procession générale qu'il fixa au dimanche le plus près du

6 juillet, jour de la prise de Douai par Louis XIV. La pensée politique se révèle ici. L'autorité française voyait évidemment avec déplaisir se perpétuer ainsi des souvenirs hostiles et elle voulut dégager complétement le passé du présent. Le 6 juin 1771, le mandement de Mgr de Conzié fut confirmé par lettres closes du roi Louis XV; notre fête communale actuelle commençait.

En 1779, Gayant et sa famille reparurent. Les transports de la plus vive allégresse saluèrent son retour; poésies, chansons, célébrèrent sa gloire (1). A partir de cette époque, l'amour des Douaisiens pour leur grand-père, surexcité peut-être encore par le souvenir des luttes soutenues pour le conserver, ne fit que s'accroître; sa popularité s'étendit au loin. Le nom d'enfant de Gayant, l'air de Gayant, devinrent comme un signe de ralliement; et ces sentiments, futiles en apparence, n'ont évidemment pas peu contribué à entretenir cette profonde affection du sol natal, cet amour du clocher qu'on remarque si vivaces et si enracinés dans le cœur du Douaisien.

Vainement, en juin 1792, la révolution abattit Gayant comme un reste d'institution féodale, et peut-être aussi parce que sa taille insultait *à l'Egalité*; en 1801, les souvenirs du passé prévalurent, et maintes fois restaurés, repeints, remis à la mode du jour, Gayant, sa femme, leurs enfants et les accessoires, reparurent dans nos rues. Depuis lors, vêtus d'un costume plus vrai, historiquement parlant, ils n'ont pas cessé de se montrer à leurs admirateurs, à leurs féaux, le dimanche de juillet le plus voisin du 6. Il n'y a eu qu'une exception; elle honore les Douaisiens. En 1842, à la nouvelle de la mort du

---

(1) Il existe toute une littérature *gayantesque*, depuis la chanson classique qui se dit sur l'air du carillon de la fête, jusqu'à des poèmes épiques, légendaires ou humoristiques, et même jusqu'au drame vertueux.

duc d'Orléans, la population demanda spontanément que la fête fut remise. Elle n'eut lieu qu'au mois d'août.

On peut citer des traits curieux de notre fanatisme pour Gayant et pour sa fête. Nous n'en rapporterons qu'un seul, il est caractéristique : En juin 1745, une compagnie d'artillerie, composée en grande partie de Douaisiens, quitta le camp aussitôt après la reddition de la citadelle de Tournai. Heureusement leur capitaine, M. de Bréande, avait épousé une de nos compatriotes. « Rassurez-vous, dit-il aux officiers géné-
» raux, nos hommes sons allés voir danser leur grand-père ;
» ils reviendront bientôt. » En effet, la kermesse finie, la compagnie se retrouva au complet.

Au cours de cet article nous avons parlé de l'air de Gayant. On ignore l'époque à laquelle on a commencé à le jouer. Mais il rappelle par sa gaîté, son allure sautillante, à ce qu'assurent des connaisseurs, certains airs de danse du commencement du XVIIᵉ siècle, ou des mélodies espagnoles. Le carillon le jette du haut du beffroi à la foule joyeuse pendant notre fête communale. C'est le ranz qui fait battre le cœur du Douaisien. En 1775, il fut traduit en marche militaire, plus tard en contredanse (1); depuis il a été orchestré par Lecomte et par Tolbecque en pas redoublé, et mal reçu serait dans nos murs le régiment venant y tenir garnison, dont la musique, à son arrivée, ne le répèterait pas.

---

(1) Par Lajoie, grenadier et maître de danse au régiment de Navarre infanterie, alors en garnison à Douai.

COLLECTIONS PARTICULIÈRES.

CABINET DE M. AMÉDÉE DRUELLE.

La province et surtout les pays qui composaient l'ancienne Flandre tiennent encore si fort à leurs anciens souvenirs que tout le monde y est un peu collectionneur. Tous les riches cabinets que les enchères dispersent chaque jour n'ont pas été formés par des financiers ou d'opulents amateurs. Un grand nombre sont dus à de plus modestes fortunes ou à un hasard heureux qui sert parfois l'homme de goût à ses débuts.

Parmi les Sauvageot de notre ville, nous pouvons placer en première ligne M. Druelle (1). Trente ans de recherches assidues et patientes, le vif amour de l'art, ont permis à cet amateur de rassembler, sans grands frais, beaucoup d'objets usuels de nos aïeux, d'œuvres d'art qui ornaient les anciens monastères et quelques-uns de ces magnifiques bahuts que les amateurs, dans les grandes villes, se disputent à l'envi. Cette collection est moins un musée qu'une chambre ornée de vitraux, d'étagères, de mille objets divers des XIIIe, XIVe, XVe, XVIe et XVIIe siècles ; véritablement insuffisante pour ce qu'elle contient, on se sent néanmoins, en y entrant, transporté bien loin du temps présent et l'on se prend à regretter les formes par trop utilitaires de nos meubles actuels. Il nous est impossible de faire l'énumération complète des richesses auxquelles M. Druelle a donné asile ; il faudra admirer chez lui un très-

---

(1) Rue de Bellain, 51.

grand nombre de bois sculptés, presque tous de fabrique flamande, statues et statuettes, fragments de retables, d'autels, frises, bas-reliefs, etc., etc. Dans cette section, il faut signaler deux bahuts renaissance complets, authentiques et ornés de figures en bas-reliefs, qui indiquent une origine italienne ; l'un d'eux surtout est certainement antérieur à Raphaël : — un groupe en buis composé de trois figurines, un père, en costume de prince du moyen-âge, bénissant ses deux fils encore jeunes, vêtus, l'un en abbé ou en évêque, l'autre, en jeune chevalier, portant le faucon sur le poing ; c'est un travail allemand d'une grande finesse et d'une expression naïve très-séduisante ; on peut sans témérité lui donner pour date le XVIe siècle. Il faut assigner la même origine allemande, mais une date plus ancienne à un poignard monté en bois et enfermé dans une gaîne de même matière ornée de sujets presque microscopiques, appartenant à l'histoire de la Bible. Le manche ne forme pas, à notre avis, un tout complet avec la gaîne, il est d'un travail plus récent, et ses figurines représentent les divers incidents d'une noce joyeuse. Enfin, une Vierge, de grandeur naturelle, peinte et dorée, vêtue du costume et portant la coiffure que l'on est habitué d'attribuer à Marie de Médicis. On ne peut expliquer cette bizarrerie qu'en admettant qu'on ait voulu représenter ainsi la reine du ciel ; cette statue était fixée à la voûte d'une chapelle située à Pecquencourt, et connue sous le nom de Chapelle des Ardents ; tout le plafond était occupé par des caissons en bois où se trouvaient sculptés des anges en attitude d'adoration et les emblêmes correspondant aux versets des litanies de la Vierge. M. Druelle possède quelques-uns de ces caissons, sur l'un desquels on trouve les armoiries de Jean Lemeere, abbé d'Anchin de 1620 à 1632. Outre les objets en bois travaillé, citons une assez nombreuse collection de vieilles poteries flamandes, un petit plat de Bernard de Palissy, et un grand pot, décoré de mascarons colorés, en faïence d'Avignon ; un très-grand vase à deux anses des fabriques de Faenza ; un scribane orné de peintures sur marbre représentant des vues d'Italie; une petite horloge de table en cuivre, ciselée et dorée, œuvre d'une grande élégance et d'un fini précieux. N'oublions pas enfin, parmi les ivoires, un petit triptyque, de forme gothique, haut d'environ dix centimètres et orné de figures et de bas-reliefs délicatement fouillés ; ce petit objet, d'une rareté insigne, peut être considéré comme du XIIIe siècle.

Les amateurs sont sûrs de rencontrer chez le possesseur de ces richesses, un accueil empressé et la plus aimable obligeance à leur en montrer tous les détails.

CABINETS DE MM. A. ET C. LE BOUCQ DE TERNAS.

MM. de Ternas ont compris leurs collections autrement que M. Druelle ; ils ont véritablement appliqué à l'ameublement et à l'ornementation de leurs appartements les objets qu'ils sont parvenus à réunir.

Ainsi M. le chevalier Amédée de Ternas (rue du Champ-Fleury, n° 6) possède un mobilier complet de chambre à coucher, dans le style de la renaissance flamande. Lit, tables, chaises, bahuts, garde-robe, pendules, chapelle, etc. Leur possesseur a scrupuleusement conservé à ces curiosités, trouvées toutes dans le pays et soigneusement restaurées quand il en était besoin, leur cachet primitif. Nous signalerons comme un morceau spécialement rare et intéressant, le lit au-dessus duquel des balustres soutiennent un baldaquin en étoffe ancienne vivement colorée. Le bois, sculpté sur trois faces, présente une frise creusée en *côtes de melon* et dont les angles se terminent en feuilles d'acanthe ; au milieu de chaque frise est sculptée une double feuille d'acanthe; contre la muraille une petite frise, très-finement travaillée, offre au centre les armes de la famille Cornu.

M. de Ternas possède aussi quelques grès et faïences flamands bien conservés ; un plat de Bernard de Palissy (ovale de 0,35 cent. sur 0,37 cent.) représentant saint Jean dans le désert; une peinture sur faïence, rectangle de 0,26 cent. sur 0,13 cent. de la fabrique des Abruzzes, de la fin du XVIIIe siècle, sur laquelle on voit le bienheureux Benoît Labre, né le 20 mars 1740, dans l'ancien diocèse de Boulogne en France, mort à Rome en 1783 et qui a été récemment béatifié.

Parmi les armes anciennes, nous citerons spécialement une belle épée de cérémonie du mayeur de la ville de St-Quentin. Elle est du XVIIIe siècle, avec poignée en argent ciselé et doré ; sur le pommeau, dans un médaillon, est la représentation du patron de la ville ; sur la poignée elle-même, des clefs et des épées en sautoir ; enfin, sur la coquille, les armoiries de la cité.

Outre plusieurs groupes et statuettes en bois de chêne sculpté, M. de Ternas a enrichi récemment son cabinet d'un morceau très-curieux et véritablement peu commun ; c'est un lustre en cuivre de style presque roman et de la fin du XIVe siècle, selon toute apparence. Dans le haut une femme nue porte d'une main une torche, de l'autre un bouclier ; au dessous, 12 branches, six petites et six plus grandes, sont soutenues par une double gueule de lion, qui forme cul-de-lampe ; tel est l'ensemble de ce meuble, qui n'est pas précisément un objet d'art, mais auquel son antiquité et son style donnent certainement de la valeur.

M. A. de Ternas a réuni sur l'histoire et sur les familles de nos provinces une assez grande quantité de livres et plusieurs manuscrits très-intéressants; les recherches généalogiques forment principalement l'objet de ses études.

M. le chevalier Charles de Ternas, frère du précédent, possède aussi quelques morceaux remarquables : un groupe de douze personnages au milieu d'une guirlande de fruits, sculpté dans un seul bloc de chêne et représentant la nativité. Cette pièce est de l'époque de la renaissance flamande, elle conserve encore des traces de dorure et de peinture ; — une sainte Barbe peinte et dorée, statue sculptée en bois, provenant de l'abbaye de Flines, et qui d'après le costume appartiendrait à la fin du XIVe siècle ; une pendule Louis XIV, provenant de l'abbaye d'Estrun et aux armes de l'abbesse, Mlle de Tramecourt ; enfin, un bahut du XVIIe siècle ayant appartenu à l'abbaye d'Anchin. Ce dernier meuble est un véritable chef-d'œuvre de délicatesse et de grâce pour les ornements en bois sculpté qui le décorent. L'étage supérieur présente trois cariatides : sainte Catherine, saint Nicolas et saint Gossuin, abbé d'Anchin ; de ravissantes têtes d'anges occupent le plat de l'ouverture des tiroirs. A l'étage inférieur, les espaces ménagés entre les deux portes et aux angles sont occupés par des anges se jouant au milieu de rubans et de guirlandes de fleurs. Ce travail est entièrement à jour et d'un fini si parfait, que le chêne semble avoir été de la cire molle entre les mains de l'artiste.

COLLECTION DE TABLEAUX, DESSINS, ESTAMPES, ANTIQUITÉS, ETC., DE M. AM. THOMASSIN.

Comme quelques-uns des grands amateurs du siècle passé, M. Thomassin (rue Morel, 37) a consacré à l'art tout son temps et tous ses soins. Dessinateur habile, et élevé dès sa jeunesse au milieu des chefs-d'œuvre de la peinture et de la sculpture, il a compris qu'il ne suffisait pas d'amasser de belles choses avec plus ou moins de discernement, mais qu'il fallait encore les placer, en quelque sorte, dans une atmosphère spéciale destinée à les réunir et à les vivifier. Aussi a-t-il pris à tâche de faire de l'intérieur de sa maison même un objet d'art et le premier de ceux qu'elle renferme. Les peintures délicates, les ornements harmonieux cachent la triste nudité des plafonds et remplacent, au grand plaisir de l'œil, le papier peint économique : Le soleil entre tamisé par des vitraux, pour se jouer sur les porcelaines et les dorures. Le visiteur assez heureux pour voir s'ouvrir la porte hospitalière, peut se croire immédiatement transporté dans quelque riche villa italienne, et il ne sait ce qu'il doit le plus admirer, ou du résultat, ou de la science profonde qui a été nécessaire pour l'obtenir.

La collection des tableaux n'est pas très-nombreuse, mais elle est choisie avec un soin minutieux. Tout objet médiocre est sans pitié délaissé. Il faudrait tout citer, malheureusement l'espace nous manque. Signalons cependant une toile importante de *Berghem*, une fort belle copie ancienne de la Vierge de Raphaël, dont l'original est au musée de Dresde ; *Saint Jérôme à genoux* près du cadavre de sainte Madeleine, attribué au *Dominiquin* ; *l'Adoration des Bergers*, de *Zuccaro*; *la Vierge et l'Enfant Jésus*, du *Baroche ;* une *Nativité,* de l'école *des Van Eyck;* quelques jolis paysages italiens et hollandais, et plusieurs des beaux portraits où revivent les graves personnages des Pays-Bas espagnols. Une partie de ces tableaux ont conservé leur cadre primitif; les autres ont été enrichis de bordures sculptées par le possesseur avec un véritable talent. Les cartons d'estampes sont surtout remplis de vues d'Italie, d'anciennes gravures d'ornements, et des principales reproductions des œuvres des grands maîtres italiens,

Parmi les dessins, outre quelques pages de la main de peintres en renom, anciens et modernes, on remarquera une suite considérable des originaux de *Grandville*, et beaucoup de saillies spirituelles, restées inédites, de ce fécond dessinateur. Les livres sur les arts, les ouvrages à figures viennent s'ajouter à cet ensemble ; la série des Bibles illustrées renferme des échantillons curieux de l'art primitif de la gravure en Allemagne et en Italie, et les plus beaux spécimens de son apogée.

Les faïences, les porcelaines, les meubles, les terres cuites complètent ces collections en même temps qu'ils décorent et meublent les appartements.

COLLECTION DE M. LE DOCTEUR TESSE.

M. Tesse, docteur en médecine, rue Jean de Gouy, n° 17, posséde quelques tableaux qu'il se fait un plaisir de montrer aux amateurs et qui, quoique peu nombreux, sont dignes cependant de leur attention. Le plus remarquable est un triptyque provenant de l'abbaye des Bénédictins de Marchiennes, près Douai. Il porte 1 mètre 25 centimètres, sur 1 mètre 60 centimètres, encadrement compris. Le panneau du milieu offre, quoiqu'avec des qualités moins élevées, une imitation du groupe de la Trinité du polyptyque d'Anchin, conservé dans l'église Notre-Dame. Le portique notamment, qui entoure le trône, est d'un style beaucoup plus moderne, moins riche et moins ornementé. Sur le volet de droite, Dom Jacques Coëne, abbé de Marchiennes de 1501 à 1542, est agenouillé devant un prie-Dieu, revêtu d'une magnifique chape en drap d'or et ayant à côté de lui sa mitre et sa crosse. Ce portrait est d'une grande vérité. Derrière l'abbé se tiennent debout saint Jacques-le-

Mineur et un ange aux ailes de paon portant ses armoiries. Le volet de gauche montre agenouillé un personnage enveloppé dans une houppelande noire et sa femme; derrière eux sont ainte Catherine et un autre saint. L'extérieur des volets est revêtu de grisailles modernes représentant l'Annonciation. — Nous citerons encore un paysage de *Govaerts* avec figures de *Franck*. — Une *sainte famille* de l'ancienne école allemande, intéressante par le grand nombre des personnages épisodiques et par la naïveté ou le réalisme de leur pose. — Enfin quelques tableaux et gouaches modernes.

COLLECTION DE DESSINS DE M. R. DE BAILLIENCOURT.

Les belles collections de dessins anciens sont aujourd'hui très-difficiles à faire. Ces premières traces des magnifiques idées des grands peintres vont l'une après l'autre grossir les trésors immobiles des musées et la source étant depuis longtemps tarie, l'amateur, en attendant les occasions toujours plus rares, doit faire des dépenses considérables et se défendre contre le flot importun des pastiches et des copies trompeuses. C'est parce que la collection de M. Rodolphe de Bailliencourt (R. Saint-Jean, 8,) existait déjà en Italie avant l'époque où Wicar formait celle qui est devenue la gloire du musée de Lille, que nous la recommandons aux artistes et aux curieux. Elle se compose d'environ trois cents dessins parmi lesquels nous signalerons comme les plus importants :

École italienne. — *Anonymes du XVIe siècle.* Un projet de plafond et un Christ au jardin des Oliviers. — *Michel-Ange.* Un dessin lavé et une ébauche à la plume représentant deux groupes différents pour la *Conversion de saint Paul*, fresque qu'on voit à Rome dans la chapelle Pauline. La première de ces pièces est véritablement capitale, elle a été vue par un certain nombre de nos critiques d'art les plus autorisés et quelques-uns n'ont pas hésité à approuver l'attribution de l'amateur. — *Jules Romain*. Une étude d'après l'antique, lavée au bistre. — *Parmesan*. Le repos de la Sainte-Famille, lavé au bistre et rehaussé de blanc, et des morceaux de *Sébastien del Piombo, Primatice, Bassan* (le vieux), *Josépin, Tempesta, Cangiage* et *Le Bernin*.

ÉCOLE ESPAGNOLE. — *Murillo*. L'apparition de la Vierge à un religieux, lavé au bistre.

ÉCOLES FLAMANDE ET HOLLANDAISE. — *Rubens*. Saint Simon Stock recevant le scapulaire des mains de la Vierge, à la plume et lavé. — *Henri Goltzius*. Saint Jérôme, à la plume, et des dessins de *Martin de Vos, François du Quesnoy* (le sculpteur), *de Gheyn, Adrien Vandenvelde, Waterloo*.

ÉCOLE FRANÇAISE. — *Jouvenet*. Le retour du jeune Tobie, lavé au bistre. — *Hyac. Rigaud*. Esquisse aux deux crayons d'un portrait d'homme. — *Lancret*. Un portrait au crayon d'une femme dansant. — Enfin des pièces intéressantes de *Lesueur, Lebrun, Claude Lefebvre, Valentin, C. Vanloo, Wille* père, *Lagrenée* et *Prudhon*.

Déjà d'autres plumes plus expertes en ces matières ont appelé l'attention sur ce cabinet; tout ce que nous pouvons ajouter, c'est que le possesseur a assez de bon goût pour éviter les accroissements rapides qui noient les chefs-d'œuvre au milieu d'un grand nombre de pièces trop médiocres, et assez d'urbanité et d'amour de l'art pour provoquer lui-même la discussion des connaisseurs à propos des attributions encore incertaines.

COLLECTION DE M. ROBAUT PÈRE

M. Félix Robaut, dessinateur de mérite, habite rue de Bellain, 30, une maison construite sur ses plans et qui, par son élégance, son heureuse situation au fond d'un joli jardin, atteste le bon goût de son possesseur. Dans son atelier, M. Robaut a réuni à grands frais une inappréciable collection de gravures, de lithographies, de dessins et d'aquarelles relatifs au département du Nord, à celui du Pas-de-Calais, mais principalement à la ville de Douai. Ce qu'il a amassé sur celle-ci est véritablement énorme : plans anciens et modernes, vues de monuments de toutes les époques, croquis de maisons curieuses disparues aujourd'hui, portraits, sceaux, cortéges et fêtes publiques, etc., etc., tel est le vaste cadre que ce collectionneur infatigable a déjà bien élargi, sans cependant renoncer à le remplir. Une partie de cette collection est l'œuvre soit du crayon de M. Robaut lui-même, soit de celui de M. Alfred Robaut, à qui son père a transmis la lithographie qu'il dirigeait. Le lecteur nous pardonnera de lui éviter une stérile énumération, mais nous ne pouvons oublier un plan détaillé et de grande dimension de Douai à la fin du XVIIe siècle, sur lequel M. Robaut a reproduit, avec une minutieuse exactitude, non-seulement les monuments avec leurs principales décorations architecturales, mais encore leur dimension réduite à l'échelle. M. Robaut est aussi l'auteur des croquis de la fête historique qui marquera l'année 1861 dans les fastes douaisiens. Non-seulement l'archéologue et l'artiste trouveront dans ses cartons de précieux documents, mais encore ils sont certains de rencontrer un homme aimable et complaisant, animé du feu sacré de l'art et de l'amour de sa ville natale.

Les articles spéciaux qui précèdent ne donneraient d'ailleurs à l'étranger qu'une idée bien imparfaite du développement qu'a pris l'amour des beaux-arts dans notre ville, s'ils devaient lui faire penser que les personnes par nous citées sont les seules qui apprécient à leur valeur un beau tableau ou un objet de haute curiosité. S'il lui était donné de pénétrer dans certains hôtels de la ville, il y trouverait des toiles qui ne dépareraient pas un musée ou de grandes collections. Citons M. Allard père, ancien notaire; M. Dumortier, négociant; M. l'abbé Héroguer, doyen de Saint-Pierre; M. Locoge; M. Adolphe Thomassin et M. le baron Charles de Warenghien; chez M. Losserand, il verrait surtout de vieux panneaux gothiques fort curieux et quelques anciens portraits de personnages douaisiens du XVIIe siècle; chez Mme la comtesse douairière De Guerne, il admirerait le *portrait* de C. Bloemart, par son fils *A. Bloemart*, un buveur et deux femmes de *Craesbecke*, *David vainqueur de Goliath*, par *Le Guide*, une *prison de l'Inquisition*, par *Decamps*, la *curée d'Oudry*, *scènes de la comédie italienne*, par *Watteau*, etc., etc. Nous devons nous borner à ces quelques indications, car si les heureux possesseurs de ces œuvres d'art ont bien voulu, dans une occasion spéciale, les mettre sous les yeux du public, elles ont maintenant repris leur place dans le sanctuaire de la vie privée dont nous n'avons pas le droit de les faire sortir.

NUMISMATIQUE.

Le goût de la science numismatique est depuis longtemps fort répandu à Douai, et il semble qu'il a fait aujourd'hui élection de domicile principalement dans la magistrature de cette ville. Parmi les collections principales, nous citerons d'abord :

1º Celle de M. le conseiller *Minart*, rue du Pont-des-Pierres, nº 16. On y trouve réunis des monnaies, des médailles, des jetons, des méréaux, en or, argent, cuivre, etc., et en quantité considérable. Il n'est point de série métallique que M. Minart n'ait abordée et dans laquelle, depuis quarante ans qu'il amasse sans relâche, il ne se soit procuré des pièces rares ou curieuses. On remarquera principalement son médailler géographique de la France, si l'on peut parler ainsi, c'est-à-dire la collection des monnaies, médailles et jetons français, classés selon les lieux où ils ont été frappés et à l'histoire desquels ils se rapportent. Elle est très-riche en pièces du pays. Puis viennent les pièces relatives aux XVII provinces des Pays-Bas et qui forment également une série des plus considérables.

A ces richesses, qui se comptent par dizaines de mille, M. Minart a ajouté fort rationnellement une précieuse collection de mandats territoriaux et d'assignats nationaux et municipaux. Cette espèce de monnaie de convention est l'objet de ses persévérantes études, et il y a joint beaucoup de documents imprimés et manuscrits sur cette partie de l'histoire financière de la Révolution française.

Il possède aussi quelques curiosités, parmi lesquelles les plus remarquables sont incontestablement :

Un umbo de bouclier du XIIIe siècle, en bronze, représentant Gédéon en costume de l'époque et tenant la toison biblique; une Vierge en ivoire, portant l'enfant Jésus, morceau intéressant par sa dimension et qu'on peut rapporter au XIVe siècle.

2º M. le conseiller *Farez*, rue de Paris, nº 71, a consacré ses recherches à deux spécialités : les monnaies romaines et surtout les consulaires, et les pièces relatives à Cambrai, sa ville natale, et au Cambrésis. Dans ces deux catégories, sa collection peut être considérée comme une des plus complètes et des plus riches qui existent.

3° *M. Preux fils*, substitut du procureur-général, rue des Blancs-Mouchons, n° 20 ter, s'occupe exclusivement des jetons et de ce qui rentre dans cette série ou qui s'en rapproche; par exemple, les monnaies obsidionales, les assignats métalliques, les méreaux, les token anglais. Il possède un peu plus de 4,500 pièces. Certaines séries locales y sont largement représentées. M. Preux a réuni en outre plus de 200 sceaux anciens en bronze et en argent et une collection d'environ 1,200 empreintes sigillographiques en plâtre, cire, métal, etc.

4° *M. A. Hazard*, aussi substitut du procureur-général, rue de la Madeleine, n° 12, a colligé environ 4,000 pièces, de toute nature et de tout métal ; cependant, c'est surtout aux monnaies royales françaises qu'il s'attache, et plusieurs raretés en ce genre figurent sur ses cartons. Il a aussi de beaux jetons.

5° *M. Théry*, juge de paix, rue de Paris, n° 124, s'occupe avant tout de médailles romaines, consulaires et impériales. Il ne recueille qu'accidentellement les échantillons qu'il vient à rencontrer d'autres séries numismatiques.

6° M. le *docteur Duhem*, rue Saint-Jean, n° 21, a fait sa spécialité de la numismatique de la première Révolution française, et il ne néglige rien pour compléter cette série, sur laquelle son médailler renferme déjà beaucoup de choses. Aux médailles relatives à cette époque si intéressante de notre histoire, M. Duhem associe, d'ailleurs, les objets de toute nature qui en portent le cachet : plaques, boutons, éventails, sceaux, etc., etc., ainsi que les brochures du temps. Enfin, cet amateur possède une jolie collection d'autographes modernes, d'écrivains, de publicistes, d'artistes, etc., etc.

Parmi les Douaisiens qui s'occupent de numismatique avec fruit et ardeur, mais qui ne se sont pas spécialisés, nous citerons encore MM. les docteurs *Faucheux* (rue de la Cuve-d'Or, n° 14), et *Lequien* (rue des Wetz, n° 31); outre les monnaies et les jetons, le premier recueille aussi les anciennes médailles de piété; *M. Estabel*, avoué (place du Marché-au-Poisson, n° 5); *M. Delcambre-Dubron* (rue de la Mairie, n° 36), chez lequel on verra de rares monnaies orientales.

Enfin, *M. Boutique*, avoué (rue d'Arras, n° 54), s'est consacré exclusivement aux monnaies royales françaises, aux médailles et pièces populaires de la révolution de 1848, et enfin aux jetons français des établissements royaux, tels que la Chambre aux deniers, les Galères, l'Artillerie, les Reines et Dauphines. Il possède dans cette dernière série un ensemble vraiment hors ligne de plusieurs centaines de pièces, d'une conservation admirable et tout-à-fait fleur de coin.

Pour être admis à visiter ces collections, il faut en général que l'amateur étranger se fasse présenter.

Nous avons pensé que c'était ici le lieu le plus convenable pour parler d'une réunion de médailles et de monnaies qui n'appartient cependant pas à un particulier : *le médailler de la ville de Douai*, quoiqu'il soit déposé à la Bibliothèque publique. Le défaut de classement complet a exigé jusqu'à présent qu'on n'exhibât cette collection qu'avec une grande réserve. Nous pouvons dire cependant qu'elle renferme une belle suite de pièces romaines et gauloises, dont un grand nombre en or. Ce qui ajoute à leur intérêt, c'est qu'elles ont été trouvées en majeure partie dans le pays. Le fonds provient du cabinet de l'abbé Carlier, de Bavai. On doit au gouvernement les médailles frappées à la Monnaie pour les règnes de Louis XIV et de Napoléon Ier et pour les époques plus récentes. On nous assure qu'il sera prochainement satisfait aux vœux des amateurs et qu'on fera passer successivement sous les yeux, dans la vitrine de montre, toutes les parties du médailler.

BIBLIOTHÈQUES.

Indépendamment de la bibliothèque municipale, la ville de Douai renferme un assez grand nombre de bibliothèques particulières importantes, et aussi des bibliothèques spéciales, annexées à des établissements publics, mais exclusivement destinées à certaines classes de lecteurs. Dans cette dernière catégorie, nous citerons : 1° Au Palais-de-Justice, la *bibliothèque de la Cour impériale* et celle *des avocats*; celle-ci, notamment, tenue au courant à l'aide d'une cotisation annuelle, contient tous les traités les plus importants sur le droit ancien et moderne ;

2° *La bibliothèque de l'école d'artillerie*, composée de plus de 4,000 volumes. Elle est riche surtout en ouvrages sur les sciences mathématiques et physiques, sur la chimie, sur l'art des constructions, sur l'histoire militaire, la stratégie, etc. On y trouve aussi des manuscrits et des dessins, fruits des travaux des officiers de l'arme. Le premier atelier de lithographie qui ait existé dans notre ville avait été établi à l'école d'artillerie, et on trouve encore dans les collections quelques vues de Douai ou des environs, reproduites par ce procédé et dues au crayon des professeurs ;

3° *La bibliothèque du Lycée*, à l'usage des élèves et des professeurs de ce bel établissement. Le fonds primitif en a été formé lors de la réorganisation de l'instruction publique au moyen d'un envoi de 3,000 volumes pris dans le dépôt existant au Musée ;

4° *La bibliothèque de la Faculté des Lettres*, établie aux frais de la ville. Elle renferme surtout des ouvrages de haute littérature classique, de philosophie et d'histoire ;

5° Dans les bâtiments de la Faculté, *la bibliothèque de la Société de Médecine*. Elle est riche, principalement en collections de journaux scientifiques et de revues médicales ; on y voit aussi quelques beaux ouvrages d'anatomie, avec planches, et un grand nombre des traités classiques modernes sur les diverses branches de l'art de guérir.

6° Enfin, *la bibliothèque de la Société d'Agriculture, Sciences et Arts*. Nous en avons déjà parlé page 100.

BIBLIOTHÈQUES PARTICULIÈRES. — Depuis que l'importante bibliothèque de M. le président *Bigant* a été livrée aux enchères, en 1860, il n'en existe plus, dans Douai, qui possède une réunion aussi considérable d'ouvrages, de brochures, de feuilles volantes, relatifs à l'histoire de la Flandre et spécialement de notre cité. Celles qui se distinguent le plus aujourd'hui, sous ce rapport, appartiennent à M. le conseiller *Minart* et à Mme la comtesse douairière *de Guerne*. Le premier possède une foule de documents manuscrits et imprimés que l'on chercherait vainement ailleurs, des chartes originales, des titres anciens et un ensemble assez complet de traités sur les coutumes, l'ancien droit et tout ce qui s'y rapporte. On peut faire de la bibliothèque de M. Minart un éloge analogue à celui que nous avons fait de son médailler ; il n'est, en effet, presqu'aucune série bibliographique dont il n'ait placé sur ses rayons quelque spécimen intéressant.

La bibliothèque de Mme de Guerne présente un caractère différent ; son mari, M. le comte de Guerne, ancien maire de la ville de Douai, s'était attaché avec un soin particulier à réunir les livres imprimés dans notre ville, et, à force de persévérance, il était parvenu à s'en procurer un très-grand nombre, parmi lesquels beaucoup constituent les seuls exemplaires connus ; aussi le traité spécial consacré à l'histoire de l'imprimerie dans nos murs cite-t-il fréquemment le nom de cet amateur éclairé. M. de Guerne ne s'était pas borné d'ailleurs aux livres douaisiens, sa bibliothèque était riche en ouvrages précieux dans tous les genres.

Parmi les spécialistes, nous devons encore faire mention de M. le conseiller *Tailliar*. Sa bibliothèque se distingue par deux catégories bien tranchées, mais aussi remarquables l'une que l'autre. Depuis longtemps livré à l'étude des institutions dans l'antiquité et dans le moyen-âge, ainsi qu'à la recherche des lois qui régissent la marche de l'humanité, M. Tailliar a réuni, d'après un plan méthodique, presque tous les ouvrages publiés sur ces importantes matières. On y rencontre notamment la plupart des savants traités dont elles ont été l'objet en Angleterre et en Allemagne. Une autre partie de sa bibliothèque est relative à la révolution française et particulièrement aux Jacobins ; elle comprend beaucoup de mémoires, de pièces et de pamphlets rares.

Enfin, M. le baron Charles *de Warenghien*, héritier des goûts de son père, s'est attaché surtout aux curiosités bibliographiques, et parmi celles-ci, aux œuvres des anciens poètes du Nord de la France. D'intéressants documents généalogiques, le manuscrit original des curieux mémoires de Monnier de Richardin, professeur à l'université de Douai, sur les affaires de celle-ci à la fin du XVIIe siècle, ajoutent encore à la valeur de son cabinet.

COMMERCE ET INDUSTRIE.

Comme nous l'avons dit à la page 15 de ce Guide, c'est au XIIIe siècle que l'industrie et le commerce prirent à Douai des développements qui permirent à notre ville de rivaliser avec les riches cités de la Flandre. On en trouverait la preuve dans l'immense quantité de *bans* ou ordonnances des échevins qui, à cette époque, réglèrent des industries naissantes ou organisèrent les corps d'état dont les membres étaient devenus assez nombreux pour former une corporation. Au nombre des fabrications les plus florissantes alors, la plus importante, celle qui faisait en partie la prospérité de la ville de Douai, c'était la *draperie*. Le nombre des ouvriers de toute espèce qui se concentraient autour du tissage du drap et des étoffes analogues, *foulons, cardeurs, fileurs, tendeurs de lisse, tisserands, tondeurs de grande forche, teinturiers, pigneresses, courtiers de Waide* (1), etc., était considérable, assez même, parfois, pour exciter en ville des séditions ou des grèves, appelées *takehans*, dont les échevins avaient peine à réprimer les excès.

La réputation de nos draps s'étendait jusqu'en Italie, où on les nommait *Duago* ou *Duagio*, par corruption du nom de la ville.

Pour se procurer les laines nécessaires, les négociants de Douai avaient établi avec l'Angleterre, dès le commencement du XIIIe siècle, des relations que les souverains de ce dernier pays encouragèrent par de nombreux privilèges ; la première

---

(1) On appelait *Waide*, la gaude (*Reseda luteola*), plante qui servait à la teinture en jaune et peut-être aussi la garance.

charte, que l'on trouve à cet égard, remonte à 1237, et ils furent confirmés à plusieurs reprises en 1263 et en 1318. Enfin les marchands eux-mêmes, pour mieux défendre leurs intérêts, contractaient entre eux des espèces de sociétés qui avaient leur réglement approuvé par les échevinages de leurs villes respectives; c'est ainsi qu'en 1261, les marchands de Gand, d'Ypres, de Douai et de Cambrai avaient formé entre eux une sorte d'alliance commerciale.

La ville de Douai possédait une *Franche foire*, les marchands qui y venaient recevaient un sauf-conduit de huit jours; de leur côté, les marchands de Douai se rendaient à celles de Champagne, de Bourgogne et de Brie, et l'on voit qu'en 1249, ils avaient un local spécial pour la vente des draps à la halle d'Arras, et qu'à Paris, au commencement du XVe siècle, la ville de Douai possédait une halle dont une partie fut vendue en 1423, parce que les maisons qui en faisaient partie tombaient en ruine. Cette circonstance montre que le commerce douaisien était déjà alors en souffrance et que la prospérité dont nous parlions plus haut était malheureusement disparue. Dès 1390, en effet, on voit des plaintes s'élever à cet égard et tous les efforts des échevins se portent avec sollicitude sur les moyens propres à rétablir l'ancien état de choses; ainsi, dans l'espoir de faire revivre le commerce, ils autorisent les drapiers à faire différentes nouvelles étoffes; mais ce fut en vain; les causes de cet état de souffrance de la ville n'étaient pas de celles auxquelles on obvie par de semblables moyens.

A partir des princes de la maison de Bourgogne, notre malheureuse cité s'était vue accablée de subsides ou de contributions prétendues volontaires; sa situation frontière entre le Cambrésis, l'Artois, le Hainaut, l'exposait plus qu'aucune autre à souffrir, comme le disaient les échevins, *martyres, foules et oppressions*. Pour se défendre contre les ennemis qui l'entouraient, il fallait que la ville élevât des fortifications, entretînt des garnisons, le tout à ses frais; elle ne pouvait subvenir à ces dépenses qu'au moyen d'emprunts, que de nouvelles charges l'empêchaient de rembourser. En 1418, les bourgeois de Douai n'osaient plus sortir de la ville dans la crainte d'être arrêtés, eux et leurs marchandises, à la requête des créanciers de celle-ci. En 1582, la récolte n'était assurée, autour des murailles, qu'à la condition de payer, pour la protéger, un corps de mercenaires (1). Ne nous étonnons donc point de voir en 1543 les échevins vendre coup sur coup une partie des propriétés communales, puis frapper d'impôts les produits mêmes de la fabrication locale. En 1597, la ville était si pauvre qu'elle ne trouvait pas dans ses caisses 200 florins, et qu'elle devait les emprunter. En 1676, les maisons tombaient en ruine; au milieu du XVIIIe siècle, tous les budgets de la ville se soldaient en déficit. C'est donc bien à tort que de graves auteurs ont attribué à la révocation de l'édit de Nantes la décadence du commerce douaisien; la chose n'est pas si récente; ils oubliaient d'ailleurs qu'aux termes des capitulations, l'exercice de la religion réformée n'avait pas été toléré à Douai, La draperie avait péri depuis longtemps, quand en 1807 on déposa au Musée la dernière *Force de Tondeur*.

En 1543, huit maîtres *mulquiniers* de Cambrai, réfugiés à Douai pendant la guerre, avaient obtenu des *Consaux* la permission d'élever leurs métiers dans cette ville. Cette fabrication devint bientôt assez florissante pour que l'industrie des *batistes* fut signalée au commencement du XVIIe siècle comme une de celles dont s'enorgueillissait notre cité. Elle existait encore en

---

(1) De 1651 à 1655, des circonstances analogues coûtèrent à la ville 50,000 florins.

1683, mais elle disparut ou du moins elle n'avait plus d'importance au commencement du XVIIIe siècle.

Tandis que les diverses industries douaisiennes disparaissaient ainsi peu à peu, il restait un négoce qui continuait à fleurir. Nous voulons parler du *commerce des grains*, source à laquelle bien des familles durent leurs richesses et qui donnait à ceux qui s'y livraient assez d'influence et de prépondérance pour qu'en 1534, la gouvernante des Pays-Bas défendit qu'il pût y avoir plus de trois marchands de blé dans l'échevinage. Les privilèges spéciaux dont ce commerce était entouré à Douai, avaient été la cause de sa constante prospérité. En 1433, le duc de Bourgogne reconnaissait que de toute ancienneté les blés récoltés dans un rayon de cinq lieues autour de la ville ne pouvaient être vendus que sur le marché de Douai. Ce droit, reconnu à diverses époques, et qui ne souffrit d'exception que lors des disettes, fut consacré encore par des arrêts du conseil d'état en 1682 et 1684. C'était ce qu'on appelait l'*étaple* ou l'*étape* des grains; Douai, Lille, Valenciennes, Arras et Béthune étaient les seules villes de nos provinces qui le possédassent au XVe siècle. Aussi la population s'applaudissait-elle, un siècle plus tard encore, que le blé fut toujours moins cher à Douai que dans les villes voisines, et le fait était si connu qu'en 1437, lors d'une terrible famine, Philippe-le-Bon, comte de Flandre, vint s'établir à Douai avec toute sa cour. « Pour lors « estoit la ville de Douai, dit un vieux chroniqueur, fournie de « grains et au meilleur marché, si bien que c'estoit la meilleure « ville de toute la province. »

L'établissement de l'Université, plus tard celui du Parlement, contribuèrent, avec les causes que nous avons indiquées plus haut, à faire disparaître le commerce et l'industrie. Les esprits se tournèrent vers des questions moins positives et vers les études libérales. Une paix prolongée fut impuissante à ramener l'ancienne prospérité, et ce n'est qu'au commencement de ce siècle, mais surtout dans ces dernières années qu'on vit cesser ces plaintes incessantes sur la stagnation des affaires dans notre ville.

Le réveil de l'industrie commença par l'établissement, vers 1816, de fabriques de tulles. Plusieurs anglais y importèrent leurs métiers, et en 1827 la ville de Douai en possédait à elle seule 50 et l'arrondissement comptait 4,000 ouvriers des deux sexes employés à cette branche d'industrie. Dès les premières années du siècle, on avait aussi créé un petit nombre de manufactures de coton filé. Ces deux fabrications ne sont plus maintenant représentées ici que par quelques usines.

Mais c'est à l'industrie sucrière et surtout à la découverte du charbon aux portes mêmes de la ville, que nous devons de voir le mouvement commercial prendre ce rapide essor qui nous promet de rejoindre bientôt les cités voisines qui nous avaient distancés.

Nous allons donner un rapide aperçu de l'état actuel des principales industries de Douai et de son arrondissement. Nous commencerons par la plus importante, celle des sucres, autour de laquelle s'en groupent un certain nombre d'autres.

On comptait au premier janvier, dans l'arrondissement, 29 fabriques de sucre. Des tentatives avaient été faites pour créer cette industrie avant 1820 ; ce ne fut qu'à cette dernière époque qu'une usine relativement importante fut érigée à Dorignies, hameau de Douai, avec quelques conditions de succès. En 1860, au contraire, le progrès avait été si grand que le mouvement commercial résultant de cette seule branche, s'éleva à 19,800,000 francs. Nous donnerons comme exemples de l'importance de quelques-unes de nos usines, celle du Frais-Marais exploitée sous la raison sociale : Martin et Ce, et fondée en 1851. Ses bâtiments occupent 1 hectare 90 ares de terrain ;

elle emploie 250 chevaux-vapeur, 250 ouvriers y sont occupés pendant la campagne (d'octobre à avril) et elle a produit dans cet espace de temps jusqu'à 1,000,000 de kilog^s de sucre (10,000 sacs).

L'établissement d'Hamage, fondé en 1849, sous la raison sociale : Bayart de la Vingtrie et Ce, emploie 300 ouvriers et produit de 8 à 10,000 sacs de sucre.

La fabrique de MM. Cambier frères, à Lambres, fondée en 1837, occupe 200 ouvriers et produit 6,000 sacs.

Deux usines à Orchies occupent ensemble de quatre à cinq cents ouvriers.

A côté des fabriques de sucre, il faut placer les distilleries d'alcool, soit qu'on l'obtienne des produits de la betterave ou de la fermentation des grains; il en existait environ vingt dans la ville ou aux alentours, à la fin de l'année dernière; la plus grande partie est annexée aux fabriques de sucre. L'établissement d'Hamage, que nous avons déjà cité, livre au commerce 1,000 pipes d'alcool par an; les produits des distilleries se sont élevés en 1860 à 4,405,000 fr. pour l'arrondissement.

Il existe également plusieurs raffineries annexées à des fabriques de sucre ou formant des établissements séparés; la plus importante est incontestablement celle fondée à Douai, en 1852, par une société en commandite, sous la raison sociale Giroud, Cuillier et Cie, au capital de 1,500,000 fr.; cette compagnie a fait élever de vastes bâtiments réguliers, placés en face du débarcadère. Ses magasins, presque contigus au chemin de fer, s'y relient par des rails ; cette belle usine occupe cent dix ouvriers, et il en sort des sucres raffinés en pain, en poudre dits pilés et en poudre dits vergeoise. On y travaille annuellement de 5 millions et demi à 6 millions de kilogrammes de sucre brut.

En 1851, les besoins d'une industrie toujours croissante

nécessitèrent la création d'un établissement communal destiné à emmagasiner les sucres fabriqués, en attendant que le commerce en prenne livraison. Ce magasin a commencé ses opérations le 15 décembre 1851, son succès a été très-rapide; le premier bâtiment fut bientôt reconnu insuffisant et après l'addition de trois magasins, on a dû en construire de nouveaux et enfin un autre beaucoup plus vaste, dont la façade se voit sur la place Saint-Jacques; le tout peut contenir 60,000 sacs à la fois. En 1858, les droits perçus au profit du budget municipal se sont élevés à 54,500 fr.

Le 25 mai 1860, la ville de Douai ayant été autorisée à créer et à exploiter un magasin général pour les marchandises nationales et nationalisées, ce magasin fut mis à la disposition du commerce et de l'industrie le 1er octobre suivant.

Dans la même enceinte que les deux établissements qui précèdent, se trouve enfin l'entrepôt réel des douanes; tous trois sont depuis peu reliés à la gare des marchandises du chemin de fer du Nord par une voie ferrée qui facilite beaucoup les transbordements.

L'industrie sucrière a trouvé moyen, grâce aux recherches nouvelles de la chimie, d'utiliser des résidus (*vinasses* en langage technique), autrefois sans valeur et qui, versés dans les fossés ou dans les cours d'eau, détruisaient le poisson et infectaient le pays; les grandes distilleries se sont généralement annexé des fabriques de produits chimiques qui donnent du carbonate de potasse et de soude, du sulfate et du muriate de potasse.

On aura une idée de l'importance relative de ces diverses fabrications, si nous disons que l'usine d'Hamage produit en regard de 10,000 sacs de sucre et de 1,000 pipes d'alcool, 180,000 kilog. de sels raffinés de potasse et de soude.

Au nombre des industries qui se rattachent encore à la fabrication du sucre, il faut citer celle du noir animal ; plusieurs usines considérables s'occupent de la fabrication ou de la révification de cet agent jusqu'ici indispensable. Le mouvement de fonds auquel elles ont donné lieu monte à environ 500,000 fr. par an.

Industrie houillère. — C'est en 1773 que fut fondée la première compagnie de recherches de houille dans notre arrondissement : la Société prit le titre de *Société des mines d'Aniches* ; après bien des efforts infructueux, elle découvrit le charbon à Aniches, dans *la fosse Sainte-Catherine*, le 11 septembre 1778. La concession s'étend aujourd'hui sur une superficie de 118 kilomètres carrés ; les travaux de la compagnie avaient été restreints à Aniches et à Somain, jusqu'en 1852 ; à cette époque, *la fosse Gayant* fut ouverte sur le territoire de Waziers, à moins d'un kilomètre de la porte de Douai. Elle donna du charbon en juillet 1855 ; une autre fosse a été creusée non loin de cette dernière, en juillet de l'année suivante, l'exploitation date de juillet 1857 ; enfin une avaleresse commencée à Dechy en avril 1860, a atteint la profondeur de 155 mètres.

La Société des mines d'Aniches a en tout sept puits d'extraction, deux puits en percement et un puits d'aérage. Ces travaux successifs ont singulièrement accru la production de la houille ; elle n'excédait pas 40,000 quintaux métriques par an en 1788, elle a été en 1860 de 3,000,000 d'hectolitres de houille dure à courte flamme et grasse à longue flamme. Cette compagnie emploie 2,200 ouvriers dont 1,600 à Aniches et 600 à Douai, 63 chevaux et 19 machines à vapeur d'une force totale de 990 chevaux-vapeur.

Six des fosses sont reliées au chemin de fer du Nord et au canal de la Scarpe par des embranchements ferrés de 8 kilomètres de développement. Outre des constructions importantes d'ateliers, bureaux, etc., la Compagnie possède 332 maisons pour le logement d'une partie de ses ouvriers. En résumé, la Société des mines d'Aniches, dont le siége est à Auberchicourt, figure parmi les trois ou quatre exploitations les plus considérables de la France.

A côté de la Société d'Aniches, se créait à la fin du siècle dernier la Compagnie dite *d'Azincourt*; après avoir trouvé le charbon, elle rencontra des difficultés telles, qu'elle dut interrompre les travaux; le 29 décembre 1840, une nouvelle Société se constitua sous le même nom et établit son siége social à Aniches, avec une concession de 10 kilomètres carrés. Elle possède maintenant trois fosses, situées à Azincourt, à Aniches et à Monchecourt; elle occupe 500 ouvriers, son extraction annuelle s'élève à 450,000 quintaux métriques de houille grasse à longue flamme; elle a 75 maisons d'ouvriers, et une caisse de prévoyance et de secours mutuels.

La compagnie de *l'Escarpelle*, fondée vers 1849, a son siége social au lieu dit *l'Escarpel*, commune de Roost-Warendin, près Douai; trois fosses sont actuellement exploitées : à l'Escarpel, au Forest et à Flers; cette dernière donna du charbon pour la première fois en octobre 1860. La société extrait 5,000 hectolitres par jour d'anthracite et de houille demi-grasse.

La Compagnie *Douaisienne*, créée en 1855, a son siége à Douai; elle compte déjà une fosse en exploitation et une avaleresse à Oignies.

Enfin tout récemment une société de recherches s'est fondée à Douai, sous le nom d'*Escarpel midi*; elle a trouvé le charbon, en deux sondages effectués à Courcelles (Pas-de-Calais.)

Ces quelques détails suffisent pour faire pressentir quelle peut être, dans notre arrondissement, l'importance de la production de la houille; elle représente pour 1860 un chiffre total de 7,875,000 fr. Comme emploi direct de la houille, il existe à Somain des *fours à coke;* à Flers, deux établissements pour la fabrication de *l'huile pyrogénée;* à Somain encore, des fabriques d'*huile de schiste* et de *benzine;* enfin à Aniches et à Somain, des usines pour la fabrication d'*agglomérés* ou briquettes faites avec le poussier de charbon et de coke. Il faut rattacher encore à ces industries celle du *gaz;* Douai, Orchies et Marchiennes sont pourvus de gazomètres pour l'éclairage local; la plupart des grandes usines ont leur gazomètre spécial qui sert même à une partie des villages auprès desquels elles sont situées.

Nous placerons ici des renseignements succincts sur la *construction des machines* et sur les *établissements métallurgiques* de l'arrondissement, car c'est surtout aux développements de l'industrie sucrière et à la présence de la houille que nous avons dû de les voir prospérer. Dans Douai même et contre la voie du chemin de fer est placée une des trois succursales de la compagnie J.-F. Cail et Cie, dont le siège est à Paris. L'établissement de Douai, fondé en 1853, s'occupe de travaux de construction d'appareils de toutes sortes et spécialement pour les sucreries et distilleries; son importance s'accroît chaque jour; il emploie actuellement 150 ouvriers; il est dirigé et administré spécialement par MM. Lachaume, l'un des directeurs de la régie de Denain (ce sont les trois succursales du Nord) et Gosselin, agent administratif de ladite régie.

A côté de cet établissement, au hameau de Dorignies, nous signalerons l'importante usine de fonderie et de construction de machines de MM. Coudroy et Cie; dans le courant de l'année dernière, le gouvernement lui a confié la confection de batteries flottantes en fer. Il existe encore à Orchies un atelier de construction de machines occupant 40 ouvriers; à Férin, une fabrique de marteaux et de lames de rapes pour les usines à sucre; à Douai, une grande manufacture de limes par des procédés mécaniques; c'est un établissement intéressant fondé le 16 avril 1858, et le seul, si nous ne nous trompons, qui soit en France. Citons encore diverses fonderies de fer et de cuivre à Aniches, Marchiennes, Sin; une fonderie de cloches dans cette dernière localité; une manufacture d'instruments aratoires perfectionnés, dirigée par MM. Bootz frères et Leroy, à Douai, etc., etc.

L'industrie métallurgique est représentée en produits pour l'année 1860, par un chiffre total de 2,000,000 francs.

L'*industrie de la verrerie* a son centre principal à Aniches. Une usine hors ligne, celle de MM. Drion-Quérité, Patou, Drion et Cie, réunit une manufacture de glaces coulées et soufflées de toutes dimensions avec appareils à vapeur pour le polissage; 8 fours à fusion pour le verre à vitre, une fabrique de bouteilles et une manufacture de produits chimiques : acide sulfurique et muriatique, sulfate de soude, chlorure de chaux. Cette usine emploie 800 ouvriers; son énorme cheminée s'aperçoit au loin. Trois autres verreries à vitre comprenant ensemble 8 fours à fusion et occupant 410 ouvriers existent encore dans la même commune; on y construit une *gobeletterie* (fabrique de verres à boire); enfin trois manufactures de bouteilles, bocaux, dames-jeannes, etc., sont en activité à Raches, au Frais-Marais, hameau de Douai, et à Douai; cette dernière, dirigée par M. Chartier, livre surtout des dames-jeannes pour l'exportation en Amérique.

Les produits de l'industrie de la verrerie se sont élevés en 1860, à 3,670,000 fr. dans l'arrondissement de Douai.

Si nous passons maintenant aux *industries textiles*, nous trouverons à signaler : plusieurs filatures de lin, dont quatre à Douai; des filatures d'étoupes; une filature de chanvre à Aubigny-au-Bac, occupant 150 ouvriers; enfin plusieurs fabriques de ouate. Les premières préparations du lin (*Rouissage*) se font surtout dans la commune de Féchain, à cause des marais voisins; 400 ouvriers y sont employés par plus de 40 industriels ou marchands de cette matière première.

Le tissage des articles de Roubaix donne de l'ouvrage à Saméon à environ 325 personnes.

Mentionnons encore quelques fabriques de tulle; des ateliers de broderies sur tulle, et la succursale de la très-importante maison *Dognin fils et C*º (de Lyon), établie dans notre ville depuis 1857. Elle occupe pour la broderie des dentelles de soie et laine, à Douai et dans nos environs, 400 ouvrières.

L'industrie linière à elle seule est représentée en 1860, par un chiffre de produits de 19,000,000 fr. pour l'arrondissement de Douai.

Si nous ajoutons à ces chiffres les produits de *l'industrie des cuirs* (3,000,000 fr.); ceux *des huiles végétales* (6,000,000 fr.); ceux *de la meunerie* (12,000,000 fr.); ceux *des savons* (450,000 fr.); ceux enfin *de la brasserie* (3,120,000 fr.) (1), nous aurons le total de 81,820,000 fr. pour les principales industries seulement. Cette somme justifie pleinement ce que nous avions avancé, en commençant ce chapitre, sur l'importance industrielle toujours plus considérable de notre arrondissement. On arriverait à un chiffre bien plus élevé encore si on tenait compte des manufactures de *chicorée* et de *chocolat*; des *salines*, des fabriques de *pannes*, de *tuyaux de drainage*, des *briqueteries*, des *fours à chaux*, des *carrières de grès*, etc.

Pour compléter ce tableau de l'état industriel, nous y joindrons quelques mots sur les produits de l'agriculture :

---

(1) Production en 1859 dans l'arrondissement de Douai, 224,114 hectolitres de bière répartis entre 79 brasseries.

Sur 47,132 hectares qui forment la superficie de l'arrondissement, 22,312 étaient, en 1858, cultivés en blé, céréales et légumes secs et produisaient 610,769 hectolitres; 4,860 hectares en betteraves qui produisaient 1,832,220 quintaux métriques; 3,817 en graines oléagineuses, qui produisaient 44,564 quintaux métriques: 1,259 en plantes textiles qui produisaient 492,008 quintaux métriques; 5,352 en prairies naturelles et artificielles; 155 hectares seulement restaient alors en jachères.

Quelques faits achèveront enfin de donner la preuve de l'accroissement extraordinaire que le commerce et l'industrie ont pris à Douai et dans les environs depuis quelques années seulement. Il y a quinze ans, il n'existait dans notre ville que deux banquiers qui suffisaient pleinement à tous les besoins. Nous avons vu successivement s'établir : en 1849, le Comptoir d'Escompte au capital de 600,000 fr., vers 1852, une succursale de l'importante maison Dupont, Deparis et Cie de Valenciennes, et enfin le 1er février 1858, la Caisse commerciale et industrielle de Douai. Le nombre des courtiers de commerce ou agents de change vient d'être élevé de deux à huit, et le marché au sucre inauguré le 24 octobre 1856, dans une chambre d'hôtel, s'est insensiblement transformé en une *Bourse* réelle où se traitent des affaires considérables, dans les vastes salons du *Cercle commercial*.

ENVIRONS DE DOUAI.

Fort-de-Scarpe. — Ce fort est situé au confluent de la Scarpe et de la Deûle, à deux kilomètres des remparts de Douai, auxquels il est relié par un chemin couvert. Il fut construit par l'ordre du comte de Grobendonck, en 1644, avec l'autorisation de Dom Francisco Mello, gouverneur-général des Pays-Bas. Le Magistrat de Douai avait conçu sur cette édification quelques inquiétudes que Dom Mello dissipa. Sous la domination espagnole, on l'appelait le *Fort-Saint-Antoine*. Louis XIV s'en empara en même temps que de la ville en 1667. Non-seulement alors on répara les brèches, mais on le reconstruisit presque en entier. En 1672, cette reconstruction fut terminée, et ce fort a gardé depuis lors la forme d'un pentagone régulier que lui donna Vauban. Jusqu'en 1790, malgré son voisinage de Douai et son peu d'importance, il eut cependant ses gouverneurs particuliers; le dernier fut M. Turpin de Crissé. Il servit de prison politique en 1794, 1795 et 1808. Il renferme différents bâtiments à l'usage d'une garnison en cas de guerre, le logement du capitaine commandant militaire et une petite église. C'est contre les murailles du Fort-de-Scarpe que se firent, quelques mois avant la campagne d'Italie, les premiers essais de canons rayés. Une brèche fut ouverte rapidement, et le succès obtenu décida l'adoption de l'arme nouvelle.

Au pied du Fort-de-Scarpe, on verra avec intérêt les travaux d'art construits à l'embranchement de la Scarpe et de la Deûle, et consistant en barrages éclusés.—Une fosse de houille, dépendant de la concession de l'Escarpelle, se trouve en pleine exploitation, à peu de distance au-delà du Fort-de-Scarpe, sur la route.

Polygone. — On appelle ainsi le champ de manœuvres où l'artillerie s'exerce au tir du canon, à la construction des batteries, aux grandes manœuvres de campagne, etc. Il fut établi en 1767, sur le territoire de Dorignies, hameau de Douai ; il a été depuis lors successivement agrandi en raison de la portée plus considérable des armes, et depuis l'introduction des canons rayés, sa longueur est devenue insuffisante. Il forme un vaste rectangle entouré de beaux arbres, à l'extrémité duquel on a élevé une petite colline artificielle, *la butte*, destinée à arrêter les projectiles. Tous les ans, on y fait des écoles de nuit auxquelles le public ne manque jamais d'aller assister; c'est encore là qu'on a tiré pendant quelques années le feu d'artifice à la fête du 15 août. Le Polygone est situé à un kilomètre de la ville; on s'y rend par un chemin spécial qui part de la porte d'Ocre.

Wagnonville. — A gauche du Polygone et à un peu plus d'un kilomètre de la ville, se trouve le hameau de Wagnonville. Ce sont quelques maisons autour d'un château. Ce dernier fut rebâti en 1620. Il est composé d'un corps-de-logis servant à l'habitation avec pignons en étages, d'une jolie chapelle et d'une porte ancienne flanquée de deux tourelles. Placé au milieu de grands arbres, entouré d'eaux vives fournies par l'Escrébieux qui remplit les fossés, il rappelle avec ses façades de briques rouges les paysages qu'affectionnaient les peintres flamands du XVIIe siècle. Son propriétaire actuel, M. Foucques, est un homme instruit, qui consacre une partie de sa grande fortune à recueillir en Italie tous les documents relatifs à notre statuaire Jean de Bologne, et à réunir celles de ses œuvres qu'il peut acquérir. Avec une amabilité dont les promeneurs lui savent gré, il laisse ouvert aux habitants de la ville, son parc, un des sites les plus agréables des environs.

Château de Cuincy. — M. le marquis d'Aoust possède à Cuincy, sur l'emplacement de l'ancien château de la famille Blondel, une splendide habitation entourée d'un parc à la française; les bâtiments, récemment restaurés, ont été construits en 1750; les propriétaires y ont réuni des tableaux de grand prix et des objets d'art. Les archives du château contiennent beaucoup de chartes anciennes.

On trouve dans l'église du village de Cuincy, auquel touchent les fossés du château, une belle pierre tumulaire d'un seigneur de la famille de Blondel. Elle est placée sur le sol du chœur.

Cuincy est à deux kilomètres de Douai; on s'y rend par la porte d'Equerchin.

Chapelle de Notre-Dame-des-Affligés. — Près de cette même porte, dans le faubourg qui porte son nom, sur le territoire de Cuincy, est une petite chapelle moderne consacrée à la Vierge. Ce lieu de pèlerinage est le Longchamp de la petite bourgeoisie douaisienne; les jours consacrés sont le lundi de Pâques et le lundi de la Pentecôte.

Château de Gœulzin. — Cette habitation de la famille Taffin d'Heursel date du XVIIe siècle; elle a reçu depuis quelques années de notables embellissements, et les anciens corps-de-logis ont été restaurés avec goût. Une pièce d'eau baigne le pied de l'édifice. L'église du village était autrefois la chapelle du château; elle renferme les pierres tumulaires de la famille Taffin. Les jardins, dessinés à l'anglaise, sont facilement ouverts au promeneur par la gracieuse amabilité du propriétaire actuel, qui, dans l'intérêt des cultivateurs qui l'entourent, a fait établir l'an dernier, près de sa demeure, un moulin à farines et une batteuse publique pour toutes sortes de grains.

Gœulzin est à cinq kilomètres de Douai ; on s'y rend par la porte de Paris.

Montigny. — Le village de Montigny est situé sur une éminence sablonneuse. Cette position un peu élevée au-dessus de la plaine, rendait autrefois ce point important sous le rapport stratégique. Un château-fort y fut construit ; il n'en reste aujourd'hui que deux tours fort anciennes formant l'entrée d'une ferme.

En 1853, M. Lambrecht, ingénieur des ponts-et-chaussées, commença la construction d'un magnifique château dans le style gothique de la fin du XVIe siècle, au milieu du bois de Montigny, qu'il découpa en parc. Ce manoir à tourelles offre au premier aspect tout le pittoresque d'un monument véritablement du temps. Les dépendances sont encore, s'il est possible, plus remarquables : vastes écuries, basses-cours remplies de volatiles rares, serres, potager, tout est maintenu avec luxe dans un parfait état d'entretien. Les promeneurs sont toujours parfaitement reçus dans le parc de Montigny.

Montigny est sur le chemin de fer du Nord ; c'est la première station dans la direction de Valenciennes et de Cambrai.

Lallaing. — On voit encore à Lallaing la trace des anciens fossés et deux grosses tours qui formaient la porte d'entrée de l'enceinte générale du château appartenant à l'illustre famille de ce nom, à laquelle ont succédé les d'Aremberg. L'église du village formait une dépendance de cet édifice.

Une habitation moderne, au milieu d'un beau parc dessiné à l'anglaise et pourvu d'eaux vives, existe également à Lallaing. Elle appartenait à M. le comte de Montozon, mort pair de France, après avoir été longtemps député de l'arrondissement de Douai.

Lallaing est situé à huit kilomètres de Douai, en sortant de la ville par la porte de Lille.

Château de Bernicourt. — Il se trouve sur le territoire de la commune de Roost-Warendin. Il date du XVIIIe siecle; il a passé de la famille Ruyant de Cambronne dans celle de Wavrechin, et il appartient aujourd'hui à M. Genet de Chastenet. Il est remarquable par une grille en fer forgé, beau travail de serrurerie, qui entoure l'avant-cour, et surtout par une magnifique avenue d'arbres séculaires.

On va à Bernicourt par la porte de Lille. Le château est à six kilomètres de la ville.

Nous venons de passer en revue très-rapidement les principaux buts de promenade que le voyageur peut atteindre facilement autour de Douai. S'il voulait pousser plus loin ses excursions, il trouverait encore d'autres lieux dignes de son attention, mais qui sortiraient du cadre que nous nous sommes tracé.

Au point de vue industriel, nous lui conseillerions surtout de diriger ses pas, soit vers les fosses de Gayant et de l'Escarpelle, soit vers les grands centres de fabrication d'Aniches et de Somain. Nous avons consigné, du reste, au chapitre précédent, les détails les plus complets sous ce dernier rapport, et à la fin de ce volume tous les renseignements nécessaires sur les moyens de se rendre dans ces diverses localités.

NOTICE

DES

HOMMES LES PLUS REMARQUABLES

NÉS A DOUAI ET DANS L'ARRONDISSEMENT (1).

Alexandre, *Abbé d'Anchin, près Douai.* — Il écrivit la vie du bienheureux Gossuin, son prédécesseur.

Amand (*Amandus*), *Prieur d'Anchin, près Douai.* — Vivait en 1113. La bibliothèque de l'abbaye conservait de lui en manuscrit : Epistola de vitâ et obitu venerabilis *Odonis* episcopi Cameracensis.

André de Marchiennes, *Religieux bénédictin et prieur de l'abbaye de ce nom.* — Mort vers 1194, âgé de 83 ans. Il avait écrit une chronique en trois livres : De origine rebusque gestis francorum.

Le sire Andrieu. — Trouvère de famille noble, qui paraît avoir vécu au XIIIe siècle.

---

(1) Nous n'avons parlé que des personnes qui n'existent plus ; notre cadre ne nous a pas permis davantage d'y comprendre bien des citoyens dont Douai s'honore, qui ont vécu dans ses murs, mais qui n'y sont point *nés*.

D'Aoust (marquis), *Eustache-Jean-Marie.* — Né à Douai, le 23 mars 1741. Il fut député de la noblesse du bailliage de Douai et Orchies, en 1789; se réunit au tiers-état; fut administrateur du district de Douai en 1791; député du Nord à la Convention nationale, en septembre 1792; commissaire de la Convention dans le Nord. Mort à Douai, le 17 février 1805. Il aimait la science historique, sur laquelle il a laissé des travaux.

D'Aoust, *Eustache-Charles-Joseph.* — Fils du marquis d'Aoust; né à Cuincy, le 27 février 1763. Entra au service militaire à 17 ans; devint aide-de-camp du maréchal Rochambeau, en 1790; général de brigade, en 1793; puis général de division commandant en chef l'armée des Pyrénées-Orientales. Il emporta, le 17 septembre 1793, le camp retranché espagnol de Peyres-Tortes; mais ayant plus tard éprouvé un échec, il fut traduit au tribunal révolutionnaire de Paris, condamné et exécuté le 9 juillet 1794.

D'Auchy, *Nicolas.* — Né à Auchy, au XIIIe siècle. Fut abbé de la riche abbaye de Loos, près de Lille. Il se montra ami des lettres; fit rédiger une chronique de ses prédécesseurs, et construisit une partie des bâtiments du monastère. Mort le 6 février 1289.

Aved, *Jacques-André-Joseph.* — Né à Douai, le 12 janvier 1702. Fils d'un médecin, orphelin dès l'enfance, il vint à Paris en 1721, et y fut élève de Lebel. Il devint membre de l'Académie de peinture en 1734. Célèbre peintre de portraits. Il mourut à Paris, le 4 mars 1766.

Azon. — Chanoine de Saint-Amé de Douai et professeur de belles-lettres en cette ville, au XIIe siècle. Il contribua à l'établissement de la Confrérie poétique des Clercs-Parisiens.

Les Bacquehem. — Cette famille noble et ancienne, qui

possédait depuis plusieurs siècles le château du Liez, dans l'arrondissement de Douai, a produit plusieurs hommes distingués. Celui qui rendit à la ville le plus de services fut le marquis Charles-Alexandre-Joseph *de Bacquehem*, né à Douai en 1737, mort le 29 octobre 1792. Il y fonda la première verrerie en 1786.

De Beauchamps, *Raphaël* (de Bello-Campo).—Né à Douai en 1571. Docteur en théologie; religieux bénédictin de l'abbaye de Marchiennes; prédicateur distingué, théologien profond et historien.

Les Belleforière. — Famille noble et ancienne, qui possédait le château et la seigneurie de Belleforière, près Douai, et à laquelle appartenaient :

Parceval de Belleforière, conseiller et chambellan de Charles-le-Téméraire. Il vivait en 1452;

Michel de Belleforière, chambellan de Charles VIII;

Charles de Belleforière, gouverneur de Corbie, mort vers 1567; — Etc., etc.

Bellegambe, *François*. — Né à Douai vers 1628. Entra chez les Jésuites de cette ville à 16 ans; directeur de sodalités de la Sainte-Vierge, à Lille, puis à Douai pendant 15 ans; auteur sacré de plusieurs ouvrages. Mort à Lille, le 12 juin 1700.

Bellegambe, *Jean*. — Il y a eu au moins deux, si ce n'est peut-être même trois peintres distingués de ce nom, nés à Douai. Le premier vivait en 1521, le second vers la fin du XVIe siècle; le dernier enfin petit-fils d'un des précédents, fut loué par Guichardin; célébré par les poètes de son temps, et appelé, comme son aïeul, *le maître des couleurs*; il se livrait aussi à la poésie, et fut prince de la Confrérie des Clercs-Parisiens. Il mourut en mars 1621.

Bellegambe, *Nicolas*. — Né à Douai. Peintre du XVIIIe

siècle qui ne manquait pas de mérite. Une de ses œuvres est indiquée à la page 83 de ce volume.

Bellegambe, *Vaast.* — Peintre et surtout miniaturiste remarquable, frère du Jean Bellegambe mort en 1621. C'est à son pinceau que l'on doit les peintures qui décorent un précieux manuscrit sur le couvent de Sainte-Catherine de Sienne, appartenant à M. de Coussemaker, de Lille. Il vivait encore en 1622.

De Bérenger, *Jean-François.* — Né à Douai, le 16 juillet 1725. Dirigea, à partir de 1747, la fonderie de canons de cette ville ; fut en 1765 nommé commissaire-général des fontes d'artillerie ; chevalier de Saint-Michel en 1776 ; déplacé en 1793, on le réintégra en 1795. On évalue à 12,000 le nombre des bouches à feu sorties de ses ateliers. Mort le 30 juin 1802.

Bis, *Hippolyte-Louis-Florent.* — Né à Douai, le 29 août 1789. Sous-chef, puis, en 1840, chef de bureau à l'administration des contributions ; auteur des tragédies en vers d'*Attila* (1822) et de *Blanche d'Aquitaine* (1827) ; mais connu surtout par le poème de l'opéra de *Guillaume-Tell* (1829) ; auteur aussi de diverses poésies légères. Mort aux Thernes, près Paris, le 3 mars 1855.

Bommart, *Alfred-Edmond-Alexandre.* — Né à Douai, le 1er février 1815. Ingénieur en chef des ponts-et-chaussées ; dirigea la construction du chemin de fer du Midi ; chevalier de la Légion-d'Honneur et de l'ordre de Léopold de Belgique. Mort à Paris, le 19 février 1861.

Boulogne ou de Bouloigne, *Jean,* dit Jean de Bologne. — Né à Douai en 1524. Fameux statuaire. Fut d'abord élève de Jacob Benels, sculpteur et ingénieur ; se rendit ensuite à Rome, en 1544 ; y devint élève de Michel-Ange ; appelé à Florence par les grands ducs de la maison de Médicis, il y exécuta nombre d'ouvrages remarquables; fut anobli par l'empereur Rodolphe II, le 26 août 1588. Mort à Florence, le 14 août 1608.

Les Bra. — Bra, *François-Joseph*, sculpteur, né à Douai, le 15 novembre 1749. Officier municipal de la ville, en 1794; auteur de la chaire de La Bassée, et de nombreux travaux de décoration publique ou privée.

Bra, *Eustache-Marie-Joseph*, fils du précédent, né à Douai, le 22 mai 1772. Sculpteur comme son père; élève de celui-ci et des académies gratuites de Douai; ornemaniste très-distingué; fut employé aux travaux du Louvre et de l'Arc-de-triomphe du Carrousel, de 1807 à 1811, puis à ceux de Fontainebleau. Mort à Choisi, en 1840. De lui est né à Douai, le 25 juin 1797, *Théophile-François-Marcel* Bra, notre éminent statuaire.

Brayer, *Michel-Sylvestre*. — Né à Douai, le 31 décembre 1769, fit les campagnes de l'Empire, et mourut baron et lieutenant-général.

Brelle, *Jean-Baptiste-Joseph*. — Né à Douai, le 18 août 1754. Fit profession chez les capucins de cette ville, en 1775, sous le nom de P. Corneille; passa ensuite à Saint-Domingue, où il eut le titre d'archevêque; y sacra Dessalines, le 8 octobre 1804, et y couronna Christophe, le 2 juin 1811. Mort à Saint-Domingue, en juillet 1819.

Briez, *Philippe-Constant-Joseph*. — Né à Douai, le 11 juin 1759. Procureur au Parlement de Flandre, puis avocat procureur-syndic du district de Valenciennes; élu en 1792 membre de la Convention nationale, fut envoyé en mission à l'armée du Nord et y déploya une grande activité. Mort à Halle (Belgique), le 23 juin 1795.

Le Bron, *Nicolas* (Nicolaus Brontius). — Naquit à Douai, vers le commencement du XVIe siècle. Jurisconsulte fameux dans son temps; poète et philosophe; mit au jour plusieurs ouvrages dans ces divers genres. Il vivait encore en 1541.

De Calonne, *Charles-Alexandre*. — Né à Douai, le 20 janvier 1734. Procureur général au Parlement de Flandre en 1759; maître des requêtes en 1765; fut chargé des fonctions de procureur général de la Commission qui jugea La Chalotais; intendant de Metz en 1766; intendant de Flandre et d'Artois en 1778; contrôleur général des finances le 4 novembre 1783; chancelier de l'ordre du Saint-Esprit en 1784; quitta le ministère en 1787, après l'assemblée des notables. Mort à Paris, le 28 octobre 1802.

Cambrai, *Alexis-Aimé-Pierre*. — Né à Douai, le 8 avril 1762. Parvint rapidement aux premiers grades militaires, par son courage; nommé général de brigade en 1795, il servit longtemps dans la Vendée. Tué à la Trébia, le 3 juillet 1799.

Caoult, *Walerand*. — Né à Douai. Prêtre bénéficier de la collégiale de Saint-Amé, dans la même ville; auteur sacré. Vivait à Douai en 1600.

Caoursin, *Guillaume*, aussi appelé : canversin, caornsin, cooesinus, coaversinus et courinus. — Originaire de Rhodes et fils d'un rhodien, mais né à Douai, au plus tard vers 1430. Retourna à Rhodes, y entra au service des chevaliers de Saint-Jean-de-Jérusalem; remplit des postes importants dans cet ordre, sans faire profession; était vice-chancelier dès 1462; en 1466, accompagna le grand-maître à Rome, auprès du pape, comme secrétaire; en 1470, alla de nouveau en ambassade près du pape, pour demander du secours contre les Turcs; assista à la défense de Rhodes, en 1479; mort, encore vice-chancelier, à Rhodes, en 1501.

Caulier, *Simon* (simo caulerius). — Né à Flines, près Douai. Professa avec renommée la rhétorique au collége de Marchiennes. Il vivait encore en 1615.

De Caux, *Louis-Victor* (vicomte de Blaquetot). — Né à Douai, le 24 Mai 1775. Devint lieutenant-général; fut nommé ministre de la guerre le 4 janvier 1828. Mort grand'croix de la Légion-d'Honneur et pair de France.

St Chrétien, ou le bienheureux Chrétien. — Né à Douai. Fut, à ce qu'on pense, prêtre ou clerc attaché à l'église de Saint-Albin, de cette ville. Il est actuellement honoré spécialement dans la paroisse Saint-Jacques.

Colpin. *Pierre* (petrus colpinus). — Né à Douai. Docteur en théologie de Douai et professeur royal de catéchisme en 1571; chanoine de la collégiale de Saint-Pierre, en cette ville. Auteur sacré, mort à Douai en 1599.

Commelin, *Jérôme* — Né à Douai, dans le XVIe siècle. Fameux imprimeur, surtout renommé par ses belles éditions grecques; quitta, pour cause de religion Paris, où il exerçait son art, pour s'établir à Genève, puis à Heidelberg. Mort en 1567.

Conroux, *Nicolas-François* (baron de Pepinville). — Né à Douai, le 17 février 1770. S'engagea à 18 ans; fit les guerres de la République; fut aide-de-camp de Bernadotte à l'armée d'Italie en l'an V; se distingua en Hollande; fut nommé général de brigade en 1805; passa en Espagne comme général de division en 1810. Battit Ballesteros à Burnos. Tué aux retranchements du camp de Sarre, le 18 novembre 1813.

Corbineau, *Constant*. — Né à Marchiennes. Prit part à l'expédition d'Irlande comme officier supérieur, en 1796; devint aide-de-camp de l'Empereur et général de brigade. Il fut tué à Eylau, le 9 février 1806.

Corbineau (comte), *Jean-Baptiste-Juvénal*. — Frère de Constant Corbineau. Naquit à Marchiennes, en 1776. Colonel du 20e dragons, créé alors baron de l'Empire; lieutenant-général ; commanda la 16e division militaire ; devint comte Corbineau, grand'croix de la Légion-d'Honneur, pair de France. Mort le 17 décembre 1848.

Du Croquet, *André* (croquetius). — Né à Douai. Docteur en théologie ; prieur de l'abbaye d'Hasnon ; habile prédicateur, qui se fit principalement connaître à Valenciennes. Réformateur bizarre de l'orthographe française. Auteur sacré ; mort de la peste, à Valenciennes, en 1580.

Dablaing, *Jean-Adrien-Joseph*. — Né à Douai, en 1739. Professeur de médecine à l'université de cette ville, en 1790 ; médecin distingué ; a fait paraître divers opuscules sur son art. Mort à Douai, le 9 janvier 1794.

De Forest de Quartdeville, *Eugène-Alexandre-Nicolas*. — Né à Douai, le 22 juin 1762, d'une famille parlementaire. Avocat-général au parlement de Flandre du 4 juillet 1785 jusqu'à la suppression ; maire de Douai, de 1804 à 1811 ; conseiller à la cour impériale de Douai en 1811 ; président de chambre en 1813 ; premier président en 1816 ; membre de la chambre des députés, de 1815 à 1822 ; commandeur de la Légion-d'Honneur en 1836 ; pair de France, le 30 octobre 1837. Mort à Paris, le 16 août 1839.

De Forest de Lewarde, *Édouard-Nicolas-Joseph*. — Frère cadet du pair de France, né à Douai, le 1er avril 1765. Consacra une fortune considérable à soulager dans sa ville natale toutes les infortunes. On lui doit particulièrement la fondation de chambres à l'Hôtel-Dieu ; l'établissement des frères des écoles chrétiennes, pour l'instruction gratuite des enfants pauvres (1818), celui du couvent des sœurs de Sainte-Marie ou Chariotes (1825), pour le soin des malades ; il fonda à à Douai la maison des sœurs de Saint-Vincent-de-Paul (1835-1836), pour la visite des pauvres à domicile et la distribution des secours aux indigents. Mort à Douai, le 9 janvier 1838.

De France, *Renom* (seigneur de Noyelles). — Né à Douai. Fils de Jérôme de France, alors conseiller pensionnaire de Douai. Devint maître des requêtes et conseiller au grand conseil de Malines; président du conseil provincial d'Artois, en 1605; président du grand conseil de Malines en 1622. Mort à Malines, le 24 octobre 1628.

Delannoy, *Pierre*. — Né à Douai, en 1701. Docteur en médecine distingué; professeur de cette faculté à l'université de Douai, en 1747; médecin-major de l'Hôpital-Militaire, en 1743. Mort à Douai, le 24 septembre 1770.

Delattre, *Pierre*, d'Auby. — Né à Auby. Se distingua par ses connaissances en mécanique et en architecture. Mort à Auby, en 1709, avec le titre d'ingénieur travaillant aux ouvrages du roi.

De ses enfants :

Dominique-François Delattre d'Auby, né audit lieu, le 26 février 1665, fut trésorier général de la Flandre;

Et *Pierre-Albin* Delattre d'Auby, né au même lieu, le 1er mars 1668; fut inspecteur général des travaux du roi en Flandre.

Delcambre, *Thomas*. — Né à Douai, le 24 avril 1762. Premier basson à l'académie royale de musique (Grand-Opéra); premier basson de la chapelle du roi; professeur au conservatoire de Paris; chevalier de la Légion-d'Honneur. Mort à Paris, le 6 janvier 1828.

Delcambre, *Victoire-Joseph* (vicomte de Champvert). — Né à Douai, le 10 Mars 1777. Grenadier volontaire, en 1792; sous-lieutenant, le 12 mai 1793; blessé au siège de Maëstricht; colonel du 23e régiment d'infanterie légère, après

Wagram, où il se distingua ; général de brigade, le 23 juillet 1813 ; inspecteur général d'infanterie, en 1829 ; créé vicomte, le 12 février 1824 ; grand-officier de la Légion-d'Honneur, en 1825 ; chevalier de Saint-Louis et de la Couronne-de-Fer, de l'Aigle-Rouge de Prusse. Mort à Paris, le 23 octobre 1858.

DELEGORGUE, *Louis-Adulphe-Joseph*. — Né à Douai, en 1814. Voyageur habile et heureux ; il parcourut, en chassant et en amassant des objets d'histoire naturelle, l'intérieur de l'Afrique et les contrées qui avoisinent le cap de Bonne-Espérance ; il a publié le récit de ses chasses et de ses voyages. Bientôt il partait de nouveau pour explorer la Guinée, mais il mourut en pleine mer, sur le navire *le Juste*, le 30 mai 1850. Chevalier de la Légion-d'Honneur.

DESBORDES, *Constant-Joseph*. — Né à Douai, le 1er février 1761. Élève de Brénet, ami de Gérard. Peintre de genre, mais surtout de portraits ; reçut une médaille d'or à l'exposition du Louvre, en 1809 ; travailla aussi avec Girodet. Mort en 1827.

DESBORDES, *Marceline-Félicité-Joseph* (Mme DESBORDES-VALMORE). — Née à Douai, le 20 juin 1786. Femme poète ; s'est fait une belle réputation dans les lettres. Morte à Paris, le 23 juillet 1859.

D'HAUBERSART (comte), *Alexandre-Joseph-Séraphin*. — Né à Coutiches, le 18 octobre 1732. Substitut du procureur-général au parlement de Flandre, 1756-1763 ; conseiller pensionnaire de la ville de Douai, 1763-1790 ; subdélégué de l'intendant de Flandre à Douai ; président du tribunal d'appel de Douai, de 1800 à 1811 ; membre du corps législatif, en 1805 ; premier président de la cour impériale de Douai, du 22 avril 1811 à 1813 ; sénateur, en 1813 ; pair de France, le 4 juin 1814 ; comte de l'Empire, commandeur de la Légion-d'Honneur. Mort à Douai, le 16 août 1823.

De Douai, *Gérard.*—Troisième fils de Wautier III, châtelain de Douai. Né en cette ville. Chanoine de Saint-Vincent, de Senlis; évêque de Châlons, en 1203; abdiqua en 1215; assista, à Douai, en 1206, à la translation du corps de saint Amé. Mort, vers 1220, à l'abbaye de Toussaint, diocèse de Châlons.

De Douai, *Robert.* — Chanoine de Senlis et médecin de la reine Marguerite de Provence, femme de saint Louis. C'est à lui qu'on attribue la véritable fondation du collége de Sorbonne, à Paris.

Du Clercq. *Jacques.* — Né à Douai, au commencement du XVe siècle. Écuyer, seigneur de Beauvoir en Ternois, vécut à la cour de Philippe-le-Bon, duc de Bourgogne, et mourut après 1487. Il a laissé des mémoires curieux sur l'histoire de son temps.

Du Clercq, *Jean.* — Oncle de Jacques Du Clercq. Naquit à Douai, en 1376. Sous-prieur de l'abbaye des bénédictins de St-Vaast, d'Arras; en devint abbé en 1428. Il restaura complètement les édifices du monastère et nourrit les pauvres dans une famine. Mourut en exercice, le 15 septembre 1462.

Du Mont, *Paul* (paulus montius). — Né à Douai, vers 1530. Etudia à Cambrai d'abord, puis à Louvain et enfin à Paris. Fut secrétaire de la ville de Douai, où il mourut, le 29 octobre 1602, âgé de 72 ans. Adonné aux exercices de piété; il employa ses loisirs à mettre en français de nombreux ouvrages écrits en latin, en italien et en espagnol.

Dumortier, *Rumold* (rumoldus mortierius).—Né à Douai. Professeur d'humanités à Paris. Vivait en 1600.

Duplessis, *Stanislas.* — Né à Douai. Bénédictin de la congrégation de Ste-Vanne; poète du XVIIIe siècle : a fait paraître une foule de pièces sur les évènements de son temps.

Durand ou Durans.—Né à Douai. Trouvère du XIVᵉ siècle; on a de lui notamment le joli fabliau des *Trois Bossus*, dont il a placé la scène à Douai.

Durutte (comte), *Pierre-François-Joseph.* — Né à Douai, le 13 juillet 1767. S'engagea en 1790; était déjà adjudant-général en 1799, en Hollande; général de brigade en 1803; se distingua à Wagram; général de division le 7 décembre 1803; baron et commandeur de la Légion-d'Honneur en 1804; gouverneur d'Amsterdam, 1810, de Berlin, 1812; défendit Metz avec succès en 1814; fut blessé à Waterloo. Mort à Ypres, dans la nuit du 18 au 19 avril 1827.

Elbert. — Doyen d'une des collégiales de Douai, originaire de cette ville. Prit part à la troisième croisade, et mourut au siège de Ptolemaïs, dans un combat malheureux auquel il avait excité les Croisés, et où il périt avec six mille guerriers, en 1190 ou 1191.

Eloy de Vicq, *Bonaventure-Charles-Henri.*—Né à Douai, le 3 juillet 1777; mort à Abbeville, le 28 février 1856. Issu d'une famille du parlement de Douai; émigra en 1792, et fit vivre toute sa famille, grâce à son talent musical; brilla surtout en Russie; devint président et chef d'orchestre de la Réunion des Amateurs de Paris; a fondé, à Abbeville, une école gratuite de musique; fut l'un des violonistes les plus habiles de son époque.

Fabri, *Jean* ou Lefebvre.—Né à Douai dans le XIVᵉ siècle. Bénédictin; prieur de St-Vaast, d'Arras, abbé de Tournus, et ensuite de St-Vaast, et enfin évêque de Chartres, 1379; fut chancelier de Louis, duc d'Anjou et roi de Sicile, qui l'employa à diverses négociations diplomatiques. Mort à Avignon en 1390.

Fouquay, *Albert-Henri-Joseph.* — Né à Douai, le 9 janvier

1770; mort à Douai, le 2 juillet 1838. Ancien élève et professeur au collège d'Anchin ; créa en 1797, un établissement d'instruction à Douai, qui fut pour notre ville la rénovation des études jusqu'à la reconstitution de l'Université, et dont sortirent une foule d'élèves distingués.

DE FRANCQUEVILLE D'ABANCOURT, *Charles-Xavier-Joseph*. — Né à Douai, le 4 juillet 1758. Fils de Jacques, procureur-général au parlement de Flandre ; fut d'abord capitaine au régiment maistre de camp de cavalerie, puis adjudant-général ; Louis XVI le choisit pour ministre de la guerre, le 23 juillet 1792 ; il lutta contre la désorganisation révolutionnaire de l'armée ; fut décrété d'accusation le 11 août 1792 ; arrêté le 13 août, et massacré à Versailles le 9 septembre 1792.

GAGUIN, *Robert*. — Né, selon beaucoup d'auteurs considérables, à Douai. Religieux Trinitaire, d'abord, du couvent de Nieppe, puis de celui des Mathurins à Paris ; docteur en théologie ; avait été précepteur du roi de France, Charles VIII ; devint général de son ordre en 1473 ; fut chargé de missions diplomatiques par le roi de France en Italie, en Allemagne ; Louis XII le fit garde de sa bibliothèque ; savant historien ; orateur et poète habile ; il mourut à Paris en 1501, le 19 mai.

GANDOR DE DOUAY, — Poëte du XIe et du XIIe siècle, natif de Douai, composa, vers 1104, le roman en vers de : *Godefroy de Bouillon*, de *la Conquête d'Outre-Mer*, et composa aussi celui d'*Anséis de Carthage*, qui n'a pas moins de 10,850 vers.

GOSSUIN, *abbé d'Anchin*. — Né à Douai vers 1086. Acheva ses études à Paris ; lutta dans l'école contre le fameux Abélard ; devint chanoine de Saint-Amé à Douai ; entra dans les ordres à vingt-neuf ans ; puis au monastère d'Anchin, dont il fut grand prieur et enfin abbé en 1131 ; fut l'ami de saint Bernard ; et mourut à Anchin, le 9 octobre 1166, en odeur de sainteté.

De Gouy, *Arnould*. — Né à Douai, d'une ancienne famille de la bourgeoisie. Chef des échevins en 1431 ; bailli de cette ville en 1437 ; était, en 1452, chevalier, seigneur d'Auby et de Corbehem, conseiller et maître d'hôtel du duc de Bourgogne, comte de Flandre, qui le nomma ensuite grand bailli de Gand ; il mourut vers la fin du XVe siècle.

De Gouy, *Simon*. — Né à Douai, 36me abbé du monastère des chanoines réguliers d'Hénin-Liétard, au commencement du XVIIe siècle : fit construire l'église de l'abbaye.

Guilmot, *Pierre-Joseph*. — Né à Douai, le 27 novembre 1754. D'abord secrétaire de plusieurs procureurs-généraux au parlement de Flandre ; membre de diverses administrations charitables de sa ville natale ; puis bibliothécaire de Douai de 1806 à sa mort ; savant auteur d'une foule de mémoires et de travaux manuscrits sur le pays. Mort à Douai, le 22 juin 1834.

Jehan de Douai. — Trouvère du XIIIe siècle, né à Douai, dont on connaît un poème mystique sous le titre du *Dict de la vigne*.

De Lalaing. — Famille noble qui posséda pendant longtemps la riche seigneurie de Lalaing, près Douai. Plusieurs de ses membres se signalèrent dans les guerres de leur temps, par leur valeur ou par leurs talents politiques. Parmi ceux qui ont le plus illustré leur maison, nous citerons :

Otte de Lalaing, grand bailli de Hainaut en 1493 ;

Simon de Lalaing, seigneur de Montigny, chevalier de la Toison-d'Or, peu après la création de l'ordre ;

Guillaume de Lalaing, grand bailli de Hainaut en 1428, gouverneur de Hollande.

Jacques de Lalaing, dit *le bon Chevalier*, chevalier de la Toison d'Or en 1451. Mort à trente-deux ans, après s'être distingué en maint tournois ;

Ponthus de Lalaing, chevalier de la Toison d'Or en 1546, Capitaine-général de l'armée impériale au siège de Thérouanne en 1553;

Josse de Lalaing, chevalier de la Toison d'Or en 1478; conseiller et chambellan de Charles-le-Téméraire, gouverneur général de Hollande;

Charles de Lalaing, chevalier de la Toison d'Or en 1505, créé comte en 1522, chambellan de l'empereur Maximilien;

Charles ii de Lalaing, chevalier de la Toison d'Or en 1531, grand bailli de Hainaut, Cambrai et Cambrésis, chef des finances et du conseil privé du roi d'Espagne;

Emmanuel de Lalaing, baron de Montigny, chevalier de la Toison d'Or, grand bailli de Hainaut en 1582, et amiral de Flandre;

Antoine de Lalaing, chevalier la Toison d'Or en 1506, comte d'Hoogstrate;

Philippe de Lalaing, chevalier de la Toison d'Or en 1546, gouverneur de Gueldres et de Zutphen;

Charles de Lalaing, comte d'Hoogstrate, chevalier de la Toison d'Or, gouverneur et grand bailli de Tournai; et en 1624, gouverneur et capitaine-général d'Artois, — etc., etc.

De Lattre ou De Latre, *Philippe*. — Né à Douai. Fils de Jean De Lattre d'Oudenhove, lieutenant-général de la gouvernance de Douai en 1567; il se fit bénédictin à Saint-Vaast, d'Arras; s'y distingua par sa vertu; y devint sous-prieur; et mourut en odeur de sainteté au plus tard vers 1610; a laissé plusieurs ouvrages de piété.

De Lattre, *Jacques*. — Né à Douai. Vécut au XVIe siècle; fut profès du couvent des Dominicains de Douai; saint religieux; prédicateur de réputation; fut maître des novices et refusa d'être prieur de son couvent.

LAUBEGEOIS, *Antoine*. — Né à Douai, en 1571. Entra dans la Société de Jésus ; devint professeur des langues grecque et hébraïque, à l'Université de Coïmbre en Portugal ; mort à Lille, 21 août 1626.

LAURENS, *Henri-Joseph*, dit l'abbé DULAURENS. — Né à Douai, le 27 mars 1719. Fit profession en 1737 chez les Trinitaires de sa ville natale ; quitta cet ordre après s'y être montré indiscipliné et incorrigible ; après avoir vécu à Paris, il se réfugia en Hollande, et mena alors une vie errante ; auteur du *compère Mathieu, de la Chandelle d'Arras*, et d'une foule d'autres ouvrages philosophiques, immoraux ou athées. Mort en 1797, près de Mayence, dans une maison de pauvres prêtres, où il était détenu par décision ecclésiastique, depuis trente ans.

LAURENT, *Pierre-Joseph*. — Né à Auberchicourt, en 1714. Célèbre ingénieur ; fut chargé du dessèchement des marais de la Flandre française et du Hainaut ; créa le canal de Saint-Quentin ; chevalier de Saint-Michel, et anobli en 1756. Mort en 1773.

LE FEBVRE, *Turrien*. — Né à Douai, en 1608. Entra dans la Compagnie de Jésus en 1625 ou 1626 ; prédicateur distingué, très-fidèle à la règle et grand amateur de la pauvreté ; auteur sacré. Mort à Douai, le 28 juin 1672.

LEGRAND, *Antoine*. — Né à Douai, au commencement du XVIIe siècle. Fit profession aux Récollets wallons ; devint ensuite provincial des Récollets anglais ; fut professeur de philosophie à l'Université ; fut envoyé en mission en Angleterre et s'y fixa ; auteur de nombreux ouvrages ; s'occupa surtout de la philosophie de Descartes, dont on l'appela l'*Abréviateur*.

LE JOSNE, *Étienne-Philippe-Marie*. — Né à Douai, le 5 août 1755. Avocat au parlement de Flandre ; embrassa avec ardeur les principes de la Révolution ; administrateur du district de Douai, 1790 ; député à l'Assemblée nationale, 1791 ; se retira ensuite de la vie politique. Mort à Santes, en 1841.

Lesaige, *Jacques*. — Né à Douai, où il fut marchand de drap de soie. Entreprit, en 1518, le voyage des lieux saints et en fit imprimer la relation en 1523, à Cambrai ; cette première édition est une rareté bibliographique des plus précieuses. Il mourut à Douai, le 11 février 1549.

Lessabé, *Jacques*. — Né à Marchiennes. Géographe et poète du XVIe siècle ; auteur de plusieurs ouvrages curieux ou estimés. Mort à Tournai, en juillet 1557.

Lestiboudois, *Jean-Baptiste*. — Né à Douai, le 30 janvier 1715. Médecin et savant botaniste, fondateur du Jardin-des-Plantes de Lille ; y fut nommé professeur; puis d'histoire naturelle en 1795 ; publia plusieurs ouvrages sur les sciences et spécialement sur la botanique. Mort à Lille, le 20 mars 1804.

Loste ou Lhoste, *Jacques*. — Né à Douai, au XVIe siècle. Fut un des premiers religieux de la société de Jésus. Il professait la rhétorique à Louvain, quand il se joignit à l'un des dix compagnons de saint Ignace, le P. Fabri, et le suivit en Portugal ; il y fit ses études théologiques au collège de Coïmbre, partit de là pour Rome, et fut envoyé par Ignace de Loyola lui-même, en Sicile, pour y préparer l'introduction de l'ordre. Il mourut subitement à Bologne.

Le Vaillant, *André*. — Né à Douai, vers 1568. Entra dans l'ordre des chanoines réguliers, au mont Saint-Éloy, près d'Arras ; fut élu prieur de son monastère en 1599, et abbé en 1624 ; mais il mourut le 10 mai 1625, avant d'avoir reçu la bénédiction abbatiale. Il laissa de riches ornements à son église, et des mémoires manuscrits pour une chronique de l'abbaye.

Loys, *Jean*. — Né à Douai, vers le milieu du XVIe siècle. Fut reçu licencié en droit à la faculté de Douai, le 21 décembre 1582; avocat distingué de son temps; s'adonna à la poésie; Fut honoré de l'amitié de Michel d'Esne, seigneur de Betencourt, qui fut évêque de Tournay. Mourut à Douai en novembre 1610.

Loys, *Jacques*. — Fils de Jean Loys; né à Douai, en 1585. Licencié ès-droits à l'université de Douai, le 26 novembre 1608; docteur ès-droits à l'université de Douai, le 25 octobre 1610. Poète plusieurs fois couronné aux concours de la confrérie des Clercs Parisiens de Douai. Mort en février 1611.

Luce, *Ildephonse-Joseph*. — Né à Douai, le 13 décembre 1781. Fils d'un avocat au parlement de Flandre qui fut plus tard membre du conseil des cinq cents. Il fut reçu à l'école polytechnique, mais la quitta pour se livrer à sa passion pour la musique; amateur et compositeur distingué; élève de Baillot, pour le violon, sur lequel il était de première force; il fonda la société Philharmonique de Douai, dont il éleva très-haut la réputation; chevalier de la Légion-d'Honneur, en 1845. Mort à Douai, le 14 janvier 1853.

Majault, *François-Joseph*.—Né à Douai, le 30 mars 1730. Médecin distingué; chirurgien-major dans un régiment de cavalerie; puis chirurgien-major de l'hôpital de Douai, vers 1770; professeur de médecine à l'université de cette ville; chirurgien-major du corps de la gendarmerie, en 1782; chevalier de Saint-Michel, en 1787. Mort le 22 juin 1790.

De Marne, *Jean-Baptiste*. — Né à Douai, le 26 novembre 1699. Fils d'un officier de guerre au service de Louis XIV. Entra chez les jésuites de Tournai le 29 septembre 1716; enseigna à Mons et à Tournai; fut régent de philosophie chez les jésuites de Douai; plusieurs fois député à Paris pour les affaires de la province wallonne de la société de Jésus; recteur du collége de Nivelles ; confesseur du cardinal-prince évêque de Liége, Jean-Théodore de Bavière, et examinateur-synodal de ce diocèse, pendant dix ans. Auteur de plusieurs ouvrages historiques et théologiques. Mort au collége de Liège, le 9 octobre 1756.

Martin, *Nicolas-Ferdinand-Marie-Louis-Joseph*, dit Martin *du Nord*. — Né à Douai, le 30 juillet 1790. D'abord avocat éminent au barreau de sa ville natale; nommé député, le 29 octobre 1830, fut réélu depuis lors jusqu'à sa mort par le collége extrà-muros de Douai ; secrétaire de la chambre, en 1832-1833; vice-président, en 1834 et 1840. Avocat-général à la cour de cassation, le 6 août 1833 ; procureur-général à la cour de Paris, le 5 avril 1834 ; ministre des travaux publics et du commerce, depuis le 21 septembre 1836 jusqu'au 1er avril 1839 ; garde-des-sceaux, ministre de la justice, du 29 octobre 1840 jusqu'à sa mort, arrivée au château de Lormois, le 12 mars 1847 ; grand'croix de la Légion-d'Honneur.

Masclet, *Amé-Thérèse*.—Né à Douai, le 16 novembre 1760, fils du promoteur de l'université. Sous-préfet de Boulogne, de Lille et de Douai de 1803 à 1811 et à 1814 ; chevalier de la Légion-d'Honneur ; consul général de France, à Édimbourg; mort consul à Nice, le 7 octobre 1833. Administrateur distingué.

Un de ses frères, *Jean-Baptiste* Masclet, fut nommé les 10-22 septembre 1805, par l'empereur de Russie, évêque-coadjuteur de Minsk, en Lithuanie.

Mellez, *Antoine-Joseph*. — Né à Douai, le 14 mai 1729. Obtint, à l'âge de 20 ans, une chaire de professeur à la faculté de médecine de Douai, en 1749 ; fut successivement médecin en chef de l'Hôpital-Général ; recteur de l'université; président de l'administration centrale du département, en 1791 ; maire de Douai, de l'an VIII à 1804. Mort à Douai, le 23 juillet 1804.

Merlin, *Pierre-Antoine*, dit Merlin *de Douai*. — Né à Arleux, le 30 octobre 1754. Avocat au parlement de Flandre ; acheta, en 1782, une charge de conseiller secrétaire du roi près la chancellerie de ce parlement ; fut, après 1789, le chef du conseil privé du duc d'Orléans ; député du bailliage de Douai aux États-Généraux, en 1789 ; président du tribunal criminel du Nord ; député à la Convention nationale ; membre du comité de législation ; président de la Convention à la chute de Robespierre, puis membre du comité du salut public ; rédacteur du code de brumaire an IV ; ministre de la justice sous le Directoire, puis de la police générale, d'où il rentra à la justice ; membre du Directoire, après le 18 fructidor ; procureur général à la cour de cassation, de 1801 à 1814 ; conseiller d'état ; membre de l'Institut ; créé comte de l'Empire en 1810 ; fut exilé en 1815. Mort à Paris, le 26 décembre 1838.

Merlin, *Antoine-François-Eugène* (comte Merlin). — Fils de Merlin *de Douai*. Né à Douai, le 27 décembre 1778. Simple volontaire de 1793 ; lieutenant de cavalerie à 19 ans ; aide-de-camp de Bonaparte en Égypte ; fit ensuite les campagnes d'Italie, d'Autriche, de Prusse, de Pologne ; colonel du 1er hussards, en 1810, à l'armée d'Espagne, et officier de la Légion-d'Honneur ; général de brigade, en 1813, à l'armée d'Allemagne ; fut bloqué dans Mayence jusqu'en 1814. Il ne fut pas employé sous la Restauration ; rentra au service en 1830 ; fut nommé lieutenant-général en 1832 et grand-officier de la Légion-d'Honneur en 1837 ; député du département du Nord, de 1834 à 1837 : pair de France, en 1838. Mort en 1854.

De Mérode, *Aimé-François* (comte D'Ongnies), — Né à

Douai au commencement du XVIIe siècle, de l'illustre famille de ce nom. Commença à servir en 1629, au siége de Bois-le-Duc. Il a laissé des mémoires fort curieux sur son temps.

MOMAL, *Jacques-François*. — Né à Lewarde, près Douai, en 1754. Elève des écoles gratuites de dessin de Douai, puis à Paris, de Durameau, peintre du roi; dirigea à Valenciennes, de 1785 à 1832, l'école de peinture que venait d'y fonder M. De Pujol, prévôt de la ville; peintre de portraits et d'histoire; Auvray, Abel de Pujol, etc., sont ses élèves. Mort à Valenciennes, le 22 septembre 1832.

NEPVEUR, *Alexandre-Dominique-François*. — Né à Douai, le 7 juin 1790. Juge d'instruction au tribunal civil de cette ville, le 19 mars 1817; substitut du procureur-général à Douai, le 8 juillet 1818; conseiller le 7 mai 1823; procureur-général près la Cour royale de Douai, le 12 novembre 1834; premier président de la Cour de Dijon, en septembre 1839. Mort dans l'exercice de ses fonctions, le 5 avril 1843. Jurisconsulte éclairé, magistrat éminent.

PLOUVAIN, *Pierre-Antoine-Samuel-Joseph*. — Né à Douai, le 7 septembre 1754. Conseiller à la gouvernance de cette ville, en 1777; juge au tribunal civil, 1795; conseiller à la Cour impériale de Douai, en 1811. Mort à Douai, le 29 novembre 1832. Chroniqueur infatigable et patient investigateur de l'histoire douaisienne; a laissé sur ces matières de nombreux ouvrages imprimés et beaucoup de manuscrits.

POLLET, *François*. — Savant jurisconsulte, né à Douai, en 1516. Enseigna la jurisprudence pendant quelques années, à Paris, dans des cours publics et particuliers; revint ensuite à Douai où il exerça la profession d'avocat, et mourut dans cette ville en 1547. Il est l'auteur d'une histoire en latin du barreau romain, qui n'a été publiée qu'après sa mort.

Raisse (de) *Arnould*. — Né à Douai, vers la fin du XVe siècle, chanoine de Saint-Pierre de Douai. Historiographe ecclésiastique de la Flandre; a laissé sur cette matière de nombreux et utiles ouvrages. Mort à Douai, le 6 septembre 1644.

Regnard, *François*. — Habile musicien du XVIe siècle, natif de Douai. Fut maître de la chapelle de l'église cathédrale de Tournay, dès 1573; vivait encore en 1575, et fit alors paraître 50 *chansons convenantes tant aux instrumens qu'à la voix;* et en 1579, les poésies de P. de Ronsard, etc., mises en musique.

Regnard, *Jacques*. — Frère puîné de François, né à Douai vers 1531. Fut d'abord attaché à la cathédrale de Tournay, fut ensuite appelé par Roland de Lattre, à Munich, pour le service de la chapelle de l'Electeur de Bavière; entra vers 1575 au service de l'empereur Maximilien II, et après la mort de ce prince, fut second maître de chapelle de Rodolphe II, à Prague, et un moment maître de chapelle de l'archiduc Ferdinand, à Vienne; revint bientôt à Prague, et y mourut vers 1600. Auteur de nombreuses compositions musicales, la plupart de musique sacrée.

Rosier, *Jean*. — Né à Orchies, vers 1563. Curé d'Esplechin; auteur de poésies qui ont été imprimées en 1596, 1613 et 1616, à Douai, et qui contiennent sur les choses et les hommes du temps, plus d'un détail curieux ou instructif.

De Saint Laurent, *Jean*. — Né à Douai. Professeur royal de grec à l'Université de cette ville, puis doyen de la collégiale de Leuze; mort en 1616.

Scalfort, *Nicolas-Joseph*. — Né à Douai, le 16 février 1752. Entra au service comme simple chasseur, en 1768, conquit tous ses grades sur le champ de bataille; était lieutenant en août 1792, quand il fut créé chevalier de Saint-Louis;

devint colonel de son régiment sans le quitter ; puis général de brigade, après 40 ans de services; commandait une brigade de cavalerie à Austerlitz, s'y distingua, y fut blessé; baron de l'Empire, commandeur de la Légion-d'Honneur ; prit sa retraite en 1809; rappelé à l'activité en 1812; commanda Douai en 1815, comme colonel de la garde nationale ; y rendit de grands services. Mort à Lallaing, 8 novembre 1833.

De Spira, *Pierre*. — Fils d'Andrieu, docteur en droit de Douai, naquit en cette ville, en 1584 ; entra chez les jésuites; fut le compagnon du P. Nicolas Trigault, dans la mission de Chine.

De Thomassin, *Étienne*. — Né à Douai, le 27 novembre 1702, fils d'un officier supérieur d'artillerie; devint maréchal-de-camp ; s'était acquis une grande réputation comme officier de pontonniers. Mort à Douai, le 30 décembre 1775.

Touret, *Pierre*, appelé par certains auteurs, Pierre l'Aubegeois dit Toulet. — Fils d'un boucher de Douai ; fut reçu, fort jeune, novice à l'abbaye d'Anchin ; y devint prieur claustral et en fut nommé abbé à l'élection, le 30 décembre 1448 ; il s'y distingua par son excellente administration et par son amour des arts; il construisit la maison abbatiale; édifia un hôtel-de-ville à Pecquencourt, etc. Il mourut à Anchin, le 14 décembre 1464.

Trigault, *Nicolas*. — Né à Douai, le 3 mars 1577. Entra à 17 ans dans la compagnie de Jésus; s'y livra d'abord au professorat; puis, en 1606, partit pour les missions de l'Inde et de la Chine; aborda, en 1610, dans ce dernier pays, où il déploya un zèle et une ardeur infatigables; en 1613, chargé d'une mission en Europe, il revint de Chine en grande partie par terre jusqu'à Alexandrie, sans guide, et sans escorte, par un voyage de 20 mois; il repartit de Lisbonne en 1618, avec

44 missionnaires par lui réunis, et mourut à Nankin, le 14 novembre 1628. A laissé de nombreux ouvrages qui sont une des sources les plus précieuses et les plus exactes de renseignements sur la Chine à cette époque et sur les missions.

VAIRRIER, *Jean*. — Né à Douai. Entra fort jeune chez les Domicains; y fut professeur de théologie et inquisiteur de la foi; deux fois prieur du couvent de Douai; prédicateur distingué. Mort à Douai, le 17 mars 1549.

VAN CROMBECK, *Jean* (JOANNES CROMBECIUS). — Né à Douai en 1563. Entra dans la compagnie de Jésus en 1582; fit les quatre vœux en 1599; fut recteur du collège de Liège pendant sept ans et de celui de St-Omer onze ans. Auteur de plusieurs ouvrages de piété et de théologie. Mort à Saint-Omer, le 2 octobre 1626.

VERMEIL, *François*. — Né à Douai vers 1597. Prit l'habit de dominicain en cette ville en 1621, professa la philosophie et la théologie à Poitiers et à Douai, fut maître des études du couvent de son ordre dans cette dernière ville, en 1650, et y mourut le 4 février 1657, auteur théologique, ardent thomiste.

VOLET, *Nicaise*. — Né à Douai. Professeur de théologie à l'abbaye de Saint-Amand, abbé coadjuteur de ce monastère, puis abbé titulaire de 1722 à 1753. Mort le 11 août 1753.

DE WARENGHIEN DE FLORY, *Louis-Joseph-Marie*. — Né à Douai, le 11 mars 1741. Conseiller au parlement de Flandre, 1765; procureur général syndic du département du Nord en 1790; commissaire du roi près le tribunal criminel de février 1792, à août de la même année; nommé après la chute de Robespierre, agent national ou procureur général de l'administration centrale de la Belgique conquise, à Bruxelles, président du conseil général du Nord, 1800-1810, procureur général près la cour impériale de Douai, en 1811; chevalier, puis baron de l'empire; premier président de la cour de Douai de 1813 à 1816; député au champ de Mai pendant les Cent-Jours. Mort à Douai, le 12 janvier 1824.

De Warenghien, *Adrien-Lamoral-Jean-Marie.* — Né à Douai, le 13 février 1778. Fils du premier président; élève de l'école polytechnique à la création; entra dans l'arme du génie; fut blessé à Halle; se distingua au siège de Lubeck, à Friedland, etc.; était aide-de-camp du général Dupont en Espagne en 1807, fut créé alors chevalier de l'empire; se distingua à Wagram; en 1810, en Espagne, s'empara de Valmaseda par un coup de main; nommé colonel en mai 1813, blessé à Hasbourg; créé maréchal de camp pendant les Cent-Jours, mais cette nomination ne fut confirmée qu'en 1828. Mort à Paris le 1er avril 1842.

Wion, *Arnold.* — Fils d'Amé Wyon ou Wion, procureur fiscal de la ville de Douai, où il naquit le 15 mai 1554. Il entra assez jeune dans l'ordre de Saint-Benoît à Oudenbourg, près Bruges, y prononça ses vœux solennels; passa en Italie pendant les troubles religieux de la Flandre, et mourut dans l'abbaye de Saint-Benoît de Mantoue de la congrégation du Mont-Cassin, au commencement du XVIIe siècle; c'était un homme savant et laborieux, il a laissé plusieurs ouvrages manuscrits et imprimés.

PETITE BIBLIOGRAPHIE

OU INDICATION DES

OUVRAGES LES PLUS IMPORTANTS

SUR L'HISTOIRE

DE DOUAI ET DE SON ARRONDISSEMENT.

Gallo Flandria sacra et profana, in qua urbes, oppida... describuntur, horumque omnium locorum antiquitates.... proponuntur, Dein annales gallo-flandriæ, par Jean Buzelin, de la S. de J., in-f°. Douai, Wyon, 1624.

De gentis urbisque Atrabatium laudibus panegyrica, item *Duacum* et Betunea, dans les œuvres d'André Hoïus, in-4. Douai, Bogard, 1598.

Recherche des antiquitez et noblesse de Flandres.... avec une description curieuse dudit pays, par Philippe de Lespinoy, escuyer, vicomte de Thérouanne...., in-f°. Douai, V° Wyon, 1631.

Etat général du département du Nord et spécialement de la ville de Douai, son chef-lieu, pour 1793, par Plouvain, in-18. Douai, Marlière. — Le même pour l'an IV.

Annuaire statistique et historique de l'arrondissement de Douai pour 1808, par Plouvain, in-12. Douai, Carpentier.

Etrennes aux habitants de Douai pour 1809. — Le même pour 1810, par Plouvain, in-12. Douai, Deregnaucourt.

Faits historiques relatifs à la ville de Douai, par Plouvain, in-12. Douai, Deregnaucourt, 1810.

Souvenirs à l'usage des habitants de Douai, ou notes pour servir à l'histoire de ce'te ville, jusque 1822, par Plouvain, in-12. Douai, Deregnaucourt, 1822.

Ephémérides de la ville de Douai, suivies de la Biographie douaisienne, par Plouvain, in-12. Douai, Deregnaucourt, 1828.

Petites histoires du pays de Flandre et d'Artois, par Duthillœul, 2 vol. in-8°. Douai, Adam, 1836 et 1857.

Souvenirs à l'usage des habitants de Douai, ou notes pour faire suite à l'ouvrage de M. Plouvain, de 1822 à 1842, in-8. Douai, Céret-Carpentier. 1843.

Douai ancien et moderne, ou historique des rues, places de cette ville et de ses alentours, par Duthillœul, in-8°. Douai, Foucart, 1860.

Souv'nirs d'un homme d'Douai, de l'paroisse des wios Saint-Albin, croquis historique en patois douaisien, par Dechristé, 2 vol. in-12, fig. Douai, Dechristé, 1857 et 1861.

Douai et Lille au XIII⁰ siècle, d'après les manuscrits originaux.... par Duthillœul, in-4°. Douai, Adam, 1850

Recueil d'actes des XII⁰ et XIII⁰ siècles, en langue romane-wallonne du nord de la France, par Tailliar, in-8°. Douai Adam, 1849.

(Contient une très-savante introduction sur les institutions du pays et sur son histoire, et nombre d'actes importants sur Douai).

Annuaire administratif, académique, ecclésiastique.... pour le ressort de Douai, années 1856, 1857, 1858, 1859, 1860, 1861, in-12. Vᵉ Ceret-Carpentier, Douai.

(Nous citons spécialement ceux-ci parmi la foule des annuaires douaisiens, parce qu'ils contiennent une série de chapitres savants et curieux sur l'histoire de la ville).

Annuaire général de la ville de Douai et de son arrondissement, années 1857, 1858, 1859, 1860, 1861, in-12, Douai, Crépin.

(Contient également des notices, des réimpressions de pièces historiques, extraits de manuscrits, etc.).

Mémoires de la Société d'Agriculture, Sciences et Arts, séant à Douai : 1ʳᵉ série, 1826 à 1849, 13 tomes en 14 vol. in-8°, pl.; — 2ᵉ série, 1850 à 1861, 5 tomes en 6 vol. in-8°, pl.

(Renferment de nombreux articles sur des points d'histoire locale).

Souvenirs de la Flandre wallonne, recherches historiques et choix de documents relatifs à Douai et à la province ; publication mensuelle, 1ʳᵉ année, 1861, in-8°. Douai, Dechristé.

Recherches sur la topographie ancienne de la ville de Douai, par Liégeard, in-8°, plans. Douai, Adam, 1860.

Histoire des Saints de la province de Lille, Douay et Orchies, avec la naissance, progrès, lustre de la religion catholique en ces chatellenies, par le P. Martin Lhermite, in-4°. Douai, Bardou, 1638.

Histoire sacrée des saints ducs et duchesses de Douay, seigneurs de Merville, les saints Gertrude, Adalbalde, Rictrude, Maurand, patron de Douai, par le R. P. Martin Lhermite, in-4°. Douai, Vᵉ Wyon, 1637.

(Quelques exemplaires portent le titre : Histoire de la très-noble famille de sainte Rictrude, fondatrice de la très-célèbre abbaye de Marchiennes).

Mémoire touchant l'insigne église collégiale de Saint-Pierre de Douay, in-4°. Douai, Willerval, 1734.

La solemnité et cérémonie de la bénédiction de l'insigne église collégiale et paroissiale de Saint-Pierre de Douai, in-4°. Douai, Willerval, 1750.

Notice sur la collégiale de Saint-Pierre, suivie de la bénédiction de l'église... en 1750, par Dechristé, in-8°. Douai, Lemâle, 1850.

Notice sur la collégiale de Saint-Amé de Douai, par Ch. de Franciosi, in-8°. Lille, Vanackère, 1855.

Solemnité séculaire à l'honneur du très-saint Sacrement qui se célébrera le 21 juillet 1754, dans l'insigne église de St-Amé à Douai, in-4°. Douai, Willerval, 1754.

Recherches sur l'histoire du St-Sacrement de miracle de Douai, par l'abbé Capelle, in-8°. Douai, Adam, 1855.

Souvenir du jubilé séculaire du St-Sacrement de miracle, célébré à Douai en 1855, par l'abbé Capelle, in-8°, pl. Douai. Adam, 1855.

Monographie de l'église Notre-Dame, par Duthilleul, in-8°. Douai.

Fondations du couvent de la Ste-Croix, du collège de St-Thomas d'Aquin, du Monastère de Ste-Catherine de Sienne, tous trois des Frères-Prêcheurs, en la ville de Douai, par le père P. Petit, in-4°. Douai, veuve Wyon, 1653.

Les vies et actions religieuses des vénérables sœurs Jeanne de St-Catherine et sœur Dominique de la Croix, professes du monastère de Ste-Catherine de Sienne, à Douai : 1re édition, in-12. Douai, Fampoux, 1649; — 2e édition augmentée, in-8°. Douai, Serrurier, 1673.

L'abbaye d'Anchin, 1079-1792, par E.-A. Escallier, in-4° pl. Lille, Lefort, 1852.

Beati Gosvini celeberrimi aquicinctinsis monasterii abbatis septimi vita.... et veteribus ms.... édita... curo Richardi Gibbon, in-12. Douai, Wyon, 1620.

Histoire de la noble dame Florence de Werquigneul, par Marguerite Trigault, religieuse de l'abbaye de Paix, in-8°. Douai, Derbaix, 1733.

Histoire de Florence de Werquigneul, première abbesse de la Paix-Notre-Dame à Douai et institutrice de la réforme.... par l'abbé Parenty, in-12. Lille, Lefort, 1846.

La vie de St-Maurand, abbé, patron de la ville de Douai, recueillie.... par M. Jacques Pollet, in-12. Douai, Pinchon, 1630.

Une nouvelle édition augmentée, avec notes et supplément, in-12. Douai, Dechristé, 1860, fig.

Le prétieux Diadème et couronne d'or tissu.... des louanges des Saints... qui fut présenté au triomphe qui se passa en la déposition des saintes reliques de St-Maurand, par le P. Willart, in-4°. Douai, P. Bellère, 1645.

Narratio eorum quæ Duaci pro celebranda S. Ignatii et Francisci Xaverii canonizatione gesta sunt. Petit in-8°. Douai, veuve Telu, 1622.

Histoire du Collége de Douai, à laquelle on a joint la politique des jésuites anglais... in-12. Londres (Douai), 1762.

Catalogus christi sacerdotum qui ex nobili anglicano duacenæ civitatis collegio... testimonium in britannia præbuerunt... par A. De Raisse, in-8 Douai, M. Bogard, 1630.

Histoire véritable du martyre de trois prestres du collége de Douay... in-8. Douai, Auroy, 1617.

Constitutiones collegii pontificii anglorum duacensis... in-12. Douai, Mairesse, 1699.

Coppie d'une lettre envoyée d'Angleterre au séminaire des Anglais à Douai... contenant l'histoire du martyre de quatre prêtres du même collége... in-8. Jouxte la copie imprimée à Douai, 1616, chez Avroy.

Mémoires sur les séminaires et colléges Anglais dans le nord de la France, par l'abbé Destombes, in-8. Cambrai, Hattu, 1854.

Hyerogazophilacium belgicum, sive thesaurus sacrarum reliquiarum Belgii, par A. De Raisse, in-12. Douai, Pinchon, 1628.

Notes historiques sur les hôpitaux et établissements de charité de la ville de Douai, par Brassart, in-8. Douai, Adam, 1842, pl.

Histoire du Parlement de Tournay, par Pinault des Jaunaux. Valenciennes, 1701, in-4.

Histoire du Parlement de Flandre, par Pillot, 2 vol. in-8. Douai, Adam, 1849-1850.

Notes historiques sur les offices et les officiers du Parlement de Flandre, par Plouvain. in-4. Douai, Deregnaucourt, 1809.

Notes historiques relatives aux offices et aux officiers de la gouvernance... de Douai et Orchies, par Plouvain, in-4. Douai, Deregnaucourt, 1810.

Coutumes de la ville et echevinage de Douai, confirmées... par le roy, notre sire, in-4. Marc Wyon, 1627 et 1631; plusieurs éditions.

Recueil des ordonnances politiques de la ville de Douai, in-12. Douai, V⁰ Taverne, 1721.

Recueil des ordonnances du roy et de MM. du Magistrat de la ville de Douai, in-12. 1724, Douai, V⁰ Taverne.

Coutumes et anciens réglements de la ville de Douai, in-12. Douai. Deregnaucourt, 1828.

Recueil des édits, déclarations... enregistrés au Parlement de Flandre, des arrêts du Conseil d'État, particuliers à son ressort... par Six et Plouvain, in-4, 11 vol. Douai, Derbaix, 1785-1790.

Bref recueil et récit de la solemnité faicte à l'entrée et consécration de l'Université faicte et érigée en la ville de Douay, petit in-4. Douai, Boscard, 1563.

Les deux sermons français et latin, faits par M. le révérendissime évêque d'Arras... Richardot... à Douay à la solemnité... pour le commencement de la nouvelle Université, in-4. Cambray, Nicolas Lombart, 1562.

Histoire du collège de l'abbaye d'Anchin en l'Université de Douai, in-fol. Douai, Willerval, S. D.

Panathenæa Duacena primi seculi in auspiciis ineuntis ab. univ... in-4. Douai, 1664, Vᵉ Kellam.

Mémoires pour servir à l'histoire de la faculté de theologie, de Douai, in-4. Douai, 1695.

La Raison vengée... où se trouve en abrégé l'histoire de l'établissement de l'Université de Douai, in-12. Utrecht, 1756.

Gayant ou le géant de Douai, sa famille, sa procession, par M. Quenson, in-8º. Douai, Adam, 1839, pl.

Notice et panorama du cortége de la société de Bienfaisance, avec notice sur Philippe-le-Bon, comte de Flandre, par Pilate Prevost (avec lithographie de plusieurs mètres de longueur), oblong. Douai, Robaut, 1840.

Notice sur Philippe-le-Bon, la Flandre et ses fêtes, par M. Quenson, in-8º. Douai, Adam, 1840.

Explication des divers objets en peinture, histoire naturelle..... qui composent le Museum de la ville de Douai, in -8. Douai, Villette, 1807.

Visite au Musée de Douai, par de Rosny, in-8°. Douai, Jacquart, 1833.

Galerie des Mollusques ou catalogue... des mollusques et coquilles du Museum de Douai, par V. Potiez et Michaud, in-8°, 2 vol. avec albums. Douai, Adam, 1838 et 1841.

Coup-d'œil sur quelques parties du Musée de Douai, par Cahier, in-8°. Douai, Adam, 1854, pl.

Douai pittoresque ou description des monuments et objets d'antiquité que renferment cette ville et son arrondissement, par Dubois-Druelle, 1re partie, seule parue, in-4°. Douai, Adam, 1845, pl.

Étrennes douaisiennes pour 1849, contenant une note historique sur Douai, la description de ses monuments.... in-12. Douai, Obez, 1849.

(Il existe un certain nombre d'exemplaires avec le titre, Guide de l'Etranger dans Douai).

Recueil de monnaies, médailles et jetons pour servir à l'histoire de Douai et de son arrondissement, par Dancoisne et Delannoy, in-8°. Douai, Jacquart, pl., 1836.

(Tiré à 100 exemplaires seulement).

Notice sur la commune d'Arleux, ses grands hommes, le Forestel, etc., par Dechristé, in-8, Douai, Adam, 1850.

Histoire des comtes de Lallaing, par Brassart, 2e édition, in-8 fig. Douai, Adam, 1854.

Les mémoires de Fery de Guyon, bailli général d'Anchin, Pesquencourt, etc., par de Cambry, in-8. Tournay, Quinque, 1664.

Notice historique et statistique sur Dechy, par Brassart, in-8, Douai, Adam, 1844.

Galerie Douaisienne, ou biographie des hommes remarquables de la ville de Douai, par Duthillœul, in-8. Douai, Adam, 1844, port.

Petite Biographie des Maires de Douai, 1791-1861, par H. R. Duthillœul, in-18. Douai, Madoux, 1861.

Notice biographique sur M. Martin (du Nord), garde des sceaux, ministre de la justice, par M. Reverchon, in-8. Paris, 1847.

Eloge de Jean de Bologne, par Duthilleul in-4, pl. Douai, Wagrez, 1820.

Oraison funèbre de... Mgr. Ch. Jh. de Polinchove premier président du Parlement de Flandre, par le P. Stempel, in-4. Willerval, Douai, 1757.

Oraison funèbre de... Mgr, Eug. Roland Jh. Blondel, premier président du parlement de Flandre, par le P. Corsy, in-4. Douai, Willerval, 1767.

Oraison funèbre de... Mgr. Louis Jh. Dominique de Calonne... premier président honoraire du parlement de Flandre, par M. Saingevin, in-4. Douai, Willerval, 1784.

Eloge historique de M. de Forest de Lewarde, par l'abbé Capelle, in-8. Douai, Adam, 1852.

Relation de la fête donnée à M. T. Bra, statuaire, et précédée de sa *Biographie*, in-8. Douai, Ve Ceret, 1852.

Précis de la vie militaire du lieutenant-général Cte Durutte, par M. Mouthon de Burdignin, in-8, port. Douai, Contrejean.

Bibliographie douaisienne ou catalogue... des livres imprimés à Douai, par Duthillœul, in-8, 2 vol. Douai, Adam, 1841-1854.

Inventaire des livres de la Bibliothèque publique de la ville de Douai, commencé en 1805 et continué jusqu'en 1820, in-4. Douai, Wagrez, 1820.

Catalogue descriptif et raisonné des Manuscrits de la ville de Douai, par Duthillœul, in-8. Douai, Ceret-Carpentier, 1848.

(Suivi d'une importante notice concernant la législation du moyen-âge et les légistes de cette époque, par M. Tailliar).

Table chronologique et analytique des archives de la mairie de Douai, du XI• au XVIII• siècle, par Pilate-Prevost, d'après les travaux de Guilmot, in-8. Douai, Adam et Obez, 1842.

Inventaire général des chartes, titres et papiers appartenant aux hospices... de la ville de Douai, par Brassart, in-8. Douai, Adam, 1840.

Notice historique sur la loge de la Parfaite Union de Douai, par Duthillœul, in-8. Douai, Adam, 1847.

RENSEIGNEMENTS UTILES

AUX VOYAGEURS.

Poste aux lettres.—Bureaux, rue des Ferronniers, 59. Ils sont ouverts au public, du 1er novembre au 1er mars, depuis huit heures du matin jusqu'à huit heures du soir, et du 1er mars au 1er novembre, depuis sept heures du matin jusqu'à huit heures du soir, excepté les dimanches et jours de fête, où ils ferment à trois heures de l'après-midi et sont rouverts de sept à huit heures du soir.

Poste aux chevaux.—Rue de Paris, 75.

Télégraphie privée. — Bureaux, rue des Trinitaires 1,, an coin de la rue du Canteleux. Ils sont ouverts, en hiver, de huit heures du matin à neuf heures du soir; en été, de sept heures du matin à neuf heures du soir.

Sous-Préfecture.—Les bureaux, situés rue des Carmes, 8, sont ouverts tous les jours, sauf le dimanche, de neuf heures du matin à trois heures du soir.

Mairie. — **Les bureaux**, situés dans la cour de l'Hôtel-de-Ville, sont **ouverts de neuf** heures du matin à trois heures du soir, excepté les dimanches et les jours de fête.

Police.—**Les bureaux** du commissaire de police se trouve n également dans l'une des dépendances de l'Hôtel-de-Ville.

Pour ce qui concerne le service du chemin de fer, les réclamations doivent être adressées au commissariat de surveillance administrative, à la Gare.

Débits de papier timbré.— Dans les bureaux de l'enregistrement, rue des Procureurs, 26 ; rue du Clocher-Saint-Pierre, 36.—Débit auxiliaire, rue Saint-Jacques, 9.

État-major de la place et Intendance militaire. — Les bureaux, situés rue Morel, 38 et 38 *bis*, sont ouverts jusqu'à trois heures de l'après-midi.

Recette particulière.—Les bureaux, rue de la Charte, 10, sont ouverts, sauf le dimanche, de neuf heures du matin à trois heures du soir.

Cours de la Bourse. — Il est affiché tous les jours, vers trois ou quatre heures de l'après-midi, à la porte de la Sous-Préfecture, et chez M. Crépin, libraire-imprimeur, au coin de la rue des Ferronniers et de la rue des Procureurs.

Établissements de bains.—A l'Abbaye-des-Prés et au Jardin-du-Nord, rue de Paris, 100.

Restaurants.—Lefebvre, terrasse-Saint-Pierre, 24.
Level, rue de la Madeleine, 8.
Canillot, rue de l'Université, 2.
Boussard, rue de Bellain, 26.
Buffet à la gare du chemin de fer.

Principaux hotels.—De l'Europe et des Quatre fils Aymon, rue Saint-Jacques, 57.
De Versailles, place d'Armes, 18.
De Flandre, place d'Armes, 14.
Du Grand-Cerf, rue Saint-Jacques, 20.
Du Chevalier-Rouge, Petite-Place, 2.

Messageries.—Messageries impériales, bureaux, rue de Bellain, 4,
Bureau de ville du chemin de fer, Grand'Place, 14.
Camionnage du chemin de fer, Grand'Place, 14, et rue Morel, 13.

Loueur de chevaux de selle. — Caron, place Saint-Jacques, 14.

Loueurs de voitures.—Caron, place Saint-Jacques, 14.
Dartois, place de la Station, 1.

Merlin, rue de Valenciennes, 27.
Campion, place d'Armes, 26.

Voitures publiques. — *Omnibus pour le chemin de fer*, service de ville pour tous les trains, à la poste aux chevaux, rue de Paris, 75, et à l'hôtel du *Chevalier-Rouge.*

Les principaux hôtels de la ville ont leur omnibus spécial.

Cambrai, chez M. Devred, place d'Armes, 29; voiture de M. Dupas : départ tous les jours à quatre heures et demie du soir, avec retour le lendemain à dix heures.

Arleux et Oisy-le-Verger, à la poste aux chevaux, rue de Paris, 75 ; directeur, M. Lecq : départ tous les jours à quatre heures du soir, avec retour le lendemain à neuf heures du matin.

Lécluse et Ecourt-Saint-Quentin, à la poste aux chevaux, rue de Paris, 75; directeur, M. Lecq : départ tous les jours à quatre heures du soir, avec retour le lendemain à neuf heures du matin.

Orchies, Pont-à-Raches et Coutiches, à l'hôtel du *Grand-Cerf*, rue Saint-Jacques, 20; voiture de M. Prévost : arrivant tous les jours à neuf heures du matin, avec retour à trois heures du soir.

Hénin-Liétard, Courrières et Carvin, au *Cheval-Blanc*, rue de la Croix-d'Or, 5; voiture de Melle Elisa Derobespierre : les mardi, jeudi et samedi ; elle arrive à minuit et demi, et repart le même jour à quatre heures du soir.

Hénin-Liétard, au *Refuge d'Hénin*, rue des Vierges, 8, voiture de M. Ch. Leroy : arrive les mardi, jeudi et samedi, à neuf heures et demie du matin, et repart à quatre heures du soir.

Voiture de M. Ch. Galand : arrive les mardi, jeudi et samedi, à neuf heures et demie du matin, et repart à quatre heures du soir.

Lens et Hénin-Liétard; voiture de M. Remoleux dit *Dartois*, rue de la Station, 2, faisant le service des dépêches : départs tous les jours de Douai à une heure du soir et à une heure du matin ; arrivées à Douai, à midi et demi et à dix heures du soir.

Saint-Amand; à l'hôtel du *Grand-Cerf*, rue St-Jacques, 20 ; voiture de M. Maton, qui arrive tous les jours à neuf heures du matin et repart à trois heures du soir.

Bon-Secours et Condé; à l'hôtel du *Grand-Cerf*, rue St-Jacques, 20 ; voiture de M. Maton : tous les dimanches, pendant la belle saison.

Marchiennes et Flines; à l'hôtel du *Grand-Cerf*, rue St-Jacques, 20 : entreprise de M. Maton : voiture tous les jours, arrivant à neuf heures du matin, avec retour à trois heures du soir.

Lewarde, Auberchicourt et Aniches; voiture de M. Merlin, à l'*Épingle florissante*, rue de Valenciennes, 25 : départ tous les jours, à quatre heures du soir, avec retour le lendemain à sept heures et demie du matin ; depuis le mois de mars jusqu'au mois d'octobre, départ à cinq heures de Douai et à neuf heures d'Aniches.

Voiture de M. Dartois, au *Moulin d'Or*, rue de Valenciennes, chez Dumont : elle part de Douai, tous les jours, à quatre heures et demie du soir, avec retour d'Anichés à neuf heures du matin.

COMMISSIONNAIRES DE VILLE. — On en trouve stationnés : à la gare du chemin de fer, sur la Grande-Place, sur la Petite-Place. Ils portent une médaille ; l'exercice de leur profession est réglé par un arrêté municipal du 1er décembre 1860. Voici leur tarif, retour compris :

A l'intérieur de la ville : Pour une course, 30 cent. le jour et 40 cent. après le coucher du soleil ; port de paquets, objets pesant moins de 1 kilog., 30 cent. le jour et 40 cent. après le coucher du soleil ; objets pesant de 1 à 10 kilog., 45 cent. et 55 cent.; objets pesant de 10 à 20 kilog., 60 cent. et 70 cent.

Hors de l'enceinte des remparts : Une course ou le port d'un objet de moins de 1 kilog., 1 fr. le jour et 1 fr. 25 cent. entre le coucher du soleil et la fermeture des portes ; 25 cent. en sus pour le port d'objets de 1 à 10 kilog.; 50 cent. en sus pour les objets de 10 à 20 kilog.

Le service et le tarif sont obligatoires dans tout le territoire de la commune et jusqu'à 3 kilomètres de la ville.

Service à l'heure, pour guider et accompagner les voyageurs à l'intérieur de la ville, avec charge au maximum de 10 kil., 50 cent. par heure, sans que la rétribution puisse excéder 1 fr. 50 cent. par demi-jour et 3 francs par journée.

TABLE DES MATIÈRES.

A

Abattoir 51
Abbayes et couvents anc. à
   Douai. . 23, 27, 39, 40, 44, 45
               46, 102, 115, 132
Abbaye des Prés . . . 44, 51
Anciennes enceintes . . . 21
Archéologie (galeries d') . 137
Arsenal 124
Ateliers des cartouches et
   gargousses 50, 127

B

Barlet 54
Beffroi 32, 48, 69
Berce Gayant 53
Bernicourt (château de) . . 197
Bibliographie douaisienne . 223
Bibliothèque publique . . 150
Bibliothèques particulières . 178
Bibliothèques des établisse-
   ments publics 177
Biographie douaisienne . . 198
Bourse 192

C

Cabinet d'histoire naturelle. 148
Casernes . . 29, 45, 49, 52, 53
Chapelles :
   de Sainte-Catherine au
     Châtel 39
   de N.-D. des Affligés . 195
Chartreux (ateliers et ancien
   couvent des) . 43, 50, 111, 127

Châteaux des environs de
   Douai 194
Cheminée remarquable . . 34
Cimetière 54
Collection Escallier . . . 147
Collections particulières :
   de M. Druelle . . . 163
   de M A. de Ternas . . 165
   de M. Ch. de Ternas . . 167
   de M Robaut père . . . 172
   de M. Thomassin . . . 167
   de M. Tesse 169
   de M. De Bailliencourt . 170
Collèges :
   des Anglais ou du pape . 29
   St-Jean 31
   des Bénéd.-Angl. 43, 50, 115
   St-Vaast 43
Commerce et industrie . . 180
Confr. des Clercs-Parisiens . 59
Couv. actuels d'hommes et
   de femmes 24
   Sainte-Marie, dites *Cha-*
     riottes 30
   des Rédemptoristes . . 37
   De la Ste-Union . . . 46
   des Carmélites . . . 50
Cuincy (château de) . . . 195

D

Dauphin (bâtiment du) . . 32
Description générale de la
   ville 20, 27
Deûle (rivière) 52
Directeurs de la fonderie . 97

TABLE DES MATIÈRES.

Dorignies 51, 189
Dominicains (égl. des). 39, 48, 50

E

Ecole d'artillerie 46
Ecole normale primaire. . 30
Eglises :
  de Notre-Dame. . . 31, 59
  de St-Pierre . . 35, 48, 77
  des Dominicains . . 39, 48
  de St-Jacques . . 42, 50, 102
Entrées solennelles des souverains de Flandre . . 18
Entrepôt des sucres . . 29, 186
Environs de Douai . . . 193
Établis. d'instruction primaire ou supérieure . . 23
Etablissements de bienfaisance, à Douai . . . 24
Etablissements et fondations anglaises 115
Environs de Douai . . . 193

F

Faculté des lettres et Acad. 32
Fête de Douai 154
Fonderie de canons de bronze . . . 41, 48, 92
Fontaine St-Maurand . . 40
Fort de Scarpe . . . 52, 193

G

Galeries de peinture et de sculpture 142
Gare du chemin de fer. 27, 28
Gayant et sa famille . . 154
Gueulzin (château de) . . 193

H

Histoire de la ville de Douai. 9
Hôpital-Général . . 31, 53, 55
Hôtel-Dieu et hôpital militaire 43, 107
Hôtel-de-Ville . . . 32, 69

I

Industrie 180

J

Jardin des Plantes . . 41, 49, 99

K

Kiosque de musique . . . 29

L

Lalaing 196
Lambres 48
Loge des francs-maçons . . 42
Lycée et petit collége . . 45, 127

M

Maisons part. remarq. :
  Hôtel Pamart . . . 30
  Hôtel de la Tramerie, rue des Foulons, 20 . 33
  Brasserie des Minimes, rue des Foulons, 31 . 34
  Ancienne maîtrise de St-Pierre 36
  Maison espagnole ou des Remy 36
  Maison de la rue de la Cloris 38
  Refuge d'Hénin-Liétard . 41
  Hôtel de Tott 42
Manutention militaire . . 30
Marché-au-Poisson . . . 38
Mariage 52
Médailler de la ville . . . 176
Mines de houille :
  Aniches 52, 187
  Fosse Gayant . . . 53, 187
  Azincourt 188
  Escarpel . . . 188, 193
  Compagnie douaisienne. 188
Mont-de-Piété 32
Montigny (château de) . . 196
Musée 46, 132
Mynck 38

TABLE DES MATIÈRES.

N

Numismatique (collect. de). 173

P

Palais-de-Justice. . . 37, 86
Places :
  St-Jacques 28, 53
  Jemmapes 31
  Gr.-Place ou pl. d'Armes. 31
  St-Nicolas 33
  St-Amé 40
  St-Vaast. 43
  de l'Esplanade. . . . 44
Polygone et petit polyg. 51, 194
Pont-Rouge 49
Portes :
  de la ville. . 20, 27, 47 à 55
  Notre-Dame. 31
Prison militaire . . . 31, 53
Prisons civiles. 43
Promenade dans les rues de Douai. 27
Promenade sur les remp. 47

Q

Quais 20, 48

R

Raffinerie centrale. 28, 53, 185
Refuges. 41, 69
Remparts . . . . . 47 à 55
Renseignements utiles aux voyageurs 233

S

Salle de spectacle . . . 33
Scarpe . . . 20, 48, 51, 52
Sin 53
Sociétés libres :
  d'agriculture, sciences et arts. 23, 99
  de médecine 23
Sociétés musicales . . . 23
Sommaire historique . . 9
Sous-préfecture 30

T

Tableau d'Anchin, ou polyptyque. 31, 62
Temple de Douai (maison du). . . . 45, 52, 122
Topogr. actuelle de Douai 19
Tour des Creux ou vieille tour 39
Tour des Pestiférés . . 51

U

Université de Douai. . 22, 60
Usines :
  Cail et Cie 53, 189
  gaz 53
  métallurgiques. . . . 189
  à sucre 184
Aut. usines. 52, 188, 189, 190, 191

W

Wagnonville 51, 194

Douai, Imp. de L. Crépin.

MM. LES VOYAGEURS

TROUVERONT DANS

L'ANNUAIRE GÉNÉRAL

ET ALMANACH DE DOUAI RÉUNIS

DE LA

VILLE DE DOUAI ET DE SON ARRONDISSEMENT

PUBLIÉ PAR

L. CRÉPIN, Éditeur, 32, rue des Procureurs,

Maison de la Librairie-Nouvelle,

1° Les adresses des habitants de Douai classées par ordre de rues et numéros, professions, ordre alphabétique ;

2° La liste des villes et communes de l'arrondissement, avec le nom des notables et diverses indications utiles ;

3° La liste de toute la magistrature du ressort impérial du Nord et du Pas-de-Calais ;

4° L'indication des messageries et diligences de tous les environs de Douai ;

5° Une foule d'indications utiles en tous genres.

MAISONS RECOMMANDÉES.

Hôtels : de l'*Europe*, rue Saint-Jacques, 57; de *Versailles*, place d'Armes, 18; de *Flandre*, place d'Armes, 14; du *Grand-Cerf*, rue Saint-Jacques, 20.

Restaurateurs : Canillot, rue de l'Université, 2, 4; Level, rue de la Madeleine, 8; Lefebvre; terrasse Saint-Pierre, 24.

Cafetiers : De Robespierre, du *Commerce*, place d'Armes, 29; Flament, des *Mille Colonnes*.

Marchand de draps : Vandembergue, rue de la Mairie, 12,

Marchand tailleur : Delbarre, rue Saint-Jacques, 40.

Chapelier : Lecerf, rue de la Mairie.

Nouveautés : Lemoine et Abot, rue de la Mairie, 41.

Gants et Toilette : Descamps, rue de Bellain, 37.

Modes : Mlle Fournival, rue des Vierges.

Coiffeur : Mallet, rue de la Cloche.

Malles et Articles de Voyage : Bressolle, rue de la Mairie, 28.

Voitures et Remises : Dartois, place de la Station, 1; Merlin-Bernard, rue de Valenciennes, 27.

Bains : Verrier, rue de Paris, 100.

dito Férugineux : Poteaux, Ernest, rue Obled.

ANNONCES.

Valenciennes.

23, r. des Récollets. **HOTEL DE BRUXELLES** **près la place.**

Excellence de nourriture et de tenue

A PORTÉS DE CHACUN.

— *Immensité, Propreté, Salubrité, Commodité.* —

HOTEL S^{TE} MARIE

Chambres de 1 fr. 50 c. à 5 fr. par jour. | **83 RUE DE RIVOLI, PARIS.** CAFÉ-RESTAURANT | Salons de 2 fr. 50 c. à 5 fr. par jour.

HOTEL DE BAYONNE

Appartem., chambres et cabinet, au centre du commerce.

Rue St-Eustache, 9, à Paris.

INSTRUMENTS D'AGRICULTURE

Tarares, coupe-racines,
semoirs pour les engrais liquides.

RONNAUX-FACON

CONSTRUCTEUR

à Oisy-le-Verger (Pas-de-Calais).

EXTRAIT du Catalogue des principaux Ouvrages publiés par MM. **Michel-Lévy** frères, Libraires-Éditeurs, rue Vivienne, 2 bis, à Paris ; et **L. Crépin**, Douai.

FORMAT IN-8°

J.-J. AMPÈRE. — César. Scènes historiques, 1 volume. 7 50
Promenade en Amérique, 2 v 12 »
***. — Madame la duchesse d'Orléans, Hélène de Mecklembourg-Schverin, 6ᵉ édit., 1 vol. 6 »
***. — Alésia Étude sur la septième campagne de César en Gaule, avec 2 cartes (Alise et Alaise), 1 volume 6 »
J. BARTHELEMY St-HILAIRE. Lettres sur l'Égypte, 1 v. 7 50
L. BAUDENS. — La guerre de Crimée, les campements, les abris, les ambulances, les hôpitaux, etc., 1 volume. 6 »
Js. BEDARRIDE. — Les juifs en France, en Italie et en Espagne, 2ᵉ édition, 1 volume. 7 50
LA PRINCESSE DE BELGIOJOSA. — Asie mineure et Syrie. 1 v. 7 50
Histoire de la maison de Savoie, 1 volume. 7 50
J.-B. BIOT, membre de l'Académie des Sciences et de l'Académie française, mélanges scientifiques et littéraires, 3 volumes. 22 50
LE PRINCE A. DE BROGLIE. — Questions de religion et d'Histoire, 2 volumes. 15 »
LE GÉNÉRAL A. DAUMAS. — Le grand désert, nouvelle édition, 1 volume. 6 »
Mᵐᵉ DU DÉHAND. — Correspondance inédite avec la duchesse de Choiseul et l'abbé Barthélemy, précédée d'une introduction pareille de Sainte-Aulaire, 2 volumes. 15 »
DUVERGIER DE HAURANNE — Histoire du gouvernement parlementaire en France (1814-1848), 4 volumes. 30 »
LE BARON ERNOUT. — Histoire de la dernière capitulation de Paris, événements de 1815, 1 volume. 6 »
LE PRINCE EUGÈNE. — Mémoires et correspondance politique et militaire, publiés par A Ducasse, 10 volumes. 60 »
J. FERRARI. — Histoire de la raison d'État, 1 volume. 7 50
AD FRANCK, membre de l'Institut. Étud. orientales, 1 v. 7 50
LE COMTE AGENOR DE GASPARIN. — Un grand peuple qui se relève, les États-Unis en 1861, 1 volume. 5 »
F. GUIZOT. — Mémoires pour servir à l'histoire de mon temps, 4 volumes. 22 50
LA CHINE ET LE JAPON : Mission du comte d'Elbin en 1857, 1858 et 1859, racontée par Laurence Oliphant, trad. nouvelle précédé d'une introduction, 2 volumes. 12 »
Histoire de la fondation de la République des Provinces-Unies, par J. Lothrop Motly, traduct. nouv. précédée d'une gr. intr. 4 volumes. 24 »
LE COMTE D'HAUSSONVILLE. — Histoire de la politique extér. du gouvernement franç (1830-1848), 2 volumes. 12 »
Histoire de la réunion de la Lorraine à la France, 4 vol 30 »
VICTOR HUGO. — Les contemplations, 4ᵉ éd 2 vol. 12 »
La légende des siècles, 2 v. 15 »
JULES JANIN. — Les gaîtés champêtres, 2 volumes. 12 »
La religieuse de Toul. 2 v. 12 »

ÉTABLISSEMENT AGRICOLE

DE

EDMOND GANNERON

Ingénieur civil,

QUAI DE BILLY, 56, A PARIS.

Semences. — Engrais dosés. — Animaux reproducteurs provenant des meilleures races de France et d'Angleterre.

Instruments pour diviser le sol. — Semoirs. — Spécialité de machines à *moissonner et à faucher*. — Râteaux à cheval. — Faneuses. — Machines à battre. — Moteurs à vapeur et autres. — Moulins. — Appareils pour préparer la nourriture du bétail. — Ustensiles de laiterie. — Barattes. — Baratomètre Gaud. — Ruches, système Beauvoys. — Instruments de drainage. — Outils d'horticulture, etc., etc.

Cet établissement a été fondé dans le but de créer en France *un centre agricole permanent*, qui fût toujours bien renseigné sur le progrès et où tous les appareils choisis parmi les meilleurs permissent au cultivateur de faire un choix délicieux et éclairé du matériel qui convient le mieux aux conditions de leur exploitation.

Expériences tous les jours et principalement le mercredi. Des instruments à l'aide de moteurs à vapeur ou à manèges affranchis.

Rue Saint-Christophe, 17, à Douai.

MAISON RATIER

MARCHAND TAILLEUR,

Fourniseur du Lycée impérial.

DRAPERIES FINES

D'ELBŒUF ET DE SÉDAN.

HAUTES NOUVEAUTÉS

Pour gilets et pantalons.

FLANELLE DE SANTÉ

Draperies pour Pardessus

ENTREPRISE D'UNIFORMES

pour Colléges et Lycées.

Gilets de Flanelle sur mesure.

Médailles

d'or, d'argent et de bronze
obtenues
dans les expositions
industrielles
et les concours régionaux

Dubrulle-Chevalier

RUE JEAN-DE-GOUY, 25, A DOUAI.

Pompes à godets

POUR

Puits, de 10 à 80 mètres de profondeur

POMPES ORDINAIRES,
de différents systèmes.

GAZ

ENTREPRISE DE GAZOMÈTRES POUR L'ÉCLAIRAGE DES VILLES

Petits Gazomètres de 10 à 50 becs pour les établissements industriels.

INSTALLATION DU GAZ PAR LES NOUVEAUX PROCÉDÉS

Tuyaux en fer étiré. — Compteurs. — *Verrerie pour le gaz et pour l'éclairage à l'huile.*

GARANTIES SÉRIEUSES.

Médaille de 1re classe 1855.
JULES WIESE
Rue de l'Arbre-Sec, 48, près le Louvre, à Paris.

FABRIQUE
D'ORFÉVRERIE, DE BIJOUTERIE ET JOAILLELIE
Fabrication supérieure, prix modérés.

Maison recherchée pour sa bonne fabrication, CONFORTABLEMENT ÉTABLIE, prenant pour base ce que les divers styles offrent d'élégant et de bon goût. (Modèles non répandus dans le commerce). Spécialité d'objets blasonnés, grand choix de supports et couronnes de toutes espèces, fait la commande et les objets d'art de toutes dimensions.

FABRIQUE
DE COFFRES-FORTS GRUSON
BREVETÉ, S. G. D. G.
Nouv. système, garantie contre le vol et l'incendie
EXPORTATION
Rue Sainte-Catherine, 75, à LILLE

Au Gant de Grenoble
Mme GENIN
GANTS ET HAUTES NOUVEAUTÉS, CHEMISERIE
Rue Esquermoise, 14, à LILLE.
On expédie au dehors.

C. DETOUCHE. — *Prix fixe.* —
FABRIQUE et MAGASINS
d'Horlogerie, Bijouterie, Joaillerie, Orfévrerie.
Fournisseur de S. M. l'Empereur et de S. A. I. la Princesse Mathilde, de la ville de Paris, du Corps législatif et du Conservatoire des arts et métiers, rue Saint-Martin, 228 et 230, Paris. — Change de monnaies. — Expédition en province.

EAU POMMADE des FRÈRES M-MAHON
des Hôpitaux de Paris, pour conserver les cheveux, 1 fr., rue Saint-Honoré, 408, Paris, et les pharmacies. — Consultations, 10 fr.—Teignes, dartres, etc., etc., Mardis, samedis, de 12 à 4 h. Tous les jours, de 4 à 5 h. — A Douai, chez M. **LEGRAIN**, pharmacien.

LEFEBVRE Frères et Cie

2, Rue de la Station, 2,

DOUAI.

FABRIQUE DE MAL-FILS

POUR LES FABRICANTS D'HUILES.

FABRIQUE SPÉCIALE DE TOILES

En laine, chanvre, lin, etc.,

POUR SUCRERIES, DISTILLERIES, etc.

Achat et Vente à la commission

DE NOIR ANIMAL,

Beurre, graisses épurées ; chanvre brut et déchets de coton pour nettoyer les machines.

DEPOT DES BACHES IMPERMEABLES

DE HUSSON (breveté).

OS EN GROS

FABRIQUE
de
NOIR ANIMAL,
Équarrissage, Graisse d'os, Plâtre et Dégras

POUR DISTILLERIE

H. DUBOIS
A WAZIERS, par Douai (*Nord*).

Imprimerie et librairie générale de jurisprudence, **Cosse** *et* **Marchael,** *libraires de la Cour de Cassation, Place Dauphine, 27, à PARIS.*

LE PARLEMENT DE PARIS
Son organisation, ses premiers Présidents et ses Procureurs généraux, avec une notice sur les autres Parlements de France et le tableau de MM. les premiers Présidents et les Procureurs généraux de la Cour de Paris et les Bâtonniers de l'ordre des avocats (1834-1860) ; par Ch. DESMAZE, Juge d'instruction au Tribunal civil de la Seine. 2ᵉ éd., revue et augmentée de documents inédits sur le traitement des magistrats. 1 beau vol. in-8. 1860, 7 fr. 50.

LE CRÉDIT FONCIER DE FRANCE
Son histoire, ses opérations, son avenir, par M. Jousseau, avocat à la Cour Impériale de Paris, député au corps législatif. in-8. 1860. 2 fr.

FONDERIE

DE

FER ET DE CUIVRE,

Etablissement **DELACROIX**

Frères & Cie.

à **ANICHES** (lez-Douai).

Fontes pour appareils mécaniques, et de constructions.

Spécialité pour les mines aux charbons et autres.

ACHATS DE VIEUX MÉTAUX.

FABRIQUE DE L'ESCARPELLE.

F. ED. ANDRÉ

27, Place d'Armes, 27, à Douai.

SPÉCIALITÉ DES CORPS GRAS.
Graisses pour voitures et mécaniques.
HUILES POUR MACHINES ET FILATURES.
HUILES POUR CHEMINS DE FER.

Usines à Douai et à l'Escarpelle.

La graisse de l'Escarpelle, comme tous les produits de cette Fabrique, a mérité à juste titre la préférence dont elle jouit.

Cette composition, préparée avec le plus grand soin, remplit avantageusement l'usage qu'on désire d'elle, et donne une économie très grande sur les autres produits, tant par le bon marché que par la petite quantité qu'il en faut pour le graissage des voitures.

La Fabrique de l'Escarpelle garantit ses marchandises et reprend toutes celles qui ne répondraient pas à l'attente du consommateur.

Pour ne pas confondre les produits de cette Fabrique, on doit exiger la marque ci-dessous connue depuis longtemps.

MARQUES DÉPOSÉES :

Toute contrefaçon sera poursuivie selon la loi.

Pour les boîtes en bois et fûts	Sur les boîtes en métal :
Graisses pour voitures.	*Graisses diaphane extrafine*
Fabrique de l'Escarpelle,	*pour voitures et mécaniques.*
F. Edouard ANDRÉ.	Fabrique de l'Escarpelle,
Douai (Nord).	F. Edouard ANDRÉ.
	Douai (Nord).

S'adresser : Place d'Armes, 27, à Douai.

GROS ET DÉTAIL.

Rue des Chapelets, 11 et 13, à DOUAI.

HOUCKE-NOWELS.

Vins de Bordeaux, Bourgogne et Mâcon.

GRAND ASSORTIMENT

DE VINS FINS ET VIEUX

EN BOUTEILLES

VINS ÉTRANGERS

DE MADÈRE, MALAGA, PORTO, TOKAY, DU RHIN, ETC.

MAISON SPÉCIALE

Pour Cognac, Rhum, Kirsch, Genièvre, Liqueurs fines.

CHAMPAGNES des premières marques de France.

SAVON, HUILE, AMIDON, MIEL, ETC.

FABRIQUE DE BOUGIES, CIERGES ET CHANDELLES.

ANCIENNES MAISONS PONCELET ET Vᵉ COURMONT.

Mᵐᵉ GARREZ-JOSSÉ

SUCCESSEUR,

Rue des Ferronniers, 63, à DOUAI.

ATELIER DE COUTURE ET CONFECTIONS
POUR DAMES.

Mᵐᵉ GARREZ-JOSSÉ a l'honneur d'informer les Dames de la ville qu'elle a repris la suite des affaires de Mᵐᵉ Vᵉ COURMONT.

Elle espère que les personnes qui honoraient Mᵐᵉ COURMONT de leur confiance, voudront bien la reporter sur elle : elle ne négligera rien, du reste, pour s'en rendre digne.

Recevant les journaux en vogue de la capitale aussitôt leur apparition, Mᵐᵉ GARREZ est à même de faire tout aussi bien qu'à Paris.

La plus grande célérité est apportée à la confection des articles qu'on daigne lui confier.

SPÉCIALITÉ DE ROBES DE BALS, SOIRÉES, NOCES ET DEUIL,

Livrées **24 heures** *après leur commande.*

CARDOSI ET FÉLICIANI

Mouleurs en plâtre et en carton-pierre,

Rue des Fripiers, 58, à Douai.

STATUES

En tous genres et de toutes grandeurs pour Églises, Chapelles, Salons et Jardins,

Tels que : Vierges, Christs, Tableaux, Saints Corniches, Vases, Étagères, Bustes, Groupes, Statuettes. Symboles de toutes espèces.

GRAND ASSORTIMENT

D'ORNEMENTS D'ARCHITECTURE.

Ils réparent et mettent à neuf toutes sortes d'objets en plâtre.

PLATRE A MOULER,
Première qualité.

Il suffit de visiter leurs magasins pour se rendre compte de la multitude des sujets; leur perfection, leur fini, et leur prix plus que modeste en facilite l'achat à tout le monde.

Marché-au-Poisson, 7, à Douai.

Charles LENGRAND.

ASSORTIMENT CONSIDÉRABLE

D'articles en Faïence. — Choix complet de porcelaines unies et dorées. — Verrerie en tous genres, Cristaux taillés de premier choix. — Jolis Vases garnis de Fleurs, de tous genres et de tous prix.

BEURRE FRAIS ET SALÉ
DE FLANDRE ET D'AVESNES, PREMIÈRE QUALITÉ.
FROMAGES DE TOUTE ESPÈCE.

Huîtres anglaises et autres, toujours fraîches et de première qualité.

Harengs salés. — Harengs saurs.
Saumon salé, etc. Sardines et Anchois.

M. Charles LENGRAND s'efforce chaque jour d'augmenter sa nombreuse clientèle de la ville et du dehors, par le beau choix et la bonne qualité de ses marchandises, et surtout par leur prix extrêmement avantageux.

Achetant dans les meilleures conditions, cette maison offre tous les avantages possibles.

Rue des Trinitaires, 26,

A DOUAI.

MLLE LOUISA NORMAND.

VENTE EN GROS SEULEMENT.

FABRIQUE DE FILET.

Coiffures riches, Résiles en tous genres, Capelines, Châles et Fichus en filet, etc.

FABRIQUE DE TULLES BRODÉS ET DENTELLES.

Rue des Trinitaires, 26,

A DOUAI.

E_DOUARD NORMAND,

Facteur d'Orgues d'églises

ET D'HARMONIUMS,

ACCORDS ET RÉPARATIONS.

Atelier pour la remise à neuf des Pianos, accords à l'année, pour la ville et le dehors, achat et vente de Pianos à la commission, le tout aux meilleures conditions.

A. CERF,
CHIRURGIEN-DENTISTE DE PARIS.

VISIBLE TOUS LES JOURS,

A Douai, rue des Foulons, 23.

Nouveaux procédés pour extraire et conserver les DENTS les plus douloureuses et les plus cariées. DENTS ET DENTIERS nouveaux à tous prix et dont la pose se fait sans douleur.

CONSULTATIONS GRATUITES.

CHARBONNAGE BELGE

DES

Meilleurs provenances,

POUR

FABRIQUES AU SUCRE ET GAZ.

Spécialité pour Verreries

Et pour touts établissements industriels.

DUPUIS & MAGNIEZ

Commissionnaires en sucre,

REPRÉSENTANTS,

Rue des Trinitaires, n° 9,

DOUAI (Nord).

CHIFFONS, OS, MÉTAUX, PAPIERS.

14, Marché-aux-Chevaux, 14,

(DIT PLACE DU BARLET), DOUAI.

V. ROCHER-DELCROIX

Achat de vieux métaux de toute provenance.

Commerce de vieilles matières, vieux fers, fonte, cuivre, plomb, étain, zinc, acier, os, chiffons, vieux sacs de sucreries, papiers, et généralement tout ce qui se rattache à cette branche de commerce.

MÊME MAISON :
ATELIER D'ÉQUARRISSAGE.

A LA BOULE ROUGE,

Rue du Clocher-St-Pierre, 40, à Douai.

TESSE-DEMARET

FABRICANT

D'HUILES A GRAISSER

SUIF, GRAISSE, BEURRE DE COCO,

Acides, etc., pour fabriques.

COULEURS, DROGUERIES,

PRODUITS CHIMIQUES.

Siccatif brillant de Raphane, Siccatif au Copal, Cromo-Duro-Phane, pour Chambres, Parquets, etc.

ENDUIT HYDROFUGE DE FULGENS

Seul concessionnaire (BREVETÉ S. G. D. G.)

SAVONS, HUILE ÉPURÉE, BOUGIES, ETC.

A LA PROVIDENCE.

MAISON

DRUELLE

A DOUAI
51, rue de Bellain, 51.

Grande spécialité pour les Modes.
Entreprise de tous les arrangements de chapeaux.
Très-joli choix de Rubans.
Assortiment de toute espèce de Chaussures pour femmes et enfants de tout âge.
Lingerie, Bonnets, Coiffures, Souliers de satin, ouvrages en Tapisseries et fantaisies.

CHAUSSURES EN CAOUTCHOUC.

Manchons, Berthes, Manchettes, et toutes espèces de Fourrures.
Ombrelles et marquises.
On trouve, dans ce magasin, toutes les espèces de nouveautés qui existent pour hommes, femmes et enfants.

Mme DRUELLE, allant très-souvent à Paris, offre l'avantage de renouveler ses marchandises.

FABRIQUE
DE PARAPLUIES
CANNES & OMBRELLES
De luxe et de fantaisie.

Maison BOUIGES

RUE DE LA MAIRIE, 15, DOUAI.

ATELIER DE RÉPARATIONS

Achat et échange de vieux Articles.

M. Bouiges se rend aux domiciles des personnes qui le demandent avec des marchandises au choix.

Cette maison n'a besoin d'autre recommandation que la considération dont le prédécesseur du propriétaire actuel a toujours joui et que celui-ci continue si bien à mériter.

Du reste, modicité de prix, bonne qualité, suffisent pour continuer à mériter la confiance de la nombreuse clientèle de cette maison.

Rue du Champ-Fleury, 4.
DOUAI.

CASERNE DE PASSAGE
DE LA SOCIÉTÉ DES
LOGEMENTS MILITAIRES
DU NORD DE LA FRANCE.

Sous la Raison E. BAISIER et Cie

Les habitants de la ville de Douai, qui sont abonnés depuis plusieurs années, ont été à même de comprendre les avantages que cet établissement, autrefois dirigé par M. Charles Douay et aujourd'hui par M. E. Baisier, de Valenciennes, leur a procurés ; aussi les habitants de cette ville, qui ne sont pas encore abonnés, s'empresseront-ils, pour ne plus être écrasés de logements, comme ils l'ont été pendant les années précédentes, de s'adresser pour traiter avec ladite Société, au concierge de la Caserne, rue du Champ-Fleury, 4, à la maison de banque L. Dupont, Deparis et Cie, et à M. Fournier, rue des Ferronniers, 24.

M. BAISIER prévient aussi que M. Charles Douay ne représente plus la Société des logements militaires;—il espère que les habitants de la ville de Douai reconnaîtront que, malgré la modicité de ses prix, il mérite plus de confiance que tous les nombreux concurrents qui pourraient chercher à rivaliser avec lui.

MAISON PACHY CAUDRELIER
13, rue de Bellain, 13.
DOUAI.
Draperies et Nouveautés.

COMESTIBLES PREMIER CHOIX,
CHEZ
RIVIÈRE-DURUT
28, rue Saint-Pierre, 28, DOUAI.

VINS EN GROS.
Charles PLANCKAERT
Rue des Foulons, 14, à DOUAI.

Dépôt de vins mousseux des meilleurs marques de la Champagne, de 3 à 5 fr. la bouteille. — Vins fins et vieux en bouteilles. Cognac, Rhum, Kirsch, Genièvre et Liqueurs fines.

AU TIGRE.

MAISON DE CONFIANCE
Rue de la Mairie, 33, à DOUAI.

PINART-CLARISSE
Mégissier-Fourreur
Marchand de laines à matelas et pour Fabriques
Garantit les Fourrures pendant l'été.

FABRIQUE DE CRINS.

B

LABURIAU, Marbrier
Rue du Pont-St-Vaast, à DOUAI,

A l'honneur d'informer le public qu'il s'occupe tout spécialement des Monuments funèbres de toutes dimensions, en toute espèce de marbres, pierres ou granit, avec lettres gravées, dorées ou noires, *à des prix excessivement raisonnables.*

M. LABURIAU garantit la solidité de ses fournitures.

Beau choix de cheminées antiques, modernes, simples, doubles, à consoles, *à des prix très doux,*

Pavement en marbre à compartiments de desseins très-variés.

Appuis de fenêtres, tablettes, seuils, pierres à laver, bacs, mangeoires, bornes, ainsi que tous les objets relatifs à sa partie.

Le sieur LABURIAU s'efforcera, par tous ses soins et la modicité de ses prix, de mériter de plus en plus la confiance dont on veut bien l'honorer.

Ayant son magasin près le canal, il peut faire de très-grands rabais sur les articles suivants :

Grand assortiment de pierres de taille, marbres de cheminée, carrelage, etc.

Chaux de Tournai, carreaux rouges de Belgique, ciment romain.

MONUMENTS FUNÈBRES EN TOUS GENRES.

JOVENET
RELIEUR CARTONNIER,

12 bis, *Place du Palais de Justice*, 12 bis,

A DOUAI.

M. JOVENET se charge de la confection des reliures anciennes et modernes, depuis la plus ordinaire jusqu'à la plus riche, à des prix très avantageux.

Fabrique de boîtes en tous genres, cartons à chapeaux de toutes espèces, confection de registres, collage et vernissage de cartes géographiques, encadrement et nettoyage de gravures.

AU PANIER RENVERSÉ

MENTION HONORABLE 1848.   EXPOSIT. DE LONDRES 1851

MÉDAILLE D'ARGENT 1851.   BREVETÉ s. g. d. g.   MENTION HONORABLE 1855

Pour Cartons d'un nouveau genre moitié bois et carton, s'ouvrant sans sortir de leur case.

Rue du Marché-Saint-Honoré, 6, à PARIS.

BEGUIN, cartonnier

Fabrique de Boîtes pour MM. les bijoutiers, pharmaciens, parfumeurs, papetiers et autres ; Boîtes rondes, carrées, ovales et toutes sortes de petits cartonnages de fantaisie et pour ouvrage.

Spécialité de cartons de bureau et de magasins, dorés et à serrure, moitié bois et cartons, très-solides et légers; cartons d'emballage, fins et ordinaires et tout ce qui concerne le grand cartonnage.

Grand assortiment d'articles des deux genres tout prêts, au plus juste prix

Fabrique de Médailles pour la collection des rois de France.

MÉDAILLE A L'EXPOSITION DE 1851.

FABRIQUE ET MAGASIN SPÉCIAUX
D'APPAREILS DE CHAUFFAGE
ET TOLERIE EN TOUS GENRES.

L. BERTCHER,

Rue de Paris, n° 26, à DOUAI,

AU CALORIFÈRE PARISIEN.

AVIS UTILE
POUR LA SANTÉ PUBLIQUE
PHARMACIE LÉCHELLE,
Rue Lamartine, 35, à Paris.

L'EAU DE L'ÉCHELLE
Pectorale et rénovatrice du sang,

employée dans les *hôpitaux de Paris* contre les hémorrhagies, pertes, diarrhées, blessures, crachements de sang, asthmes, *maladies de poitrine et de l'âge critique*. — Flacon, 2 fr. 50 et 5 fr.

LIQUEUR STOMACHIQUE DU PROFESSEUR HUFELAND, Contre les digestions difficiles, maux d'estomac, gastralgies, Gastrites, etc. Flacon, 1 fr. 50 cent.

Maux de nerfs. — *Castoréum Nevrosine-Léchelle* contre les névralgies, migraines, maux de tête et d'intestins, spasmes, palpitations de cœur.

Antigoutteux électrique et Soie de lorifuge

contre les rhumatismes, goutte, névralgies, fraîcheurs et faiblesse musculaires et articulaires. — 3 fr.

Sirop dépuratif du barron Larrey.

Ce ROB végétal, d'après le digne et savant chirurgien français, est ordonné pour obtenir la purification du sang et des humeurs et pour guérir certaines maladies chroniques ou rebelles dont on sait qu'il est le traitement complet. On en prend de 4 à 8 cuillérées par jour.

Bols de Cubèbe au Tannate de fer.

Seuls efficaces en peu de jours et bien supérieurs au copahu et aux autres remèdes similaires par leur puissante action, dans les maladies où ils sont conseillés à la dose de 8 12 par jour.

LIBRAIRIE DE P. BRUNET, rue Bonaparte, 31, Paris.

DE LA BASSE-COUR
OU TRAITÉ COMPLET DE L'ÉLÈVE ET DE L'ENGRAISSEMENT DES ANIMAUX DE BASSE-COUR

Par A. YSABEAU, agronome.

1 vol. in-18 format Charpentier : 75 c.

DES
INSTRUMENTS ARATOIRES
ET DES TRAVAUX DES CHAMPS
— PENDANT CHAQUE SAISON DE L'ANNÉE —

Par A. YSABEAU, agronome.

1 vol. in-18 format Charpentier, avec grav. 75 c.

DES BÊTES OVINES ET DES CHÈVRES

Par A. YSABEAU, agronome.

1 vol. in-18 format Charpentier, avec gravures : 75

DE LA VIGNE ET DES ARBRES FRUITIERS
Par A. YSABEAU, agronome.

1 vol. in-18 format Charpentier, avec grav. 75 c.

DU PORC, ÉLÈVE ET ENGRAISSEMENT
Par A. YSABEAU agronome.

1 vol. in-18 format Charpentier, avec grav : 75 c.

Cette bibliothèque, qui sera composée de 20 vol., a été honorée de la souscription du Ministre de l'agriculture pour CENT exemplaires.

xxx

LE PROTECTEUR DES FAMILLES

Compagnie d'Assurances à primes fixes et en mutualité

POUR L'EXONÉRATION DU SERVICE MILITAIRE

Société en commandite constituée conformément à la loi du 17 Juillet 1856, suivant actes reçus par Mes DELEDICQUE et son Collègue, Notaires à Lille.

FONDS SOCIAL DE GARANTIE : **UN million de francs**

DIRECTION GÉNÉRALE :　　DIRECTEUR-GÉRANT :　　DIRECTION SUCCURSALE :
Rue des Buisses, 13, à Lille.　　A. DENISET.　　Boulevard Sébastopol, 45, à Paris

TARIF POUR TOUS LES AGES — Appel de 100,000 hommes.
PRESTATION de 1,800 FRANCS.

A LA NAISSANCE					A LA NAISSANCE	
1860	1880	à 1 an	de 28 95	par année, soit 7 cent. par jour.	à 1 an	381 35
1859	1879	à 2 ans	de 31 20	par année, soit 8 cent. par jour.	à 1 an	398 50
1858	1878	à 2 ans	de 33 70	par année, soit 9 cent. par jour.	à 2 ans	416 65
1857	1877	à 3 ans	de 36 40	par année, soit 10 cent. par jour.	à 3 ans	435 90
1856	1876	à 4 ans	de 39 55	par année, soit 11 cent. par jour.	à 4 ans	456 35
1855	1875	à 5 ans	de 43 60	par année, soit 12 cent. par jour.	à 5 ans	482 30
1854	1874	à 6 ans	de 48 15	par année, soit 13 cent. par jour.	à 6 ans	510 »
1853	1873	à 7 ans	de 53 50	par année, soit 14 cent. par jour.	à 7 ans	539 55
1852	1872	à 8 ans	de 59 70	par année, soit 16 cent. par jour.	à 8 ans	571 05
1851	1871	à 9 ans	de 67 05	par année, soit 18 cent. par jour.	à 9 ans	604 65
1850	1870	à 10 ans	de 75 90	par année, soit 21 cent. par jour.	à 10 ans	640 40
1849	1869	à 11 ans	de 85 70	par année, soit 23 cent. par jour.	à 11 ans	678 55
1848	1868	à 12 ans	de 98 80	par année, soit 27 cent. par jour.	à 12 ans	719 15
1847	1867	à 13 ans	de 114 20	par année, soit 31 cent. par jour.	à 13 ans	762 40
1846	1866	à 14 ans	de 135 35	par année, soit 37 cent. par jour.	à 14 ans	808 45
1845	1865	à 15 ans	de 162 55	par année, soit 44 cent. par jour.	à 15 ans	857 50
1844	1864	à 16 ans	de 201 80	par année, soit 55 cent. par jour.	à 16 ans	909 65
1843	1863	à 17 ans	de 267 30	par année, soit 73 cent. par jour.	à 17 ans	994 75
1842	1862	à 18 ans	de 376 50	par année, soit 1 fr. 03 c. par jour.	à 18 ans	1079 85
1841	1861	à 19 ans	de 594 85	par année, soit 1 fr. 62 c. par jour.	à 19 ans	1164 95

Afin d'offrir plus de sécurité au souscripteur par mise unique, LE PROTECTEUR DES FAMILLES lui accorde la faculté, en versant seulement 100 fr., à titre de garantie, le jour de la signature du contrat, de rester dépositaire du surplus de sa souscription, jusqu'à l'époque du tirage au sort de l'assuré, à la charge par lui d'acquitter les intérêts de cette dernière portion de la somme souscrite au taux de 5 0/0 l'an.

La compagnie remboursera la moitié des sommes versées par le souscripteur, dans tous les cas de mort, d'exemptions légales et d'engagement volontaire de l'assuré.

S'adresser au siége de l'administration ou aux mandataires.

NOTA. — Par actes passés pardevant Me DELEDICQUE et son collègue, Notaires à Lille, les assurances faites par la Compagnie l'EGIDE ont été acquises par le PROTECTEUR DES FAMILLES.

LIQUEUR TRASFOREST de Bordeaux,

Spécialité pour la Bonification et la Conservation des Vins,

Dite Sève de Médoc, Essence de Médoc.
Parfum ou Bouquet des Vins, concentrée et perfectionnée

Cette précieuse composition, depuis longtemps très avantageusement connue et récemment perfectionnée par son auteur, donne aux vins des moindres crûs une sève délicieuse, qu'on confond facilement avec la vraie sève du Médoc ; aussi les connaisseurs la placent-ils au dessus de toutes les préparations de ce genre, surtout pour les expéditions d'outre-mer. Un grand nombre de débitants doivent la préférence dont ils jouissent à cette *liquer aromatique* qui conserve le vin, en même temps qu'elle lui donne une qualité et une valeur bien supérieures par le bouquet délicat qu'elle lui communique. — Pour employer convenablement la Liqueur TRASFOREST, on dut d'abord fouetter ou coler le vin à la méthode ordinaire, le laisser reposer quelques jours, et ne l'y ajouter qu'au moment du *soutirage* (opération qui consiste à tirer le vin au fin, c'est-à-dire à le transvaser de la barrique où se trouve la lie dans une barrique nette), en agissant de manière à ce que son mélange avec le vin soit parfait ; après quelques jours de repos on peut le mettre en bouteilles ; l'arome se conserve indéfiniment. Vingt-cinq années d'expérience et de succès prouvent que la haute réputation de cet excellent produit est incontestablement mérité ; car il est avéré qu'en versant cette liqueur sur des vins de trois ou quatre ans seulement, on leur donne, par le bouquet, l'agrément d'un vin vieux de 10 ans au moins.

Un flacon de LIQUEUR TRASFOREST conserve, parfume, bonifie et vieillit une barrique de 230 à 250 litres de vin. Prix : 2 fr. *Un litre* suffit pour 25 barrique. Prix 30 fr., soit environ *demi-centime de frais par litre de vin.*

REMISES PROPORTIONNÉES A L'IMPORTANCE DES DEMANDES.
On n'expédie que contre un mandat sur la Poste ou sur la Banque de France, à l'ordre de M. Jh.- Ed. TRASFOREST, médecin-pharmacien à Bordeaux. (Affranchir.)

NOTA. — Pour éviter les nombreuses et dangereuses imitations, chaque flacon de Sève du Médoc est recouvert d'une capsule d'étain poli, revêtue d'une étiquette et enveloppé d'une instruction portant l'une et l'autre, comme marque de fabrique, la signature ci-contre :

Jh Ed Trasforest m.p.

Des dépôts sont établis tant en France qu'à l'étranger.
Entrepôt général et fabrication spéciale : Maison TRASFOREST, encoignure des rues Dauphine, 55, et Saint-Martin, 56, vis-à-vis le cours d'Albert, à Bordeaux. —Seul représentant à Douai, M. CRÉPIN, éditeur de l'Annuaire, r des Procureurs, 52

DEQUERSONNIÈRE

HORLOGERIE ET BIJOUTERIE,
DOUAI, rue St-Jacques, 29, DOUAI.

SUISSE.   **ASSORTIMENT**   BESANÇON.

de Montres de toutes grandeurs et de toutes qualités.

GARNITURES DE CHEMINÉE.

BRONZE D'ART POUR SALONS, SUJETS DORÉS POUR CHAMBRES A COUCHER.

Pendules-tableaux et Horloges de cuisines.

BORNES en marbre pour bureaux, ordinaires et de précision,

Deux ans de garantie.

ARGENTERIE RUOLZ.
Services de table complets.

Grand choix de Chaînes en or et en argent.

Bagues et Ornements en or et doublé.

EUGÈNE PORTE,

PAPETIER,

1, rue des Ferronniers, 1,

A DOUAI.

RELIURES ET CARTONNAGES.

Cette Maison se charge de la confection des reliures anciennes et modernes, depuis la plus ordinaire jusqu'à la plus riche, à des prix très-avantageux.

Fabrique de boîtes en tous genres, cartons à chapeaux de toutes espèces, — confections de registres, — collage et vernissage de cartes géographiques, — encadrements et nettoyage de gravures.

On trouve chez le sieur **PORTE**, un assortiment de bâtons et corniches pour les cartes géographiques collées sur toiles.

A L'HARMONIE DES CLOCHES,
SEULE MAISON SPÉCIALE.

Fonderie de
CLOCHES
perfectionnées.

—

SUSPENSION
et
ACCESSOIRES
perfectionnés.

CLOCHES
pour
Maisons d'école
et autres
ÉTABLISSEMENTS

—

TIMBRES
pour
HORLOGES D'ÉGLISES.

P. DROUOT

Faubourg Notre-Dame-lez-Douai,

Entreprend la fabrication et la refonte des cloches d'église de toutes dimensions, avec toutes les garanties désirables pour la belle sonorité, l'accord, la qualité du métal et la bonne confection.

Il se charge d'établir les carillons les plus difficultueux par gammes chromatiques à notes déterminées au diapason, de raccorder les cloches cassées ou manquantes sur les anciennes sonneries, de la confection à neuf ou réparation des vieilles montures, avec mise en place.

LE TOUT A DES PRIX CONSCIENCIEUX ET MODÉRÉS

COMMISSION ET CONSIGNATION.

LE BLAN AINÉ,

Commissionnaire en Marchandises,

A DOUAI, Faubourg Notre-Dame.

Représentant de Maisons françaises et étrangères.

SUCRES BRUTS ET RAFFINÉS.

NOIR ANIMAL

Pour engrais,

Et Guano de la Motté-Beuvron, de PICHELIN-PETIT,

Fournisseur des Domaines impériaux.

SACS ET PAILLASSONS pour Fabriques de Sucres.

IMPORTATION ET EXPORTATION.

10 Médailles aux diverses expositions.

LETHUILLIER-PINEL

Ingénieur-Mécanicien

— ROUEN (SEINE INFÉRIEURE) —

Constructeur et Inventeur
DU

FLOTTEUR INDICATEUR MAGNÉTIQUE

du niveau de l'eau

DANS LES CHAUDIÈRES A VAPEUR

avec ou sans

SIFFLET MANOMÈTRE
ET SOUPAPE.

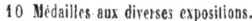

Fig. 3.

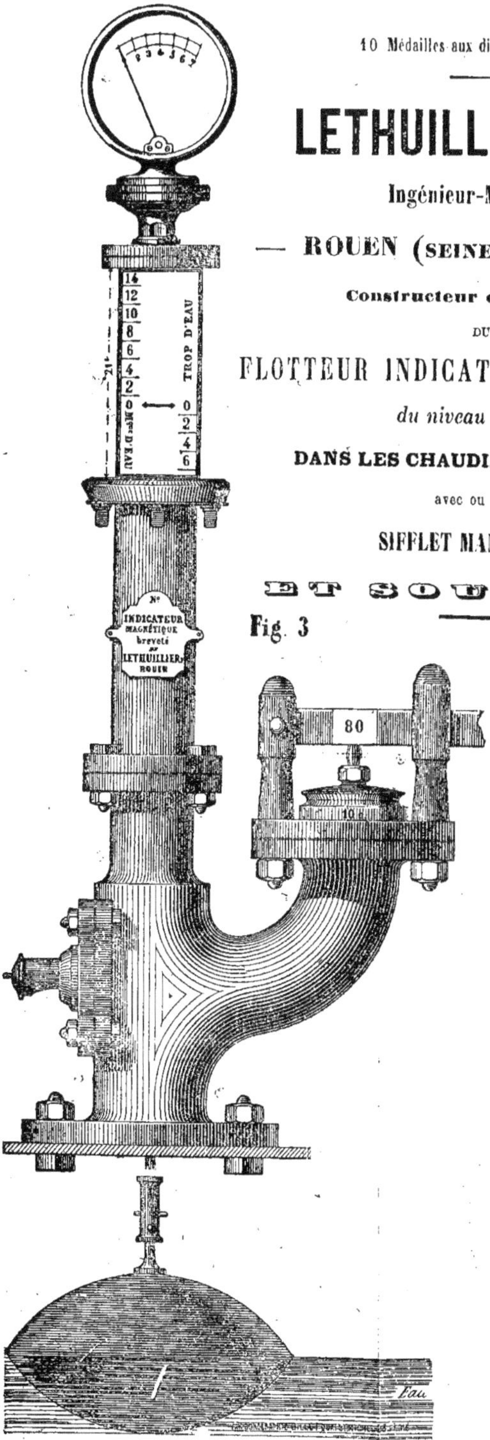

Indicateur magnétique du niveau de l'eau, seulement. COURSE de 15 cent^s. 150 fr. / de 21 — 160 fr. / de 30 — 185 fr.

L'indicateur, surmonté d'un manomètre, coûte 55 fr. en plus.

Fig. 3. L'indicateur magnétique de 21 centimètres de course, avec un sifflet, soupape et manomètre.

Le prix de cet indicateur varie suivant la grandeur de sa soupape, déterminée selon la force de la chaudière.

Renseignements pour faire la commande.

1° Le diamètre de la chaudière ou la distance du niveau normal au-dessus;
2° Si l'indicateur doit être avec un ou deux sifflets ;
3° Pour ceux avec soupape, fig. 3, indiquer le diamètre de l'orifice ou la force de la chaudière ;
4° Le timbre.

LIBRAIRIE NOUVELLE
DE
L. CRÉPIN,
IMPRIMEUR-LIBRAIRE-ÉDITEUR, FOURNISSEUR D'ADMINISTRATIONS,
Rue des Procureurs, 32, à DOUAI.

Travaux d'Administration, Têtes de lettres, Factures, Circulaires, Lettres de change, Lettres de mariage et de décès, Mandats, Cartes de visite, Mémoires, Adresses, Copies de pièces judiciaires, Impressions or et argent et en diverses couleurs, etc., etc.

BILLETS DE MORTS, DEPUIS 4 FRANCS 50 LE CENT.

Registres pour Maîtres-d'Hôtels et pour les Greffiers de Justice-de-paix ; Registres à souche ; Livrets pour les enfants travaillant dans les manufactures, usines ou ateliers ; Livrets pour ouvriers.

FOURNITURES DE BUREAUX EN TOUS GENRES.

GRAVURES SUR MÉTAUX

Spécialité de Timbres, Griffes, Écussons, Plaques, Enseignes, Cachets, Armoiries.

PRESSES DE PARIS A LEVIER, TIMBRE SEC.

Gravure comprise : 20 francs.

LIVRES ANCIENS ET MODERNES.

Achat et échange de Livres.

L'INDUSTRIE
Du Nord et du Pas-de-Calais
JOURNAL
Du Commerce et de l'Industrie — Agriculture — Littérature — Sciences — Beaux-Arts — Théâtre et feuille d'Annonces

TRAITANT

Des Mines, Sucreries, Distilleries et Cours des Places du Nord.

Bureaux : A Lille, 130, rue de Lille, chez HOREMANS ; à Douai, chez L. CRÉPIN, 32, rue des Procureurs.

CE JOURNAL PARAIT TOUS LES DIMANCHES

Prix d'Abonnement : 1 An, 14 francs. Envoyer un MANDAT DE POSTE affranchi. — **Prix des Annonces : 25 cent.** la ligne. — On traite à forfait pour les Annonces.

AVIS PARTICULIER AUX COMMERÇANTS

Un bon système de publication d'Annonces et de Réclames, doit avoir pour but de mettre les Producteurs et les Vendeurs en rapport direct avec le plus grand nombre possible d'Acheteurs et de Consommateurs. Pour cela, deux conditions sont indispensables : le bon marché qui permette au petit Commerçant, à l'Artisan laborieux, et quelquefois à l'Innovateur le plus utile de se recommander eux-mêmes, une publication très-étendue.

Telles n'ont pas été les conditions dans lesquelles se sont produites les Annonces et les Réclames avec les modes de publicité adoptés jusqu'à ce jour.

L'Industrie du Nord et du Pas-de-Calais, qui se publie hebdomadairement, est venue combler cette lacune et créer une chose véritablement utile au point de vue de l'intérêt général. Ce journal est déposé dans les principaux Hôtels, Cercles, Cafés, Salles de bains, Embarcadères du chemin de fer, ainsi que dans les principales villes du Nord et du Pas-de-Calais. Par ce dépôt, constamment en permanence, les Souscripteurs peuvent être assurés que les Adresses et les Réclames d'actualité qu'ils auront intérêt à faire connaître, seront parcourues par des milliers de lecteurs, avantage que ne peuvent offrir les journaux dont la périodicité restreinte à vingt-quatre heures, les fait toucher dans l'oubli.

L'Industrie du Nord et du Pas-de-Calais, avec la modicité du prix adopté pour ses insertions, offre encore un autre avantage : celui de rendre les Annonces et les Réclames accessibles à tout le monde.

NOTA. — Les personnes qui voudront recevoir à titre d'essai pendant un mois, ce journal, devront envoyer 1 franc en timbres, soit à M. HOREMANS, imprimeur, à Lille, ou à M. L. CRÉPIN, propriétaire-gérant, à Douai (Nord).

TRAIN DE PLAISIR

Voyage Gratis.

Une Maison qui s'est rapidement acquis une renommée sérieuse et dont les proportions illimitées ont lieu d'énorgueillir le fondateur : la Maison JEAN-BART, un Entrepôt central de Vêtements confectionnés, dans lequel les meilleurs Manufacturiers déposent les produits les plus modernes et les plus supérieurement confectionnés.

La Maison JEAN-BART, fondée spécialement pour la classe active, celle qui produit dans les arts comme dans la culture, pour célébrer dignement l'ouverture d'une nouvelle galerie destinée aux Vêtements d'enfants et de jeunes gens, vient d'organiser un TRAIN DE PLAISIR, VOYAGE GRATIS, pour **tout le NORD**, c'est-à-dire, pour celui qui achètera à la

MAISON JEAN-BART

Grande-Place, à **Lille**, et Place-d'Armes, 10, à **Douai**,

POUR

25 francs aura droit au rembours. d'un voyage de **20** kil.
40 — id. id. **50** —
75 — id. id. **60** —
100 — id. id. **80** —
125 — id. id. **100** —

Tous les articles sont marqués en chiffres connus.

PRIX FIXE INVARIABLE.

C

AU GENRE PARISIEN,

Rue de la Madeleine, 4, à **DOUAI**.

Maison JARRY,

Modes, Lingeries, Confections

Cette maison est une des plus recommandables de la ville pour sa spécialité, on y trouve toujours un choix magnifique de toutes les nouveautés de *Saison*, chapeaux, capotes, tours-de-tête, velours, rubans, fleurs, couronnes de mariées, blonde, tulle, crêpe, lingeries, confections en tous genres, bonnets fantaisies, dentelles, articles de deuil.

On y reçoit toutes les semaines un choix de chapeaux et de bonnets confectionnés (*mode du jour*).

La propriétaire de cet établissement entreprend également toutes espèces d'arrangement de chapeaux, bonnets et articles confectionnés.

COMPAGNIE D'ASSURANCES GÉNÉRALES
contre L'INCENDIE
MARITIMES, sur la VIE et contre la GRÊLE

Autorisée par ordonnance de 1818, 1819, 1848 et 1854.

ÉTABLIE A PARIS, RUE DE RICHELIEU, 87.

Garantie **86 MILLIONS** de francs.

Répartis entre les 4 branches de la Compagnie, dans les proportions ci-après :

Incendie	Capital et Réserves réalisés	10,000,000	40,000,000
	Primes en portefeuille	30,000,000	
Vie	Capital et Réserve	5,000,000	30,000,000
	Produits des opérations	25,000,000	
Grêle	Capital social		10,000,000
Marine	Capital et réserve		6 000,000

S'adresser à M. S. NAU, fondé de pouvoirs, et à M. PIETTRE, agent principal, place Saint-Jacques, 35, à Douai. — On trouvera MM. NAU et PIETTRE, au bureau, tous les jeudis, de neuf heures du matin à cinq heures du soir.

Au Gant de Paris

Rue de la Cloche, 6, à DOUAI

L. MALET, Coiffeur

reçoit de Paris très-fréquemment des assortiments d'articles de saison, cravates de fantaisie pour bals et toilette de ville, gants en peau pour bals, à 1 fr. 25 c. la paire, pour hommes, dames et enfants; peignes en écaille et en buffle, calepins, porte-monnaies, sacs de dames, garnis en acier, corsets sans coutures, bottines Solferino pour dames et enfants, souliers en coutil à 1 fr. 45 c. la paire, parfumerie première fraîcheur, brosserie, mercerie, quincaillerie fine, grand assortiment de jouets d'enfants, le tout au plus juste prix.

NOTA. — On trouve un très-joli choix d'ouvrages en cheveux très-bien perfectionnés, tels que : perruques, toupets, nattes, berthes, rouleaux, tours à bandeaux à rase chair sur tulle et sur gaze, anglaises sur peignes et tout ce qui concerne son état.

Salon pour la Coupe des cheveux et la Coiffure des Dames.

RESTAURANT CANILLOT

2 et 4, rue de l'Université, à DOUAI.

DÉJEUNERS ET DINERS A TOUTE HEURE.

SALLE POUR NOCES, FESTINS ET BANQUETS.

Indépendamment du service intérieur, le chef de cet Établissement entreprend les Dîners en ville.

MANUFACTURE
DE
TOILES ET SACS
POUR
SUCRERIES, DISTILLERIES, RAFFINERIES, GRAINES et FARINES.

MAISON
COLLE-CORNILLE
Place St-Jacques, 35,
— Près le Chemin de fer (DOUAI, Nord). —

FABRIQUE DE MAL-FILS.

HOTEL DE FLANDRE

Tenu par **PHILIPPE**

DOUAI, Place-d'Armes, 14, DOUAI.

Vastes appartements restaurés à neuf, position au centre de la ville et des affaires, près le bureau central du chemin de fer. — Table d'hôte, confortable, service fait avec élégance et propreté, salons particuliers pour familles. Omnibus desservant tous les trains du chemin de fer.

Table d'hôte à 10 heures et à 5 heures et demie

VOITURES A VOLONTÉ.

Au Soleil qui luit pour tout le Monde.

VANDAEL-DARTOIS

RUE DES FERRONNIERS, 14, A DOUAI.

MEUBLES NEUFS ET D'OCCASION.

Magasin de literie, laine du pays, de Béarn et de Syrie. Plumes d'oies et de canards, crins, duvets, fonds élastiques, toiles à matelas, étoffes et vêtements en tous genres et d'occasion. Commodes, secrétaires, tables, armoires à glaces, tables de toilette anglaises, tapis, canapés, fauteuils voltaire, armoires, garde-robes, chaises en tous genres, bois de lit.

FABRIQUE ET MAGASIN DE MEUBLES
EN TOUS GENRES.
MONGRENIER-LECQ
ÉBÉNISTE,
Rue des Ferronniers, 19, à Douai.

Assortiment complet de grands et petits Meubles en tous genres, de première confection.

Tapis, Carpettes, Foyers en moquette et haute-laine, Tapis de table en tous genres, Paillassons en coco, spartrie et aloës.

Assortiment de toiles cirées pour parquets, couloirs, ronds de tables drapés.

GLACES ET MIROITERIE.

Grand choix d'Objets d'étagère.

NOTA. — Les prix étant cotés sous réserve d'un bénéfice modique, on peut offrir ces articles en toute confiance, comme confection et qualité.

LOQUET-VERNUS
64, rue Obled, 64, à Douai.

MANUFACTURE DE CHICORÉE
CAFÉ ET MOUTARDE
Mue par machine à vapeur

MAISON DE CULTURE
Pour la CHICORÉE
A MARQUETTE-LEZ-BOUCHAIN (Nord).

MAISON BOEZ
D'ANNŒULLIN

Magasin à Douai, 20, rue Saint-Jacques,

MAISON DU GRAND CERF

Près le Pont Saint-Jacques.

Toiles en tous genres, pur fil.

—LINGE DE TABLE OUVRÉ ET DAMASSÉ—

MOUCHOIRS EN TOILE ET EN BATISTE.

TOILES DE HOLLANDE ET DE BELGIQUE.

Mousseline pour rideaux et rideaux en guipure.

Couvertures de laine et coton.

IMPRIMERIE-LITHOGRAPHIE DE
Henri LEGROS

37, *rue de la Mairie*, à DOUAI.

FOURNITURES DE BUREAUX.

MM. les Huissiers et Officiers ministériels trouveront à l'Imprimerie LEGROS tous les modèles d'imprimés en usage dans leurs études.

EN VENTE CHEZ LE MÊME ÉDITEUR

LES BEAUX MONUMENTS DE DOUAI,

Le Beffroy, l'Hôtel-de-Ville et la Faculté de Douai. — Prix : 2 fr. pièce.

ASSORTIMENT COMPLET D'ÉTIQUETTES
Pour Messieurs les Liquoristes et M ds de Vins

MÉDAILLE A L'EXPOSITION.

Reliures de luxe et ordinaires, Cartonnages et Brochures, Cartons de bureaux et autres. Collage sur toile de cartes géographiques et plans, avec et sans rouleaux.

VÉROUX, RELIEUR

Rue de la Magdeleine, 17, Douai.

Maison fondée en 1776

PONCET dit SAINT-AMOUR

Marché-aux-Chevaux, 8, à DOUAI

ENTREPRENEUR

de maçonneries, plafonnages, taille de pierres blanches, spécialité pour la construction des fourneaux d'usines et généralement tout ce qui se rattache à la constr^{ion}.

ALPHONSE LASORNE
AGENT DE CHANGE

RUE SAINT-THOMAS, 17, A DOUAI.

Achat et vente d'actions et obligations de chemin de fer, fonds publics, etc. Souscriptions, versements, échange de titres, paiements de coupons, valeurs houillères et industrielles. — Renseignements sur toutes valeurs.

Mêmes conditions que Paris.

BAZAR
des
DEUX JUMEAUX

Maison DELABARRE

Rue de Bellain, 24, à Douai.

AU CIERGE PASCAL,
Rue des Ferronniers, 60, à DOUAI,

LESUR-DEPOUY,
FABRICANT DE CHANDELLES.

Chandelles moulées et à baguette, cierges, bougies, vieilleuses, et tout ce qui concerne le luminaire; huile à brûler, cire pour meubles, parquets et tapissiers; miel, pommade, etc. **Vente en gros et détail.**

SUCRE ET 3/6 DU NORD.
THIERY.
Commissionnaire en Marchandises,

8, *Rue de la Cloche*, 8.

DOUAI.

Rue de la Mairie, 14, à DOUAI.

LANVIN-COURMONT.

Magasin de Porcelaines, Cristaux, Faïences, Verreries, et Poteries. — Bouteilles, bouchons, vins et liquides.

POMPE DELPY
SYSTÈME BREVETÉ S. G. D. G.

Pour Brasserie, Distillerie, fabrique de sucre, etc.

S'adresser à M. DELPY, *Ingénieur Hydraulicien*,

Rue des Wetz, 59, à DOUAI.

BON MARCHÉ. — GARANTIE.

PAPIERS PEINTS. TAPIS. — TOILES CIRÉES.
ETOFFES POUR RIDEAUX ET MEUBLES.
PASSEMENTERIES.
Chaises et Fauteuils garnis.
SOMMIERS ÉLASTIQUES PERFECTIONNÉS.

FAUCHÉ,
TAPISSIER,
27, rue des Ferronniers, 27, à DOUAI,

À L'AIGLE.

LINGERIES ET BRODERIES
EN GROS
Rue de l'Université, 14, à Douai.

MODES ET LINGERIE.
Mlle FOURNIVAL
Rue des Vierges, 1.
COMMISSION POUR TOUS LES ARTICLES DE MODES

JOUVENET, PÈRE ET FILS.
Rue de la Charte, 11, Douai.
Fabrique de Peignes en tous genres, fait les soudages d'écaille.
ARTICLES DE LUNETTES, MERCERIE, BROSSERIE, ETC.

MOITROUX,

Fabricant de Chapeaux de paille, Chapeaux de drap et de feutre,

13, rue de la Madeleine, 13.

A DOUAI.

HOTEL DU GRAND HOMME

Place d'Armes, 12, à, Douai,

MM. les Voyageurs trouveront toujours des appartements très-convenables et à leur choix. Table d'hôte et Restaurant à toute heure. Prix modérés.

ÈVE

35, RUE DES BLANCS-MOUCHONS, 35,

Entreprend tous les ouvrages en zinc, fer-blanc, lampes.
MAGASIN DE QUINCALLERIE, ÉCLAIRAGES DE TOUTES ESPÈCES.

CHAISES ET FAUTEILS EN TOUT GENRE,

M.me V.e FOURNIER ET FILS.

Rue des Ferronniers, 20, Douai.

Peinture, Décors et Bâtiments

BUISINE

42, rue des Ferronniers, DOUAI.

ULYSSE PAUCHEZ, FILATEUR,
Rue des Pierres, 10,
DOUAI.

Fils de lin, fil dans toute sa longueur, fils d'étoupes, etc., etc. ARTICLE SPÉCIAL ET GARANTI.

Vins, spiritueux et Liqueurs en gros et en détail.

Mme LEGRU-VABRE.

Le magasin de détail au *Pauvre-Diable*, est place d'Armes, 35, et l'entrepôt, rue des Fripiers, 4, à Douai.

EXTRAIT DU CATALOGUE

DE LA LIBRAIRIE NOUVELLE

DE. LUCIEN CRÉPIN

IMPRIMEUR, LIBRAIRE-ÉDITEUR

FOURNISSEUR DE LA VILLE DE DOUAI

CORRESPONDANT DE LA LIBRAIRIE

CHARPENTIER DE PARIS

1, rue Saint-Pierre, en face celle des Procureurs

A DOUAI

CLASSIQUES FRANÇAIS, ÉDITIONS CH. LOUANDRE.

1° Les textes de ces éditions ont été rétablis dans leur pureté primitive, d'après un collationnement rigoureux sur les originaux ou les meilleures versions, et ils se trouvent ainsi dégagés des interpolations dont on les avait surchargés.

2° Un classement plus rigoureux a été introduit. Les sources originales, les emprunts et les imitations ont été indiqués. Des références à d'autres ouvrages sur les mêmes sujets ont été signalées.

3° Les variantes ont été ajoutées, les préfaces et les examens rétablis, ce qui permet au lecteur d'assister au travail de la composition, et d'avoir la théorie esthétique de ces beaux génies.

4° Pour les annotations, M. Louandre a suivi tous les travaux de critique, les remarques, les commentaires dont ces auteurs ont été l'objet jusqu'à nos jours, et il a résumé sous une forme concise et variée ce que ces travaux ont produit de plus remarquable. Il y a ajouté un travail philologique, historique, littéraire et moral.

Ces éditions sont en outre accompagnées non-seulement de l'histoire de chaque auteur d'après les documents les plus authentiques et les plus complets, mais aussi de celle de ses ouvrages et des sujets qui les ont fait naître ou qui s'y réfèrent. Ainsi les OEuvres de Molière sont précédées de l'histoire du théâtre en France ; les Provinciales de Pascal de l'histoire du Jansenisme, etc., etc.

Nous avons encore ajouté à ces éditions une amélioration importante, celle d'INDEX ou plutôt de DICTIONNAIRES, qui sont, par ordre alphabétique, l'essence de ces ouvrages et qui en résument l'esprit selon les propositions de l'auteur. Pour les moralistes, comme Pascal et Montaigne, cette amélioration est de la plus grande importance.

VOICI LA LISTE DE CES ÉDITIONS DE M. CHARLES LOUANDRE.

MONTAIGNE ...... **Essais,** suivis de *Lettres* et de *la Servitude volontaire* de la Boëtie...†† 4 vol.
CORNEILLE (P. et Th.) **Œuvres** ....†† 2 vol.
MOLIÈRE .... **Œuvres complètes**........................†† 3 vol.
PASCAL............ **Pensées,** d'après le manuscrit de la Bibliothèque impériale..†† 1 vol.
                  Les Provinciales......................†† 1 vol.
RACINE .... **Théâtre complet**.......................†† 1 vol.
LA FONTAINE .... **Fables,** suivies de *Philémon et Baucis* et des *Filles de Minée,* avec un beau portrait gravé.............†† 1 vol.
BOILEAU .... **Œuvres poétiques**........................†† 1 vol.
LA BRUYÈRE..... **Caractères,** suivis de ceux de Théophraste....†† 1 vol.
VOLTAIRE .... **Siècle de Louis XIV,** suivi de la liste raisonnée des hommes les plus remarquables de l'époque......†† 1 vol.

CATALOGUE GÉNÉRAL.

LITTÉRATURE ANCIENNE.

LE ROI LOUIS XI. Les cent Nouvelles nouvelles, éd. revue sur les textes originaux, avec une introd. par Le Roux de Lincy... 2 vol.

BEROALDE (de Verville) Le moyen de parvenir... 1 vol.

RABELAIS .... Œuvres ; édition augmentée de plusieurs extraits des *Chroniques admirables du puissant roi Gargantua*, ainsi que d'un grand nombre de variantes, et de deux chapitres inédits du Ve livre, d'après un manusc. de la Bibliothèque impériale; avec des notes explicatives, et une notice historique contenant des documents originaux relatifs à la vie de Rabelais. †† 1 vol.

BONAVENTURE (des Périers). Contes ou nouvelles récréations et joyeux devis, avec les notes de *la Monnoye* et une notice de *C. Nodier*. 1 vol.

NOEL DU FAIL... Propos rustiques, édit. de M. Marie Guichard.. 1 vol.

SATYRE MENIPPÉE.. De la Vertu du Catholicon d'Espagne et de la Tenue des états de Paris, édition Labitte.. 1 vol.

LA FONTAINE..... Contes et Nouvelles, avec les variantes....... 1 vol.

LE SAGE........... Gil Blas, belle édition, accompagnée de notes et d'une notice par M. Saint-Marc Girardin............ †† 1 vol.

HAMILTON .... Mémoires du chevalier de Grammont, nouvelle édition complétée par les extraits du journal anglais de Samuel Pepys, avec des notes, par M. G. Brunet. † 1 vol.

PRÉVOST (L'ABBÉ). Manon Lescaut, édit. accompagnée de notices et travaux littéraires, par MM. Sainte-Beuve et G. Planche... †† 1 vol.

J.-J. ROUSSEAU.. Confessions, avec préface de George Sand.... †† 1 vol.

La Nouvelle Héloïse, belle édition.......... †† 1 vol.

Émile, belle édition............................ †† 1 vol.

CHÉNIER (ANDRÉ).. Poésies complètes, ornées d'un *beau portrait*, et précédées d'une notice par M. H. de Latouche......... 1 vol.

MALHERBE (FR.).. Poésies, avec un commentaire inédit d'André Chénier; précédées d'une notice sur la vie de Malherbe et d'une étude sur le commentaire. Seule édition complète publiée par M. Ant. de Latour............................... 1 vol.

MÉMOIRES ET CORRESPONDANCES
SUR L'HISTOIRE ET LA SOCIÉTÉ FRANÇAISES.

D'AUBIGNE (Agrippa). Mémoires publiés pour la première fois d'après le manuscrit du Louvre, accompagnés de notes et éclaircissements, et suivis d'un index, par M. Ludovic Lalanne... †† 1 vol.

MARGUERITE de Valois. Mémoires de la reine Marguerite de Valois, publiés par Ch. Caboche, avec notes.............. 1 vol.

CATALOGUE GÉNÉRAL.

VOITURE.......... **Œuvres**, *Lettres et Poésies*, nouvelle édition revue sur le manuscrit de Conrart, corrigée et augmentée de lettres et pièces inédites, avec le commentaire de Tallemant des Réaux, des éclaircissements et des notes, par M. A. Ubicini. 2 vol.

Madame de MOTTEVILLE. **Mémoires de Mme de Motteville**, édition d'après le manuscrit de Conrart, accompagnée de notes........ 4 vol.

Mademoiselle de MONTPENSIER, fille de Gaston. **Mémoires de Mlle de Montpensier,** *fille de Gaston de France, duc d'Orléans,* nouvelle édition publiée pour la première fois d'après les manuscrits autographes, accomp. de notes historiq. et biographiques, par M. Chéruel. 4 vol.

CARDINAL DE RETZ. Mémoires d'après le texte du manuscrit original, avec les instructions de Mazarin, des notes, notices, commentaires et un index par M. Aimé Champollion............ 4 vol.

CHAMBRUN (DE).. **Les Larmes** de J. Pineton de Chambrun, pasteur de la maison de S. A. S. et de l'Eglise d'Orange; contenant les persécutions arrivées aux Églises de la principauté d'Orange depuis 1660.................................. 1 vol.

MAINTENON (Mme). **Œuvres de Mme de Maintenon,** publiées pour la première fois d'après les textes originaux ou copies authentiques, avec un commentaire et des notes, par M. Théophile Lavallée.

Ces Œuvres se vendent séparément comme suit :

Lettres sur l'Education des filles......... 1 vol.
Entretiens sur l'Education des filles..... 1 vol.
Lettres historiques et édifiantes......... 2 vol.
Conseils aux demoiselles.................. 2 vol.
Correspondance générale.................. 4 vol.
Mémoires sur Mme de Maintenon, contenant: 1º *Souvenirs de Mme de Caylus;* 2º *Mémoires inédits de Mlle d'Aumale;* 3º *Mémoires des Dames de Saint-Cyr*........ 2 vol.

D'ORLÉANS (duchesse) princesse palatine. **Correspondance de la duchesse d'Orléans, princesse palatine, mère du Régent,** traduction nouvelle par M. G. Brunet, accompagnée de notes et d'éclaircissements. *Seule édition complète*................ 2 vol.

BUSSY-RABUTIN **Mémoires de Bussy-Rabutin,** nouv. édit. augmentée d'un grand nombre de fragments inédits, suivis de l'*Histoire amoureuse des Gaules,* et accompagnée de notes et éclaircissements par M. Ludovic Lalanne............ 2 vol.

Correspondance de Bussy-Rabutin, *avec sa famille et ses amis, durant son exil,* nouvelle édition, d'après le manuscrit de l'auteur, contenant un très-grand nombre de lettres inédites et accompagnée de notes, par M. L. Lalanne.. 6 vol.

BARBIER......... **Journal complet de Barbier,** avocat au parlement de Paris, *Mémoires historiques et anecdotiques sur Paris et la société française au XVIIIe siècle* (1718-1762), SEULE ÉDITION COMPLÈTE, publiée d'après le manuscrit autographe de l'auteur, avec notes, éclaircissements et un index. 8 vol.

Mme D'EPINAY.... Mémoires et Correspondance de Mme d'Épinay, contenant des détails sur ses liaisons avec les personnages célèbres du XVIIIe siècle. *Seule édition complète* accompagnée d'un grand nombre de lettres inédites de Grimm, de Diderot, de J.-J. Rousseau, et avec des notes et éclaircissements. 2 vol.

La baronne D'OBERKIRCH... Mémoires sur la cour de Louis XVI *et la société française avant* 1789, publiés d'après le manuscrit de l'auteur, par le comte de Montbrison, son petit-fils............ 2 vol.

ÉCRIVAINS CONTEMPORAINS.

AIMÉ-MARTIN.... Éducation des Mères de Famille, ou *de la Civilisation du genre humain par les Femmes*, 5e édition.... 2 vol.

ANCELOT.......... Poésies, nouvelle édition...................... 1 vol.

BRILLAT-SAVARIN ET BERCHOUX. Physiologie du Goût, ou *Méditations de Gastronomie transcendante;* ouvrage théorique, historique et à l'ordre du jour, dédié aux gastronomes parisiens, par BRILLAT-SAVARIN; nouvelle édition précédée d'une notice sur l'auteur et accompagnée des ouvrages suivants : TRAITÉ DES EXCITANTS MODERNES, par H. de Balzac; LA GASTRONOMIE de Berchoux; L'ART DE DÎNER EN VILLE de Colnet; ANECDOTES ET FRAGMENTS D'HISTOIRE CULINAIRE par des amateurs; PENSÉES ET PRÉCEPTES recueillis par un philosophe; RECETTES ET FORMULES, par un cordon bleu, etc................† 1 vol.

CAPEFIGUE....... Histoire de la Restauration et des causes qui ont amené la chute de la branche aînée des Bourbons; 3e éd. 4 vol.

Hugues Capet et la troisième race; nouv. édit. 2 vol.

Benj. CONSTANT. Adolphe, accompag. d'une notice de G. Planche.†† 1 vol.

BRIZEUX (A.)..... Les Ternaires, poëme lyrique................. 1 vol.

N. COTTE.......... Le Maroc contemporain................. 1 vol.

CASIMIR DELAVIGNE Messéniennes, chants populaires et poésies diverses; nouvelle édition.................................. 1 vol.

DARGAUD......... Histoire de la Liberté religieuse en France et de ses fondateurs........................... 4 vol.

DELECLUZE (E. J.). Romans, Contes et Nouvelles..........†† 1 vol.

Les Beaux-Arts dans les deux mondes (exposition des Beaux-Arts à Paris, en 1855.)..†† 1 vol.

FERRY............ Scènes de la vie sauvage au Mexique..... 1 vol.

FORGUES......... Beaux esprits et originaux de l'Angleterre contemporaine................................... 2 vol.

Vie de Nelson, d'après sa correspondance et les papiers de sa famille................................ 1 vol.

FREMY (ARNOULD).. La cousine Julie................... 1 vol.

GAUTIER (THÉOPH.) Poésies complètes......................... 1 vol.

Mademoiselle de Maupin................. 1 vol.

Nouvelles................................ 1 vol.

Voyage en Espagne (*Tra los Montes*).......... 1 vol.

CATALOGUE GÉNÉRAL. 5

GERUZEZ......... **Histoire de la Littérature française** pendant la Révolution .... 1 vol.

GERARD de Nerval..... **Voyage en Orient** (LES FEMMES DU CAIRE. — *Les Mariages cophtes.—Les Esclaves.—Le Harem.—Les Pyramides. —La Cange.—La Santa Barbara.—*DRUSES ET MARONITES.— *Un prince du Liban. — Le prisonnier.— Histoire du calife Hakem.— L'Anti-Liban.—* LES NUITS DU RAMAZAN.— *Stamboul. — Théâtres et Fêtes.— Les Conteurs.—* HISTOIRE DE LA REINE DU MATIN ET DE SOLIMAN, PRINCE DES GÉNIES. — LE BAÏRAM, etc.), 3ᵉ édition, corrigée et augmentée..... 2 vol.

GIRARD (JULES)... **Essai sur Thucydide**....................... 1 vol.

GRENIER (ED.)..... **PetitsPoëmes.** *Ouvrage couronné par l'Acad. fr.* 1 vol.

JURIEN de la Gravière,... **Guerres maritimes** sous la République et l'Empire, avec plans et cartes ; 3ᵉ édit. .... 2 vol.

Voyage en Chine *et dans les mers et archipels de cet empire, pendant les années 1847, 1848, 1849 et 1850, par Jurien de la Gravière, avec une belle carte gravée*........ 2 vol.

KRUDNER (Mᵐᵉ DE). **Valérie,** avec une notice par M. Sainte-Beuve..†† 1 vol.

E. LABOULAYE... **La liberté religieuse**...................... 1 vol.

LAVALLÉE(THÉOP.). **Histoire des Français,** depuis le temps des Gaulois jusqu'en 1830 ; 13ᵉ édit., revue et corrigée par l'auteur.. 4 vol.

Géographie physique, historique et militaire, ouvrage adopté pour l'École militaire de Saint-Cyr.... 1 vol.

MAISTRE (J. DE).... **Du Pape,** nouvelle édition................... 1 vol.

MAISTRE (X. DE)... **Œuvres complètes** (*Voyage autour de ma Chambre, Expédition nocturne, le Lépreux, les Prisonniers du Caucase, la Jeune Sibérienne*) ; édition ornée d'*un beau portrait* de l'auteur, dessiné d'après nature et gravé sur acier. 1 vol.

MIGNET............ **Histoire de Marie Stuart**..............†† 2 vol.

Notices et portraits historiques et littéraires (*Sieyès, Rœderer, Livingston, le prince de Talleyrand, Broussais, Destutt de Tracy, Daunou, le comte Siméon, de Sismondi, Rossi, Cabanis, Droz, Franklin,* etc., etc.) .....†† 2 vol.

Antonio Perez et Philippe II...........†† 1 vol.

Mémoires historiques....................†† 1 vol.

MESNARD (PAUL)... **Histoire de l'Académie française**......... 1 vol.

MILLEVOYE....... **Poésies,** avec une notice par M. de Pongerville... 1 vol.

MISTRAL .... **Mirèio**, poëme provençal, avec la traduction littéraire en regard par l'auteur, 2ᵉ édit. accompagnée de notes. 1 vol.

MERIMEE (PROSPER) **Chronique du temps de Charles IX,** suivie de : *la Double Méprise, la Guzla,* etc., etc............. 1 vol.

Colomba, suivie de : *la Vénus d'Ile, les Ames du Purgatoire, Mateo Falcone, Vision de Charles XI, l'Enlèvement de la Redoute, Tamango, la Perle de Tolède, la Partie de Trictrac, le Vase étrusque, les Mécontents,* etc......., 1 vol.

MERIMÉE (Prosper) **Théâtre de Clara Gazul** (*Les Espagnols en Danemark.* — *Une Femme est un diable.* — *L'Amour africain.* — *Inès Mendo.* — *Le Ciel et l'Enfer.* — *Le Carrosse du Saint-Sacrement.* — *La Jacquerie.* — *La Famille de Carvajal.*). 1 vol.

MONNIER (Henri).. **Les Bourgeois de Paris**................. 1 vol.

MUSSET (Alfred de) **Premières poésies** (*Contes d'Espagne et d'Italie.* — *Spectacle dans un fauteuil.* — *Poésies diverses.* — *Namouna.*) 1 vol.

Poésies nouvelles (*Rolla.* — *Les Nuits.* — *Poésies nouvelles.* — *Contes en vers.*).......................... 1 vol.

Œuvres posthumes. *L'Âne et le Ruisseau*, comédie. — *Le Songe d'Auguste.* — *Un souper chez Mlle Rachel.* — *Poésies diverses.* — *Faustine*, etc., etc.............. 1 vol.

La Confession d'un Enfant du siècle...... 1 vol.

Nouvelles (*Les Deux Maîtresses.* — *Emmeline.* — *Le Fils du Titien.* — *Frédéric et Bernerette.* — *Croisilles.* — *Margot.*).................................... 1 vol.

Contes (*La Mouche.* — *Pierre et Camille.* — *Mademoiselle Mimi Pinson.* — *Les secrets de Javotte.* — *Le Merle blanc*), suivis des lettres sur la littérature................ 1 vol.

Comédies et Proverbes (*André del Sarto.* — *Lorenzaccio.* — *Les Caprices de Marianne.* — *Fantasio.* — *On ne badine pas avec l'amour.* — *La nuit vénitienne.* — *Barberine.* — *Le Chandelier.* — *Il ne faut jurer de rien.* — *Un caprice.* — *Il faut qu'une porte soit ouverte ou fermée.* — *Louison.* — *On ne peut penser à tout.* — *Carmosine.* — *Bettine.*)...... 2 vol.

MUSSET (Paul de).. **Lui et Elle**........................... 1 vol.

Nouvelles italiennes et siciliennes (*La Foire de Sinigaglia.* — *La Pagota.* — *Le Vomero*........ †† 1 vol.

Le nouvel Aladin, suivi de *la Frascatane*, du *Biscaliais* et de la *Saint-Joseph*......................†† 1 vol.

Les Originaux du XVII° siècle (*Le Cheval de Créqui.* — *Mademoiselle Paulet.* — *Le marquis de Mariani et la reine Christine.* — *Le premier favori de Monsieur (Gaston d'Orléans).* — *Un Mauvais sujet en 1643.* — *Michel Lambert.* — *Un Homme aimable en 1645.* — *Les Précieuses.* — *Le duc de Coislin*).................................† 1 vol.

Les Femmes de la Régence (*La Duchesse de Berry.* — *La Comtesse de Verue.* — *Claudine de Tencin.* — *Mademoiselle Quinault.* — *Mademoiselle de Lespinasse.*)....† 1 vol.

Mémoires de Charles Gozzi, poète vénitien du dix-huitième siècle, traduction libre................†† 1 vol.

Voyage en Italie et en Sicile en 1843..† 1 vol.

NODIER (Charles).. **Souvenirs de la Révolution et de l'Empire**.† 2 v.

Souvenirs de Jeunesse (*Séraphine.* — *Thérèse.* — *Clémentine.* — *Amélie.*).......................† 1 vol.

CATALOGUE GÉNÉRAL.

NODIER (Charles). **Contes de la Veillée** (*J. François-les-bas-bleus.—Hélène Gillet.—M. Cazotte.—Légende de sœur Béatrix.—Les Aveugles de Chamouny.—Le Chien de Brisquet.—Les quatre Talismans.—Polichinelle — Baptiste Montauban.—La Filleule du seigneur.—L'Homme et la Fourmi.*)............† 1 vol.

Contes fantastiques (*La Fée aux Miettes.—Smarra.—Le Songe d'or.—Le Génie bonhomme.*)............† 1 vol.

Nouvelles (*Trilby. — Inès de las Sierras. — Lydie. — Les Proscrits. — Les Marionnettes*, etc., etc.)............† 1 vol.

Romans (*Jean Sbogar, Thérèse Aubert, Adèle.*)..† 1 vol.

RIGAULT (B)...... **Conversations littéraires et morales**, avec un beau portrait de l'auteur gravé par M. Levasseur et une notice sur sa vie par M. Paul Mesnard...................... 1 vol.

SAINTE-BEUVE... **Tableau de la Poésie française**............. 1 vol.

Poésies complètes (*Jos. Delorme, Consolations*).. 1 vol.

Volupté, roman................................ 1 vol.

ST-MARC GIRARDIN. Cours de Littérature dramatique, 4ᵉ éd. corr. 4 vol.

Essais de Littérature et de Morale, 2ᵉ éd.. 2 vol.

SANDEAU (Jules)... **Madeleine,** ouvrage couronné par l'Acad. franç...† 1 vol.

Mademoiselle de la Seiglière............† 1 vol.

Marianna......................................† 1 vol.

Le Docteur Herbeau......................† 1 vol.

Fernand, suivi de **Vaillance et Richard**...† 1 vol.

Valcreuse....................................† 1 vol.

Mᵐᵉ de Sommerville.—Chasse au roman.† 1 vol.

SCRIBE (Eug.)..... **Proverbes et Nouvelles**................... 1 vol.

STAEL (Mᵐᵉ de)..... **Corinne,** avec préface de Mᵐᵉ N. de Saussure....†† 1 vol.

De l'Allemagne, avec notice par X. Marmier.†† 1 vol.

Delphine, avec une préface de Sainte-Beuve..†† 1 vol.

De la Littérature ....† 1 vol.

Considérations sur la Révolution française, ouvrage posthume publié par M. le duc de Broglie..† 1 vol.

Mémoires suivis d'autres ouvrages posthumes..† 1 vol.

SENANCOUR (de)... **Obermann,** avec préface de George Sand........ 1 vol.

TAXILE DELORD Matinées littéraires...................... 1 vol.

VALMORE (Mᵐᵉ).... **Poésies,** avec une introduction par M. Ste-Beuve. 1 vol.

VIGNY (Alfred de)... **Cinq-Mars,** 13ᵉ édition, revue et corrigée........ 1 vol.

Stello... 1 vol.

Servitude et Grandeur militaires.......... 1 vol.

Théâtre....................................... 1 vol.

Poésies complètes..........................† 1 vol.

WEISS (Ch.)........ **Histoire des Réfugiés protestants de France,** depuis la révoc. de l'édit de Nantes jusqu'à nos jours. 2 vol.

CATALOGUE GÉNÉRAL.

CLASSIQUES LATINS.

TRADUCTIONS NOUVELLES AVEC LE TEXTE LATIN.

TACITE .... **Œuvres complètes,** traduction Ch. Louandre.... 2 vol.
J. CÉSAR.......... **Guerre des Gaules,** traduction Louandre...... 1 vol.
SUETONE.......... **Vies des douze Césars,** trad. Pessonneaux... 1 vol.
HORACE........... **Œuvres poétiques,** traduction Patin........... 2 vol.
VIRGILE.......... **Œuvres complètes,** traduction Pessonneaux.. 2 vol.
TERENCE.......... **Comédies,** traduction nouvelle par M. Talbot..... 2 vol.

CLASSIQUES GRECS TRADUITS EN FRANÇAIS.

ARISTOPHANE... **Comédies,** traduction nouvelle par M. Zevort...† 2 vol.
ARISTOTE........ **La Politique, l'Économique, Lettre à Alexandre,** traduction revue et corrigée................ 1 vol.
DÉMOSTHÈNES... **Chefs-d'œuvre,** traduits par J.-F. Stievenart, doyen de la Faculté des lettres de Dijon, 4ᵉ édit.............. 1 vol.
DIOGÈNE de Laërte.... **Vies des Philosophes de l'Antiquité,** traduction nouvelle par M. Zevort, inspecteur de l'acad. d'Aix. 2 vol.
EURIPIDE........ **Théâtre,** traduction nouvelle par M. Clémencet.† 2 vol.
ESCHYLE......... **Tragédies,** traduction de M. Alexis Pierron.....† 1 vol.
HÉRODOTE....... **Histoire,** traduction Larcher, revue et annotée.... 2 vol.
PLATON........... **Œuvres complètes,** traduites en français....... 8 vol.

    NOTA. La traduction de plusieurs dialogues est empruntée à Grou et à Dacier, mais revue et corrigée par M. *Amédée Saisset*, professeur de philosophie au collège de Laval; la traduction des autres dialogues est entièrement de M. *Emmanuel Chauvet*, professeur de philosophie à la Faculté des lettres de Rennes.

    Cette édit. forme 8 vol. divisés en 6 séries ainsi composées:

PREMIÈRE SÉRIE.... **Dialogues socratiques.** — *Euthyphron.* — *Apologie de Socrate.* — *Criton.* — *Premier Alcibiade.* — *Charmide.* — *Lachès.* — *Protagoras.* — *Premier Hippias.* — *Menexène.* — *Ion.* — *Lysis.* — *Phèdre.* 2 vol.

DEUXIÈME SÉRIE.... **Dialogues polémiques.** — *Théétète* — *Cratyle.* — *Euthydème.* — *Le Sophiste.* — *Parmenide.* — *Ménon.* — *Philèbe.* 2 vol.

TROISIÈME SÉRIE.... **Dialogues dogmatiques.** — *Phédon.* — *Gorgias.* — *Le Banquet.* — *Le Politique.* — *Le Timée.* — *Critias.* 2 vol.

QUATRIÈME SÉRIE.... **La République** ou *l'État.* 1 vol.

CINQUIÈME SÉRIE.... **Les Lois.** 1 vol.

SIXIÈME SÉRIE...... **Dialogues apocryphes.** — *Dialogues apocryphes.* — *Lettres.* — *Testament.* — *Fragments divers.* 1 vol.

    NOTA Chaque série se vend séparément 3 fr. 50 c. le volume.

CATALOGUE GÉNÉRAL.

HOMÈRE............ **L'Iliade,** traduction nouv. par M. Pessonneaux... 1 vol.
L'Odyssée, trad. nouv. par M. Pessonneaux..... 1 vol.
ROMANS GRECS. Traduits par M. Zevort, comprenant : *Theagènes et Chariclée*, l'*Ane de Lucien*, l'*Eubéenne*, *Daphnis et Chloé*, *Leucippe et Clitophon*, *Abrocome* et l'*Histoire véritable*. 2 v.
MARC-AURÈLE..... **Œuvres,** traduction de M. Alexis Pierron......† 1 vol.
MORALISTES..... **Socrate, Épictète, Cébès, Théognis, Pythagore,** etc., traduits en français.................. 1 vol.
PLUTARQUE....... **Vies des Hommes illustres,** traduction nouvelle par M. Alexis Pierron, avec une notice du traducteur.... 1 vol.
SOPHOCLE........ **Tragédies,** traduction Artaud ; 2ᵉ édition, corrigée. 1 vol.
THUCYDIDE....... **Histoire,** traduction nouvelle par M. Zevort, avec notes historiques, biographiques, géographiques et un index.. 2 vol.
XÉNOPHON........ **Œuvres complètes**, traductions Dacier, Lévesque, Gail, etc., revues et corrigées par M. Henri Trianon. 2 vol.

LITTÉRATURE ÉTRANGÈRE.

TRADUCTIONS NOUVELLES EN FRANÇAIS.

ANGLAISE.

MACAULAY........ **Histoire de la révolution anglaise de 1688,** traduite par M. Émile Montégut................ 2 vol.
Histoire de Guillaume III, trad. Pichot..... 3 vol.
MILTON........... **Le Paradis perdu**, traduction Pongerville...... 1 vol.
SHAKSPEARE.... **Œuvres complètes**, traduct. Benjamin Laroche. 6 vol.
GOLDSMITH (O.).. **Le Vicaire de Wakefield**, traduit par madame Belloc, avec une notice de Walter Scott...............†† 1 vol.
FIELDING......... **Tom Jones**, trad. nouv. par L. de Wailly........ 2 vol.
STERNE............ **Tristram Shandy**, traduction Léon de Wailly... 2 vol.
LINGARD.......... **Histoire d'Angleterre**, traduite par M. L. de Wailly, avec la contin. jusqu'à nos jours par Th. Lavallée...† 6 vol.
STOWE (Mᵐᵉ B.).... **La Case de l'oncle Tom**, traduction nouvelle par Mme L. Sw. Belloc ; augmentée d'une préface nouvelle de l'auteur pour cette traduction, et d'une notice sur sa vie par Mme L. Sw. Belloc. Belle édition ornée d'un beau portrait de l'auteur, gravé par Girard..................... 1 vol.
Nouvelles américaines, traduction Viollet... 1 vol.

ALLEMANDE.

KLOPSTOCK...... **La Messiade,** traduction de Mᵐᵉ de Carlowitz... 1 vol.

CATALOGUE GÉNÉRAL.

GOETHE............ **Théâtre,** traduction de X. Marmier, avec notice..† 1 vol.

Poésies, traduites par Henri Blaze.............† 1 vol.

Faust, seule traduction complète, par Blaze.....† 1 vol.

Wilhelm Meister, traduction Carlowitz.....† 2 vol.

Werther, traduction de M. Pierre Leroux, suivi de *Hermann et Dorothée,* traduction de X. Marmier....†† 1 vol.

Les Affinités électives, traduction Carlowitz.† 1 vol.

Mémoires — *Extraits de ma vie,* — *Poésie et Réalité,* — *Voyages,* trad. nouv. par Mme de Carlowitz....† 2 vol.

CONTEURS allemands.... **Nouvelles allemandes,** par X. Marmier....†† 1 vol.

SCHILLER........ **Théâtre,** traduct. par X. Marmier, avec notice...† 3 vol.

Histoire de la Guerre de Trente ans, traduction de Mme de Carlowitz, couronnée par l'Académie française................† 1 vol.

Poésies, traduction nouvelle de M. X. Marmier..† 1 vol.

HOFFMANN....... **Contes fantastiques,** traduction X. Marmier.† 1 vol.

POÈTES DU NORD.... **Chants populaires du Nord,** trad. Marmier..† 1 vol.

ITALIENNE ET ESPAGNOLE.

DANTE............. **La Divine Comédie,** traduction Brizeux, avec *la Vie Nouvelle,* trad. Delécluze, et l'*Essai* de Ch. Labitte.† 1 vol.

TASSE............. **Jérusalem délivrée,** suivie de l'*Aminte,* traduction de A. Desplaces, avec notice....................† 1 vol.

MANZONI......... **Les Fiancés,** traduction de Rey-Dusseuil........ 1 vol.

Théâtre et Poésies, trad. d'Ant. de Latour.. 1 vol.

SILVIO PELLICO. **Mes Prisons,** suivies des *Devoirs des Hommes,* traduction de M. A. de Latour; des additions de Maroncelli, etc.† 1 vol.

MACHIAVEL...... **Histoire de Florence,** traduction de Périès..† 1 vol.

Œuvres politiques, contenant : *le Prince, les Décades de Tite-Live,* etc., etc., traduction Périès, avec notice, introduction, notes et commentaires, par Ch. Louandre....† 1 vol.

Œuvres littéraires, trad. Périès, avec notice, introduction, notes et commentaires, par Ch. Louandre......† 1 vol.

CALDERON........ **Théâtre,** traduct. nouvelle par M. Damas Hinard.... 3 vol.

CERVANTES....... **Don Quichotte,** traduction Damas Hinard.....† 2 vol.

LOPE DE VEGA... **Théâtre,** traduct. nouvelle par M. Damas Hinard.. 2 vol.

CAMOENS......... **Les Lusiades,** trad. de Millié, revue et annotée par M. Duheux, notice par M. Magnin...................... 1 vol.

PHILOSOPHIE ET RELIGION.

COUSIN (V.)........ **Fragments de Philosophie cartésienne**.. 1 vol.
DESCARTES....... Œuvres; comprenant : le *Discours de la Méthode*, les *Méditations*, les *Objections*, les *Réponses aux Objections*, les *Passions de l'Ame*; avec une introduct. de M. J. Simon. 1 vol.
ERASME .... **Éloge de la folie,** traduit du latin et précédé de l'histoire d'Érasme et de ses écrits, par M. Nisard.......... 1 vol.
MALEBRANCHE.. Œuvres; comprenant : les *Entretiens métaphysiques*, les *Méditations*, le *Traité de l'Amour de Dieu*, l'*Entretien d'un Philosophe chrétien et d'un Philosophe chinois*, la *Recherche de la Vérité*, avec une introduction de M. J. Simon.. 2 vol.
LEIBNITZ .... Œuvres; comprenant : *Nouveaux Essais sur l'Entendement, Opuscules divers, Essais de Théodicée, Monadologie, Correspondance avec Clarke*, édition de M. A. Jacques. 2 v.
BACON............ Œuvres, traduites en français; édition comprenant : *De la Dignité et de l'Accroissement des Sciences, Nouvel Organum, Essais de Morale et de Politique, de la Sagesse des Anciens*; édition de M. Francis Riaux.................... 2 vol.
BOSSUET.......... **Œuvres philosophiques;** *Libre Arbitre, De la Connaissance de Dieu et de soi-même, Traité de la Concupiscence*, avec une introduction de M. Jules Simon.......... 1 vol.
FENELON.......... **Œuvres philosophiques;** édition comprenant : *Traité de l'Existence de Dieu, Lettres sur la Métaphysique, Réfutation du système de Malebranche*, et précédées d'une introduction par M. Amédée Jacques.).................... 1 vol.
EULER............. **Lettres à une Princesse d'Allemagne,** précédées de l'Éloge d'Euler par Condorcet; édition accompagnée de 215 planches gravées sur bois et intercalées dans le texte, avec une introduction et des notes par Émile Saisset. 2 vol.
SPINOZA.......... **Œuvres complètes,** traduites par Émile Saisset, et précédées d'une introduction, par le même............ 3 vol.
SAISSET (ÉMILE)... **Essai de philosophie religieuse**, 1 beau vol. grand in-8°. *Ouvrage couronné par l'Académie française*... 7 fr.
                La Philosophie et la Religion au 19ᵉ siècle†† 1 vol.
                Mélanges d'histoire, de morale et de critique, *Saint Anselme, Giordano Bruno, Michel Servet*, etc. 1 vol.
EMERSON (RALPH).. **Essais de Philosophie américaine,** traduits par E. Montégut, avec une introduction et des notes........ 1 vol.
ST. AUGUSTIN.... **Confessions,** trad. nouvelle par M. Paul Janet..† 1 vol.
                La Cité de Dieu, trad. nouvelle par M. Saisset.† 4 vol.
BOSSUET.......... **Discours sur l'Histoire universelle**......† 1 vol.
                Élévations sur les Mystères............† 1 vol.
                Méditations sur les Évangiles...........† 1 vol.
SAURIN........... **Sermons choisis** sur divers textes de l'Écriture sainte; édition publiée par M. Ch. Weiss.................. 1 vol.

OUVRAGES DIVERS.

MAHOMET.........**Le Koran**, traduction nouvelle, faite sur le texte arabe, par Kasimirsky, nouvelle édition entièrement revue et corrigée par le traducteur, accompagnée de notes, commentaires et éclaircissements, précédée de l'histoire de Mahomet et de ses doctrines, et complétée par un index. 1 vol.

CONFUCIUS et Menclus. **Les Quatre Livres de Philosophie morale et politique de la Chine,** traduits par Pauthier... 1 vol.

QUATREFAGES (de) **Souvenirs d'un naturaliste**............†† 2 vol.

CABANIS..........**Rapports du Physique et du Moral de l'homme,** nouvelle édition, contenant : l'Extrait raisonné de Destutt-Tracy, la table alphabétique et analytique de Sue, une notice sur Cabanis, et un Essai sur la science des rapports du Physique et du Moral, par le docteur Cerise............ 2 vol.

D'HOUDETOT......**Le Chasseur rustique**; contenant la théorie des armes, du tir et de la chasse au chien d'arrêt, en plaine, en bois, en marais et sur les bancs, par *Adolphe d'Houdetot;* suivi d'un *Traité complet sur les maladies des Chiens,* par J. Prud'homme, chef du service des hôpitaux de l'École vétérinaire d'Alfort. Nouv. édit., revue, corrigée et augmentée... 1 vol.

La Petite vénerie, suite au *Chasseur rustique.* 1 vol.

Le Tir au fusil de chasse, à la carabine et au pistolet, petit traité à l'usage des chasseurs................. 1 vol.

Dix épines pour une fleur (nouv. édition)... 1 vol.

Braconnage et contre-braconnage........ 1 vol.

Les Femmes chasseresses.................. 1 vol.

BICHAT............**Recherches physiologiques sur la Vie et la Mort,** avec une introduction et des notes, par le docteur Cerise, et un beau portrait en pied de Bichat..... 1 vol.

ZIMMERMANN....**De la Solitude,** des causes qui en font naître le goût, de ses inconvénients, de ses avantages et de son influence sur les passions, l'imagination, l'esprit et le cœur; traduction X. Marmier, avec une notice sur l'auteur.......... 1 vol.

ROUSSEL...........**Système physique et moral de la Femme,** édit. augmentée d'une notice biographique, d'une esquisse du rôle des émotions dans la vie des femmes, et de notes sur plusieurs sujets importants, par le docteur Cerise..... 1 vol.

KLEE (FRÉDÉRIC)....**Le Déluge,** Considérations géologiques et historiques sur les derniers cataclysmes du globe; édition française. 1 vol.

EMERIC DAVID..**Vies des Artistes anciens et modernes**... 1 vol.

Notices historiques sur les chefs-d'œuvre de la peinture moderne et sur les maîtres de toutes les écoles..... 1 vol.

Histoire de la Sculpture française........ 1 vol.

Histoire de la Sculpture antique.......... 1 vol.

VERDÉ-DELISLE. **De la Dégénérescence** physique et morale de l'homme par le vaccin et des moyens d'y remédier....†† 1 vol.

Paris. — Imprimerie de P.-A. BOURDIER et Cⁱᵉ, rue Mazarine, 30.

www.ingramcontent.com/pod-product-compliance
Lightning Source LLC
Chambersburg PA
CBHW071342150426
43191CB00007B/816